Franz Herrmann

Konfliktarbeit

Franz Herrmann

Konfliktarbeit

Theorie und Methodik
Sozialer Arbeit in Konflikten

VS VERLAG FÜR SOZIALWISSENSCHAFTEN

Bibliografische Information Der Deutschen Nationalbibliothek
Die Deutsche Nationalbibliothek verzeichnet diese Publikation in der
Deutschen Nationalbibliografie; detaillierte bibliografische Daten sind im Internet über
<http://dnb.ddb.de> abrufbar.

1. Auflage August 2006

Alle Rechte vorbehalten
© VS Verlag für Sozialwissenschaften | GWV Fachverlage GmbH, Wiesbaden 2006

Lektorat: Stefanie Laux

Der VS Verlag für Sozialwissenschaften ist ein Unternehmen von Springer Science+Business Media.
www.vs-verlag.de

Das Werk einschließlich aller seiner Teile ist urheberrechtlich geschützt. Jede Verwertung außerhalb der engen Grenzen des Urheberrechtsgesetzes ist ohne Zustimmung des Verlags unzulässig und strafbar. Das gilt insbesondere für Vervielfältigungen, Übersetzungen, Mikroverfilmungen und die Einspeicherung und Verarbeitung in elektronischen Systemen.

Die Wiedergabe von Gebrauchsnamen, Handelsnamen, Warenbezeichnungen usw. in diesem Werk berechtigt auch ohne besondere Kennzeichnung nicht zu der Annahme, dass solche Namen im Sinne der Warenzeichen- und Markenschutz-Gesetzgebung als frei zu betrachten wären und daher von jedermann benutzt werden dürften.

Umschlaggestaltung: KünkelLopka Medienentwicklung, Heidelberg

Gedruckt auf säurefreiem und chlorfrei gebleichtem Papier

ISBN   3-531-15067-7
ISBN   978-3-531-15067-3

Danke

Eigentlich hätte dieses Buch „Das Ding der Dinge" heißen, 727 Seiten lang werden und in einem großen Frankfurter Verlag erscheinen müssen – so war es zumindest in einem Traum von Eberhard Bolay, den er mir etwas beunruhigt im Januar 2006 erzählte.

An der Entstehung des Buches waren zahlreiche Menschen beteiligt, bei denen ich mich herzlich bedanken möchte: Eberhard Bolay – ein Freund und immer wieder inspirierender fachlicher Begleiter; Michael Wandrey, Angelika Iser und Maria Bitzan – für viele Anregungen und konstruktive Kritik; die ASD-LeiterInnen und Fachkräfte, die an der Fallstudie beteiligt waren, für ihre Unterstützung und Bereitschaft, an der Befragung mitzuwirken; meine KollegInnen von der Fachhochschule Esslingen, die mir ein Forschungssemester ermöglicht haben, in dem die Grundlage für dieses Buch gelegt wurde; und Dana für Inspiration, Geduld und Ermutigung.

Inhalt

Einführung 9

Teil A Das Phänomen ‚Konflikt' im Alltag und in den Sozialwissenschaften 15

1 Konflikte im Alltag 15
2 Konflikte als Gegenstand der Sozialwissenschaften 17
3 Definition des Begriffs ‚Konflikt' als Basis der weiteren Ausführungen 26

Teil B Konflikte als Bezugspunkt und Handlungsanlass – Soziale Arbeit als Vermittlungsinstanz zwischen Individuum und Gesellschaft 27

1 Soziale Arbeit als Vermittlungsinstanz zwischen Individuum und Gesellschaft 28
2 Die konflikthaften Beziehungen zwischen Individuum und Gesellschaft 33

Teil C Der spezifische Zugang Sozialer Arbeit zu Konflikten 37

1 Allgemeine Handlungsprinzipien Sozialer Arbeit 38
2 Der Konfliktzugang anderer Professionen im Handlungsfeld Sozialer Arbeit 40
3 Der Zugang Sozialer Arbeit zu Konflikten: Ganzheitlichkeit und Alltagsorientierung 48
4 Konfliktbezogene Handlungsfelder Sozialer Arbeit 52

Teil D Strukturen und Rahmenbedingungen Sozialer Arbeit als Quelle und Hintergrund von Konflikten 59

1 Übergreifende Strukturmerkmale und allgemeine Konfliktpotenziale Sozialer Arbeit 60
2 Wie werden strukturelle Konfliktpotenziale zu Konflikten? – Das Modell der Dualität von Strukturen 72

3 Fallstudie: Spezifische Konfliktpotenziale und typische Konflikte im
  Allgemeinen Sozialen Dienst (ASD) – Ergebnisse einer explorativen
  Untersuchung   77

**Teil E Professionelles Handeln in Konfliktsituationen – Überlegungen
zu einer Methodik konfliktbezogenen Handelns in der Sozialen Arbeit**   121

1 Handlungskonzepte und Methoden Sozialer Arbeit in Konflikten   121
2 Die Erweiterung des konfliktbezogenen Zugangs Sozialer Arbeit: Von
  der Mediation zum problem- und verständigungsorientierten
  methodischen Handeln in Konfliktsituationen   134
3 Methodisches Handeln in Konfliktsituationen – Eine
  Rahmenkonzeption   152

Perspektiven   199

Literatur   205

Einführung

Konflikte sind quer durch alle Arbeitsfelder und Tätigkeitsebenen grundlegende Bezugspunkte Sozialer Arbeit: Sie sind Teil der Arbeit mit KlientInnen und NutzerInnen, mit KollegInnen im Team, zwischen Vorgesetzten und MitarbeiterInnen, in Organisationen und Lebenswelten sowie – als innere Ambivalenzen oder Rollenkonflikte – auch in den Individuen vorhanden. Und: Neben Konflikten, die zwischen Menschen offen oder verdeckt ausgetragen werden, enthalten Lebenswelten und institutionelle Kontexte Sozialer Arbeit eine Fülle von Konflikt*potenzialen* in Form von strukturellen Widersprüchen, Unvereinbarkeiten, schwierigen Anforderungen oder Beeinträchtigungen für das Handeln, die oft nicht von den beteiligten Subjekten in ihren Wirkungen erkannt werden, und so zu realen Konflikten werden.

Kurz: Das Phänomen ‚Konflikt' ist in der Praxis der Sozialen Arbeit omnipräsent und hat dort elementare Bedeutung in den Handlungssituationen des beruflichen Alltags.

Wirft man allerdings einen Blick darauf, wie das Konfliktthema in den letzten zwei Jahrzehnten in der Theoriediskussion, empirischen Forschung und Praxis Sozialer Arbeit behandelt wurde, so wird rasch eine eigentümliche Diskrepanz erkennbar: Das Phänomen ‚Konflikt' hat nach einer Phase hohen Interesses in den 70er Jahren im Kontext der Gemeinwesenarbeit bzw. politisch verstandener Sozialer Arbeit nur noch marginale Bedeutung, ganz andere Themen haben seitdem die fachliche Diskussion dominiert.

In der Fachdiskussion der letzten Jahre taucht das Thema ‚Konflikt' plötzlich wieder fast boomartig auf, allerdings verengt auf einzelne *methodische* Zugänge, die den dringenden Bedürfnissen aus der Praxis nach Orientierung und Werkzeugen in schwierigen Alltagssituationen entgegenkommen. Eine längst überfällige *theoretische* Auseinandersetzung und Vergewisserung zu diesem Thema ist nach wie vor nicht in Sicht.

Die aktuelle methodische Auseinandersetzung konzentriert sich auf

- „Mediation" als Methode der Vermittlung in Konfliktsituationen und
- „Konfrontative Pädagogik" als (umstrittene) Form der Arbeit mit aggressiven bzw. gewalttätigen Jugendlichen.

Beide Methoden sind an ein spezifisches Setting sowie umfangreiche personelle und strukturelle Voraussetzungen gebunden, und deshalb nur als Zugang zu einzelnen Aspekten des Phänomens ‚Konflikt' in der Praxis der Sozialen Arbeit geeignet. Ohne ein grundlegenderes, theoretisch gestütztes Verständnis von Konflikten besteht die Gefahr, dass solche Methoden bei PraktikerInnen den Blick auf das Thema stark verengen (frei nach dem Motto ‚Wer nur einen Schraubenzieher als Werkzeug kennt, für den sind Probleme vor allem schraubenförmig'). Ein auf Methoden reduzierter Zugang nährt ferner falsche ‚Machbarkeitsphantasien' in Richtung der Bearbeitung und Lösung von Konflikten bei Praxis und Öffentlichkeit. „Mediation" kann so z.B. als eine Art von Sozialtechnologie genutzt werden, die wichtige Aspekte von sozialen Konflikten übersieht und zu einer falschen ‚Personalisierung' bei der Bearbeitung führt.

Das heißt: Konflikte sind zwar ein grundlegendes Phänomen in der Praxis der Sozialen Arbeit, sie haben aber weder in der Theoriebildung, der empirischen Forschung noch in der Reflexion und der Methodendiskussion der Praxis momentan einen systematischen Ort.

Warum existiert diese merkwürdige Diskrepanz? Meine Vermutungen gehen in folgende Richtungen:

1. Das Phänomen ‚Konflikt' ist universell und gleichzeitig diffus und kaum greifbar. Konflikte sind in der Sozialen Arbeit etwas so Elementares und Konstitutives, dass wir eine Art von ‚blindem Fleck' für dieses Phänomen entwickelt haben. Denn *jede* Interaktion im Alltag bzw. im Rahmen der Sozialen Arbeit kann sich grundsätzlich konflikthaft entwickeln, die Zahl möglicher Ursachen für Konflikte geht deshalb in Richtung unendlich. Welche Faktoren bei der Entstehung und Eskalation in Konflikten wann, wie und warum zusammenwirken, ist oft sogar im Nachhinein nur schwer nachvollziehbar, in der konkreten Konfliktsituation jedoch kaum zu durchschauen.
Allerdings hat nicht nur die Wissenschaft der Sozialen Arbeit, sondern haben die Sozialwissenschaften insgesamt große Schwierigkeiten, das Phänomen ‚Konflikt' angemessen zu erfassen. Der „Gegensatz zwischen universaler Präsenz und begrifflicher Unbestimmtheit hat zu vielfältigen Problemen der Theoriebildung geführt" (Messmer 2005: 1). In der Fachdiskussion

konkurrieren vielfältige Definitionen, unterschiedlichste Theorien zu Ursachen und Funktionen, ein allgemein anerkannter Zugang ist nicht in Sicht. Diese Unübersichtlichkeit hat auch die Arbeit an diesem Buch erschwert: Ich bin bei meiner Arbeit an diesem Thema immer wieder auf Probleme gestoßen, den Gegenstand angemessen zu erfassen und sinnvoll einzugrenzen, einen bearbeitbaren Fokus zu finden, ohne das Gefühl zu haben, etwas Wesentliches übersehen oder ausgelassen zu haben. Das diffuse „Alles-hängt-irgendwie-mit allem-zusammen" bei der Analyse des Phänomens ‚Konflikt' führt leicht dazu, sich in allgemeinen Ausführungen oder Details zu verlieren.

2. Die Mischung aus Allgegenwärtigkeit und Diffusität von Konflikten weckt in der Praxis ein tiefes Bedürfnis nach mehr Klarheit, Orientierung, konkreten Handlungsanweisungen und sicheren Wegen im Umgang mit Konflikten. Die Wissenschaft kann angesichts ihrer eigenen Probleme mit dem Thema aber PraktikerInnen im Moment keine klaren und sicheren Orientierungspunkte bieten.

3. Das Phänomen ‚Konflikt' hat im Gegensatz zu vielen anderen fachlichen Themen auch eine persönliche Dimension, die sich nur schwer aus der Beschäftigung mit dem Thema heraushalten lässt. Konflikte sind im Alltag nichts Neutrales, sondern für die meisten Menschen etwas Negatives, etwas Störendes, Bedrohliches oder gar Zerstörerisches, auch deshalb, weil nur wenige gelernt haben, auf eine wirklich produktive Weise mit Konflikten umzugehen. Jede(r) hat seine eigene ‚Konfliktbiografie' als Teil seiner Persönlichkeitsentwicklung, jede(r) ist ständig im Alltag in Konflikte verstrickt, erlebt die manchmal beängstigenden Veränderungen im eigenen Denken, Fühlen und Handeln in solchen Situationen, durchschaut vielleicht sogar die Mechanismen, die hier wirken, kann sie aber nicht immer kontrollieren. Dies erleben auch erfahrene MediatorInnen, wenn sie selbst in Konflikte verstrickt sind. Solche negativen gesellschaftlichen Konnotationen und subjektiven Erfahrungen schaffen ein Bedürfnis, Konflikte so rasch wie möglich aus der Welt zu schaffen – oft mit untauglichen Mitteln. Gerhard Schwarz (1999: 33), der sich seit langem in Theorie und Praxis mit Konflikten befasst, schreibt:

„Sowohl bei meinem eigenen Konfliktverhalten als auch in Konfliktsituationen, auf die ich bei der Analyse der Struktur von Gruppen und Organisationen gestoßen bin, habe ich immer wieder festgestellt, dass es eine Tendenz gibt, sofort beim Auftreten eines Konfliktes aktiv zu sein und in eine Lösung zu ‚springen'. Meist ist diese Art der Lösung diejenige, die man schon immer präferiert hat, mit der man mehr oder weniger alle Konflikte zu lösen versucht. (...) Ein neu aufgetretener Konflikt verändert die gewohnte Situation (...). Veränderung heißt gleichzeitig Unsicherheit und

Unsicherheit macht Angst. Angst- und Stressreaktionen bewältigt der Mensch durch Aktion. Wenn man ‚etwas tut', hält man Angst oder Unsicherheit besser aus, selbst wenn dieses Tun die Situation letztlich noch verschlimmert".

Subjektive Verunsicherungen und das Bedürfnis, in Konflikten handlungsfähig zu bleiben, führen deshalb *erstens* in der Praxis dazu, nur allzu gerne neue Ideen und methodische Vorschläge anzunehmen, wenn sie nur mehr Orientierung und Handlungssicherheit versprechen. *Zweitens* vermute ich aufgrund eigener Beobachtungen und Erfahrungen, dass die Diffusität des Gegenstandes, negative gesellschaftliche Bewertungen, biografische Erfahrungen und fehlende Konflikt-Kompetenzen auch bei vielen TheoretikerInnen und PraktikerInnen in der Sozialen Arbeit ihre Wirkungen zeigen und einen offenen, bewussten Zugang zu diesem Thema erschweren.

Dieses Lehrbuch versucht, die Diskrepanz zwischen der hohen Bedeutung des Phänomens Konflikt und seiner viel zu geringen Beachtung in Wissenschaft und Praxis Sozialer Arbeit zu verkleinern und Vorschläge zur Schließung wichtiger theoretischer wie praxisbezogener Lücken zu machen. Angesichts der Vielschichtigkeit des Themas will ich gar nicht erst nicht versuchen, alle relevanten Aspekte zu erkunden, sondern fünf auswählen, die mir besonders grundlegend und wichtig erscheinen.

Dieses Buch besteht deshalb aus fünf einzelnen Teilen, zwischen denen es zwar viele Verbindungslinien gibt, die aber nicht im strengen Sinne aufeinander aufbauen. Oder anders gesagt: Es gibt nicht den ‚roten Faden' im Text, der stringent und sukzessive entwickelt wird, sondern der Text hat einzelne thematische Fäden, die sich immer wieder treffen, sich berühren, dann aber wieder auseinander gehen.

Bei diesen fünf Aspekten geht es darum,

- dem Phänomen ‚Konflikt' einen systematischen Ort in der Sozialen Arbeit zu geben (Teil B),
- den spezifischen Zugang Sozialer Arbeit zu Konflikten näher zu bestimmen – auch in Abgrenzung zu anderen Professionen wie JuristInnen, PolizistInnen, TherapeutInnen, mit denen Fachkräfte aus der Sozialen Arbeit häufig kooperieren müssen (Teil C),
- den vielfältigen Konfliktpotenzialen in Strukturen und Rahmenbedingungen Sozialer Arbeit nachzugehen, die – oft unerkannt – Quelle und dynamisierender Hintergrund vieler Konflikte zwischen Fachkräften und KlientInnen, in Teams, in der Kooperation mit anderen Professionen oder relevanten Akteuren wie KommunalpolitikerInnen, BürgerInnen etc. sind (Teil D),

Einführung 13

- wichtige Erkenntnisse aus den aktuellen Diskussionen um die Themen ‚Fallverstehen' und ‚Methodisches Handeln' zu nutzen, um einen umfassenderen theoretischen und methodischen Zugang zu Konflikten zu konzipieren, als ihn z.b. Mediation oder Konfrontative Pädagogik bisher bieten (Teil E).
- Zum Einstieg soll ein kurzer Überblick zur Bedeutung des Phänomens ‚Konflikt' im Alltag und zum Stand der Diskussion in den Sozialwissenschaften gegeben werden (Teil A). Besonderes Augenmerk wird hier auf die Frage gerichtet, wann Konflikte destruktive Folgen haben und unter welchen Bedingungen sie zum produktiven Medium und Lernfeld sozialen Handelns werden können.

Teil A
Das Phänomen ‚Konflikt' im Alltag und in den Sozialwissenschaften

1 Konflikte im Alltag

Soziale Konflikte sind im Alltag allgegenwärtig. Jeder Mensch ist ständig und überall mit der Möglichkeit von Konflikten konfrontiert. Viele dieser Konflikte können rasch gelöst werden, andere üben auf das Leben der Subjekte und ihre Beziehungen dauerhaftere Einflüsse aus. Einzelne Konfliktkonstellationen durchziehen Biografien von Menschen sogar wie ein roter Faden.

Was für Individuen gilt, trifft in vergleichbarer Weise auch für kollektive Akteure wie Gruppen, Interessenverbände, Organisationen oder Staaten zu. Ein Blick in die Medien zeigt dies deutlich.

„Fast alle Tagesereignisse mit Nachrichtenwert wurzeln explizit oder implizit in einem Konflikt oder sind mit Konflikten verbunden. Sie sind entweder das unmittelbare Ergebnis eines Konflikts, machen die Aktualität von Konfliktlagen sichtbar oder deuten auf zukünftige, noch zu erwartende Konfliktlagen hin. Die Selbstverständlichkeit, mit der wir den Konflikt als einen alles durchdringenden Sachverhalt in unser alltägliches Erleben integrieren, macht uns für das Phänomen als solches nahezu blind" (Messmer 2005: 1).

Die Allgegenwärtigkeit von Konflikten im Alltag geht *erstens* mit einer begrifflichen Unschärfe einher: Der Begriff ‚Konflikt' wird häufig synonym verwendet mit Begriffen wie ‚Streit', ‚Kampf', ‚Auseinandersetzung', ‚Interessensgegensatz', ‚Widerspruch' etc.

Zweitens wird der Konfliktbegriff im Alltag meist nicht neutral benutzt, sondern werden Konflikte als negativ, bedrohlich oder gar zerstörerisch bewertet: Wunschbilder von harmonischem Zusammenleben, Ruhe und Ordnung und die häufige Vermischung des Konflikt-*Phänomens* mit dem Konflikt-*Verhaltens* konkreter Akteure führen dazu, wie der Konfliktforscher Johan Galtung (1975)

16   Teil A   Das Phänomen ‚Konflikt' im Alltag und in den Sozialwissenschaften

sagt, dass Konflikte etwas Schlechtes sind, etwas, vor dem man davonlaufen müsse.[1]

Von diesem Negativbild sind die häufigsten alltäglichen Umgangsformen mit Konflikten beeinflusst:

- *Konfliktverdrängung* (Leugnung der Existenz von Konflikten; Nicht-Thematisierung);
- Das Handeln der Konfliktparteien nach dem ‚*Gewinner-Verlierer-Schema*', verbunden mit der Vorstellung, dass nur eine Partei die Auseinandersetzung gewinnen kann;
- Das ‚*Harmonisieren*' von Konflikten, d.h. eine zu rasche Suche nach Kompromissen, bevor überhaupt klar ist, was alles im Konflikthintergrund wirksam ist;
- Die ‚*Versachlichung*' von Konflikten: d.h. die alleinige Suche nach Konfliktlösungen auf der Sachebene und Nicht-Thematisierung der emotionalen Betroffenheit der Konfliktbeteiligten.

Abbildung 1:   ‚Teufelskreis' nicht tragfähiger Konfliktlösungen

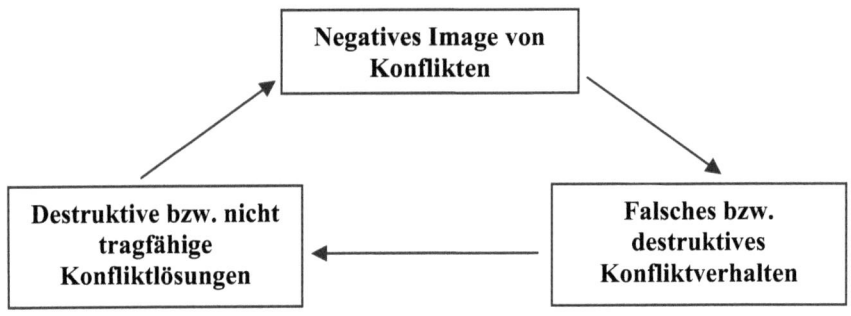

---

[1]   Wie tief die Verankerung des Wunsches nach einer harmonischen und konfliktfreien Gesellschaft ist, wird auch daran erkennbar, dass sich diese Idee bereits in den religiös tradierten Mythen unseres Kulturkreises vom Paradies widerspiegelt: „Typischerweise herrscht in den uns geläufigen Paradiesvorstellungen ein natürliches Perfektionsideal vor, das in der uns geläufigen Überlieferung, also der alttestamentarischen Darstellung der Genesis bis zum Sündenfall, dadurch zunichte gemacht wurde, dass Adam und Eva die verbotene Frucht vom Baum der Erkenntnis aßen. (...) Am Sündenfall dokumentiert sich also der Unterschied göttlicher und weltlicher Ordnung ausgelöst durch einen Konflikt. Die Unordnung der Welt lässt sich mithin als Gegenstück himmlischer Ordnung beschreiben, in der gleitende Übergänge in die eine oder andere Richtung (Himmel/Hölle) grundsätzlich möglich sind. Die Welt als Erbe des Sündenfalls wird für den einzelnen Menschen damit zum Ort seiner Bewährung" (Messmer 2005: 3-4)

Da Konfliktverdrängung bzw. falsche Konfliktbearbeitung meist keine tragfähigen Lösungen bringen, kommt leicht eine Art von ‚Teufelskreis' in Gang, in dem die subjektiv vorhandenen Negativbilder von Konflikten bestätigt werden.

2 Konflikte als Gegenstand der Sozialwissenschaften

2.1 Überblick zum aktuellen Diskussionsstand

Der Konfliktbegriff ist heute zu einem der schillerndsten, aber auch widersprüchlichsten Begriffe in den Sozialwissenschaften geworden. Dies liegt zum einen an der Relevanz des Begriffs in unterschiedlichsten Disziplinen, auf die z.B. Bonacker (2002: 15) hingewiesen hat:

> „Das Soziale als Gegenstand der Sozialwissenschaften kann nämlich grundsätzlich in zwei Arten vorkommen: als Konsens und als Konflikt. Entweder wir stimmen Angeboten, Erwartungen etc. wenigstens implizit zu oder wir lehnen sie ab. Insofern ist es nicht verwunderlich, dass *der Konfliktbegriff eine prominente Rolle in allen sozialwissenschaftlichen Bereichen spielt,* bezeichnet er doch eine *grundsätzliche Möglichkeit der Form des Sozialen:* Internationale Beziehungen, Arbeitsbeziehungen und Intimbeziehungen können immer auch konflikthaft sein" (Herv. F.H.).

Außerdem hat das Phänomen ‚Konflikt' seit Ende der 50er Jahre eine beachtliche Renaissance in den Sozialwissenschaften erfahren. Dieses neuerliche Interesse hat bis heute angehalten und ist sogar noch gewachsen. Die Gründe sind vielfältig, hier sollen nur drei kurz angerissen werden:

- Auf internationaler Ebene sind seit dem Ende des Kalten Krieges eine Fülle neuer Konfliktkonstellationen zu beobachten.
- Innergesellschaftlich haben sich durch Prozesse der Individualisierung und Pluralisierung von Lebensformen neue Anforderungen an die Subjekte und eine Veränderung sozialer Bezüge ergeben. Der Prozess der Individualisierung führt u. a. zu einem verstärkten Entscheidungsdruck und -abhängigkeit bei den Subjekten. Hierdurch entstehen vermehrt Konflikte. „Wenn Gesellschaft immer mehr auf kontingenten Entscheidungen beruht, dann kann mit guten Gründen immer auch anders entschieden werden" (ebd.: 11). Deshalb sind Konflikte geradezu konstitutiv für den Alltag der Menschen geworden.
- Neuartige bzw. veränderte Konfliktlinien zeigen sich auch im Kontext der zunehmenden Ethnisierung des Sozialen bzw. dem Entstehen multikultureller Gesellschaften, die die Frage nach dem Verhältnis von Konflikt und Integration neu aufwerfen: Wie viel Unterschiedlichkeit bzw. Konflikte ver-

trägt eine Gesellschaft? Wie viel Gemeinsamkeiten braucht sie? Wie können Solidarität und gemeinsam getragene Grundwerte reproduziert werden? Die Ursprünge konflikttheoretischen Denkens lassen sich bis in die Antike zu Heraklit oder Thukydides zurückverfolgen. Anlass und Thema wissenschaftlicher Überlegungen sind Konflikte aber erst mit der Herausbildung moderner Gesellschaften geworden.

„Der Verlust eines normativen Zentrums, einer Spitze der Gesellschaft, die die Gesellschaft noch einmal repräsentiert, sowie der Wegfall einer außerweltlichen Legitimation von Herrschaft, die Ausdifferenzierung verschiedener Funktionsbereiche und das Ansteigen des Dissensrisikos durch die Universalisierung moralischer Normen führt zu der Erfahrung, dass gesellschaftliche Ordnung nicht einfach vorgefunden werden kann, sondern dass Gesellschaft ihre Ordnung selbst machen muss. Ordnung wird damit zum Projekt der modernen Gesellschaft (...). Und wer Ordnung schaffen will, stößt notgedrungen auf Konflikte, die jetzt nicht mehr durch transzendente Prinzipien immer schon geregelt sind. Der Konfliktbegriff taucht im Ideenpool der Gesellschaft exakt dort auf, wo die Gesellschaft nicht mehr auf eine solche religiöse oder natürliche Ordnung vor der Gesellschaft zurückgreifen kann" (ebd.: 19).

Mit der zunehmenden Relevanz und Verbreitung des Konfliktbegriffs seit der Mitte des letzten Jahrhunderts über verschiedene sozialwissenschaftliche Disziplinen hinweg, ist allerdings eine ganze Reihe von *Problemen* aufgetaucht:

Vielfalt der Definitionen: Der Begriff ‚Konflikt' ist in den Sozialwissenschaften zu einem unscharfen „Container-Begriff" (Glasl 1992: 12) geworden, unter dem höchst Unterschiedliches zusammengepackt wird. VertreterInnen eines engen Konfliktverständnisses wie Glasl kritisieren diese Unschärfe und grenzen den Konfliktbegriff klar gegen benachbarte Begriffe wie ‚Meinungsverschiedenheit', ‚Unvereinbarkeit von Interessen und Zielen' etc. ab und verwenden ihn nur für tatsächlich beobachtbare Konflikte, nicht aber für latente oder strukturelle Konflikte.[2]

BefürworterInnen eines weiten Konfliktbegriffs befürchten dagegen, dass durch eine zu starke Eingrenzung und einen zu frühen Ausschluss bestimmter Phänomene (wie z.B. Wettbewerb) eine Vielzahl von Konflikttypen nicht angemessen

---

[2] Glasls enge Konfliktdefinition, die auch in der Fachdiskussion Sozialer Arbeit häufig verwendet wird, lautet: „Sozialer Konflikt ist eine Interaktion zwischen Aktoren (Individuen, Gruppen, Organisationen usw.), wobei wenigstens ein Aktor Unvereinbarkeiten im Denken/Vorstellen/Wahrnehmen und/oder Fühlen und/oder Wollen mit dem anderen Aktor (anderen Aktoren) in der Art erlebt, dass im Realisieren eine Beeinträchtigung durch einen anderen Aktor (die anderen Aktoren) erfolge" (Glasl 1992: 14-15).

2 Konflikte als Gegenstand der Sozialwissenschaften

erfasst werden können und so eine umfassendere Theoriebildung nicht möglich ist[3].

Die Verwendung enger oder weiter Konfliktbegriffe hat nicht nur Auswirkungen auf die Theoriebildung, sondern auch im Hinblick auf Frage nach Lösungsmöglichkeiten für Konflikte:

> „Fasst man Konflikte als universell und ubiquitär auf und legt einen weiten Konfliktbegriff zugrunde, so können Konflikte niemals gelöst, sondern nur geregelt (reguliert) werden. Die Konfliktaustragungsmodi rücken dann in das Zentrum des Interesses. Dagegen implizieren enge Konfliktbegriffe durchaus Lösungsmöglichkeiten, die über eine normative Konfliktregelung hinausgehen" (Imbusch 2005: 152).[4]

Jenseits dieser Kontroverse um die richtige Definition des Phänomens ‚Konflikt' bleibt festzuhalten: Es ist wichtig, Konflikte unvoreingenommen als soziale Phänomene zu betrachten und bei Definitionsversuchen Konflikte weder mit ihren Austragungsformen noch mit ihren Ursachen zu verwechseln (vgl. auch Wasmuht 1992).

Die unübersichtliche Vielfalt von Konfliktdefinitionen findet ihre Entsprechung in der *Vielfalt sozialwissenschaftlicher Konflikttheorien.* Bonacker (2002) stellt in einem neueren Überblickswerk allein 20 derartiger Theorien mit unterschiedlichem Zugang und Fokus vor.

Messmer (2005) stellt in einem Überblicksartikel neben den soziologischen Konflikt-,Klassikern' Durkheim, Weber, Simmel und wichtigen Theoretikern der 60er Jahre (Coser und Dahrendorf) folgende neuere „konfliktsoziologische Verzweigungen" (ebd.: 11) vor:

- Strukturtheoretische Modelle (z.B. Robert K. Merton): Konflikte werden hier als Folge widersprüchlicher Gesellschaftsstrukturen gesehen, die einerseits Erwartungen bei den Subjekten wecken, gleichzeitig aber auch Enttäuschungen (z.B. aufgrund mangelnder Realisierungsmöglichkeiten) mitproduzieren.

---

[3] Eine weite Konfliktdefiniton ist z.b. die von Dahrendorf (1961): „ Der Begriff des Konflikts soll zunächst jede Beziehung von Elementen bezeichnen, die sich durch objektive (‚latente') oder subjektive (‚manifeste') Gegensätzlichkeit bezeichnen lässt" (zit. nach Glasl 1992: 13)

[4] Imbusch (2005: 152) macht darauf aufmerksam, dass es bei der Frage nach einem engen oder weiten Konfliktbegriff um eine ähnliche Problematik geht wie bei der Definition von ‚Frieden' oder ‚Gewalt': „Frieden lässt sich bekanntlich als negativer Frieden (Abwesenheit von Krieg) und positiver Frieden (umfassende soziale Gerechtigkeit) definieren, ebenso wie in den Gewaltbegriff sowohl personale wie strukturelle Gewalt definitorisch Eingang finden können".

- Interaktionsanalytische Modelle (z.B. Erving Goffman): Konflikte entstehen hier dann, wenn Subjekte Regeln oder Routinen missachten, die für andere Subjekte maßgeblich sind.
- Sozialpsychologische Modelle (z.B. Morton Deutsch), die zwischen Soziologie und Psychologie angesiedelt sind: Aus dieser Perspektive ergeben sich Konflikte aus den „individuellen Strukturen der Erlebnisverarbeitung", und sind „vornehmlich auf Wahrnehmungen und der Interpretation von Wahrnehmung bezogen" (ebd.: 13).
- Spiel- und entscheidungstheoretische Modelle (z.B. Anatol Rapoport), die Konflikte unter der Perspektive rational kalkulierender Konfliktbeteiligter (‚SpielerInnen'), ihren Strategien, Entscheidungen und den daraus entstehenden Folgen analysieren.
- Soziologische Modelle in der Nachfolge von Coser und Dahrendorf (z.B. Louis Kriesberg).

Messmer weist darauf hin, dass sich sozialwissenschaftliche Konfliktforschung in der Vergangenheit hauptsächlich als Ursachenforschung profiliert hat, letztlich aber damit gescheitert ist.

„Im Versuch einer theoretischen Engführung auf die Letztgründe des Konflikts (etwa: gegenläufige Bedürfnisse, antagonistische Interessen, inkompatible Strukturen, permanente Machtverhältnisse etc.) meinte man zugleich auch den unveränderlichen Kern des Konflikts zu begreifen. Rückblickend waren diese Versuche jedoch wenig ertragreich. Insofern nahezu jeder soziale Sachverhalt auch in Konfliktform aufscheinen kann, geht die Anzahl möglicher Kontexte, und damit verbunden die Menge an Einflussvariablen auf den Konfliktverlauf entsprechend in Richtung unendlich" (ebd.: 2).

Neuere Theorien betonen deshalb zum einen die Wechselwirkung subjektiver und objektiver Einflussfaktoren bei Konfliktverläufen.

„Ein konflikttheoretischer *working consensus* besteht insofern nur, als klar ist, dass jede Form der ‚Unvereinbarkeit' eine Bewegung auslöst, die nach Aufhebung strebt. Entsprechend bleibt der Konflikt selbst die *black box* der Analyse. Die Forschung kann sehen, *dass* ein Konflikt typische Ursachen in typische Wirkungen transformiert, jedoch bleiben die spezifischen Eigenschaften und Gesetzmäßigkeiten dieses Prozesses weithin verborgen" (ebd. 18; Herv. i. O.).

Kennzeichen des neueren konflikttheoretischen Denkens ist ferner, dass „die Beschäftigung mit Konflikten als konstitutiver Bestandteil in eine umfassendere Gesellschaftstheorie eingebettet ist" (Imbusch 2005: 167). Autoren wie Jürgen Habermas, Niklas Luhmann, Pierre Bourdieu oder Axel Honneth stehen für diese Entwicklung.

2 Konflikte als Gegenstand der Sozialwissenschaften

Die Allgegenwart von Konflikten und vergebliche Suche nach eindeutig identifizierbaren Ursachen von Konflikten hat dazu geführt, dass ForscherInnen sich vermehrt der Frage nach dem *Sinn und der Funktion von Konflikten* widmen. Hierbei können vier Positionen idealtypisch unterschieden werden (vgl. Bonacker/Imbusch 2005: 78-79).

- Konflikt als pathologische Erscheinung: Insbesondere konservative Gesellschaftstheorien schätzen die Funktion von Konflikten ausschließlich negativ ein, sehen sie als pathologische Phänomene an, die die soziale Ordnung bedrohen und bekämpft werden müssen.
- Konflikt als Dysfunktion: Konflikte sind Produkte gesellschaftlicher Strukturen und Prozesse, sind aber Ausdruck von Störungen und Abweichungen von einem Idealzustand.
- Die integrative Funktion von Konflikten: In der Tradition von Simmel und Coser weisen einige Theorien auf die Normalität und Produktivität von sozialen Konflikten in Gesellschaften hin und betonen ihre – unter bestimmten Voraussetzungen – positiven sozialisatorischen und systemintegrativen Funktionen.
- Konflikte als Auslöser und Förderer sozialen Wandels: Gänzlich positive Funktionen schreiben z.B. Marx und Engels sozialen Konflikten zu (in Form von Klassenkämpfen) und sehen in ihnen das zentrale Antriebsmoment der Geschichte. Auch Ralf Dahrendorf steht für diese Position. Im Gegensatz zu den beiden erstgenannten Positionen, die Konflikte als negative Resultate des Wandels ansehen, ist hier der Wandel eine zentrale Funktion des Konflikts.

Angesichts der Polarität dieser Positionen ist es spannend, genauer zu untersuchen, unter welchen Umständen Konflikte produktive oder destruktive gesellschaftlichen Folgen haben, wann sie im Sinne von Albert O. Hirschman (1994) als „Klebstoff", wann als „Lösungsmittel" sozialer Beziehungen wirken. Im folgenden Abschnitt wird diesen Aspekten ausführlicher nachgegangen, da sie eng mit der Frage zusammenhängen, wann und wie Konflikte in der Sozialen Arbeit als produktives Medium und Lernfeld gestaltet und genutzt werden können.

2.2 Konflikte als produktives Medium und Lernfeld des Sozialen – Voraussetzungen und Bedingungen

Im vorigen Abschnitt wurde bereits eine Linie soziologischer Theoriebildung über Georg Simmel, die Soziologen der Chicagoer Schule, Ralf Dahrendorf und

Lewis Coser skizziert, in der der Gedanke sukzessive entfaltet wird, dass soziale Konflikte nicht nur destruktiv, sondern auch als positive Triebkraft gesellschaftlichen Wandels und Medium sozialer Integration wirken können.

Simmel hat in seinem 1908 erschienenen Aufsatz „Der Streit" die These formuliert, dass Streit bzw. Konflikt als soziologisch eigenständige Vergesellschaftungsform anzusehen ist. Damit ist gemeint, dass Menschen sich nicht nur durch Harmonie und Konsens, sondern auch über Konflikte miteinander verbinden, und dies oft mit höchster Intensität.

> „Sieht man vom Phänomen der ,Liebe' einmal ab, so gibt es nach Simmel wohl keine andere Beziehungsform, die eine ebenso lebhafte wie intensive zwischenmenschliche ,Wechselwirkung' hervorruft wie der Konflikt (...). Somit stoßen wir auch auf der Ebene sozialer Interaktionen auf das grundlegende Phänomen, dass ein starker sozialer Zusammenhalt gerade dort zu entstehen scheint, wo zwei Seiten einer Beziehungsstruktur sich vordergründig abstoßen und entzweien" (Messmer 2005: 8).

Simmel nahm an, dass nur durch eine Kombination von anziehenden und abstoßenden Kräften die Stabilität sozialer Beziehungen gewährleistet werden kann.

In dieser Theorielinie wird auch begründet, dass Konflikte struktureller Bestandteil moderner Gesellschaftssysteme sind, die arbeitsteilig organisiert sind. Dahrendorf (1963) sieht Konflikte als geradezu anthropologisch verwurzelt, für den Konfliktforscher Gerhard Schwarz (1999: 84) sind Konflikte „das ,Lebenselixier' der Persönlichkeitsentwicklung". Ohne die Bewältigung bestimmter persönlicher Konflikte „wird niemand zu einer ,Persönlichkeit'".

Unter welchen Bedingungen können Konflikte im Kontext Sozialer Arbeit diese positive Funktion entwickeln, wann können sie zum produktiven Medium sozialer Integration und zum Feld von Lernen und Entwicklung werden?

In der Literatur findet man hierzu vor allem folgende Bedingungen.

1. Vorliegen eines ‚echten Konflikts'

In seiner Theorie sozialer Konflikte macht Coser eine *Unterscheidung zwischen echten und unechten Konflikten*:

> „Echte Konflikte entstehen, wenn Menschen aneinander geraten in der Verfolgung von Forderungen, die auf der Versagung von Wünschen und Gewinnerwartungen beruhen (...) [Diese Art von] Konflikt wird von den Betroffenen als Mittel der Erreichung von realistischen Zielen betrachtet, von denen man lassen kann, wenn andere für den gleichen Zweck wirksamer erscheinen" (Coser 1972: 64).

Unechte Konflikte entstehen dagegen nicht aus entgegengesetzten Zielen der Konfliktparteien, sondern z.B. aus „Versagungen und Frustrationen durch den

2 Konflikte als Gegenstand der Sozialwissenschaften

Sozialisierungsprozess und später durch die Verpflichtungen aus der Erwachsenenrolle" (ebd.). Hier geht es nicht um die Erreichung bestimmter Ergebnisse, sondern die „Entladung von Spannung in einer aggressiven Handlung, die gegen wechselnde Objekte gerichtet ist" (ebd.). Unechte Konflikte sind nach Coser immer dysfunktional.

Mit Cosers Unterscheidung zwischen echten und unechten Konflikten werden *erstens* wesentliche Voraussetzungen für eine produktive, sozial integrative Form von Konflikten erkennbar (vgl. Böhnisch 2003: 270): Produktiv nutzbare Konflikte

- müssen als soziale Interaktionen strukturiert sein;
- müssen an Zielen und Forderungen der Akteure ausgerichtet sein;
- wirken nur dann integrativ, wenn die Konfliktparteien grundlegende Werte des Zusammenlebens und menschlicher Integrität auch im Konfliktfall weiter beachten.

Mit Cosers Definition ist *zweitens* eine klare begriffliche Unterscheidung von sozialen Konflikten und Gewalthandeln (als einer eskalierten Form der Austragung von Konflikten) möglich:

> „Gewalt, wenn sie sich gegen andere Menschen richtet, ist zwar auch eine Form sozialer Beziehung, die sich aber vom echten Konflikt durch drei wesentliche Merkmale unterscheidet: Gewalt zielt nicht auf Widerstreit der Interessen, sie kennt keine Anerkennung gemeinsamer Grundwerte und sie negiert die persönliche Integrität des Anderen. Gewalt kennt also keine Partner (wie im Falle der Konfliktpartner), sondern nur Gewaltopfer" (Böhnisch 2003: 272).

Auch Fachkräfte Sozialer Arbeit sind manchmal in eskalierte Konflikt-Konstellationen mit Gewaltanwendung und Bedrohung involviert (z.B. im Kontext häuslicher Gewalt, Situationen von Kindeswohlgefährdung oder gewaltförmigen Auseinandersetzungen unter Jugendlichen), die rasches, eingreifendes Handeln und Machteingriffe – in Kooperation mit Polizei bzw. Gericht – erfordern. Soziale Arbeit darf hier aber nicht stehen bleiben, sondern muss nach einem Machteingriff versuchen, die Konfliktsituation wieder zu öffnen und „den Eingriffsanteil ihrer Interventionen nach Möglichkeit zu verkleinern und den Anteil an Angeboten und gemeinsamem Handeln zu verstärken" (Müller 1993: 114). Dies ist grundsätzlich auch in Gewaltkonstellationen möglich, denn Gewalt entsteht oft als Bewältigungshandeln aus schwierigen biografischen oder situativen Konstellationen heraus.

> „Gewalt speist sich aus sozialer Desintegration und wirkt gesellschaftlich gesehen desintegrativ. Von der Subjektseite der Gewaltausübenden her sieht das aber in der Regel anders aus: Viele wollen sich über Gewalt sozial bemerkbar machen, brau-

chen Gewalt als letztes Mittel, um soziale Orientierungs- und Integrationsprobleme für sich zumindest subjektiv zu lösen" (Böhnisch 2003: 272).

Pädagogische Strategien gegen Gewalt zielen deshalb darauf, die Beteiligten aus dem Kreislauf der Eskalation und Gewaltstereotype herauszulösen und mit den konkreten Menschen und deren Interessen zu konfrontieren. So können sie wieder zu ‚echten' Konflikten im Sinne Cosers werden.

2. Niedriger bis mittlerer Eskalationsgrad des Konflikts

Friedrich Glasl (1992: 183-286) macht mit seinem neunstufigen Eskalationsmodell (mit drei Hauptphasen der Eskalation) deutlich, dass in Konflikten ab einer bestimmten Eskalationsstufe keine produktive Bearbeitung oder Bewältigung mehr möglich ist. Denn ab hier geht es den Beteiligten nicht mehr um die Durchsetzung eigener Bedürfnisse und Interessen, sondern nur noch um eine Schädigung oder gar Vernichtung des Gegners.[5]

In der ersten Hauptphase der Eskalation (bis Stufe drei) stehen die Sachthemen eines Konflikts im Mittelpunkt und bemühen sich die Konfliktparteien noch, Spannungen und Gegensätze auf rationale Weise zu bearbeiten. Trotz Irritationen und zunehmendem Misstrauen halten die Konfliktparteien den Konflikt noch grundsätzlich für produktiv lösbar (*win-win-Bereich*).

In der zweiten Hauptphase der Eskalation (Stufe vier bis sechs) werden die Sachthemen immer weniger wichtig und rücken die subjektiven Faktoren der Konfliktparteien (Persönlichkeit, Beziehungen) als Probleme in den Vordergrund. Die Parteien meinen hier, dass sie den Konflikt nicht mehr miteinander, sondern nur noch gegeneinander lösen können. Es geht hier nur noch um Gewinnen oder Verlieren, die Mittel der Auseinandersetzung werden härter (*win-lose-Bereich*).

In der dritten Hauptphase der Eskalation (Stufe sieben bis neun) spielen die ursprünglichen Unvereinbarkeiten zwischen den Akteuren als Auslöser des Konflikts keine Rolle mehr. Die Konfliktparteien behandeln einander nur noch als ‚Ding', Werte wie menschliche Würde haben ihre Bedeutung verloren. Man glaubt nicht mehr an ein Gewinnen des Konflikts, es geht nur noch darum, dem Gegner mehr Schaden zuzufügen als man selber erleiden muss bzw. „Gemeinsam in den Abgrund" (Stufe neun) zu gehen (*lose-lose-Bereich*). Konfliktbearbeitung bedeutet hier zuerst einmal den trennenden Eingriff einer Machtinstanz, danach können sich vielleicht wieder Spielräume für Formen der Verhandlung oder Vermittlung ergeben.

---

[5] Glasls Modell hat hier gewisse Parallelitäten zu Cosers Unterscheidung von echten und unechten Konflikten, deckt sich aber nicht damit.

2 Konflikte als Gegenstand der Sozialwissenschaften

3. Bei eigener Verwicklung in den Konflikt gibt es nur begrenzte Selbsthilfemöglichkeiten

Sind Menschen selbst als Partei in einen Konflikt involviert, ist nach Glasl eine produktive Bearbeitung in Selbsthilfe maximal bis zur Eskalationsstufe vier möglich. Denn ab hier tritt der sachliche Kern des Konflikts in den Hintergrund, dominieren stereotype Images und Klischees die Wahrnehmung voneinander, und werden AnhängerInnen für die eigenen Positionen gesucht, um Koalitionen gegen die anderen Parteien zu schmieden.

"Sobald sich die Konfliktparteien von einander stark verzeichnete Bilder gemacht haben, können sie sich nicht mehr helfen. Sie setzen sich ständig dem Verdacht aus, nur ihre eigenen Interessen zu verfolgen. Als Feinde trauen sie einander nicht mehr den ehrlichen Willen zur Verbesserung der gegenseitigen Beziehungen zu" (Glasl 2000: 156).

Spätestens ab hier werden also Aktivitäten Dritter, nicht am Konflikt beteiligter Akteure zur Konfliktbearbeitung erforderlich.

Die begrenzten Selbsthilfemöglichkeiten bei eigener Verwicklung in Konflikte haben noch einen zweiten Grund: Je stärker die eigene Verwobenheit in die Konfliktsituation ist, desto größer ist auch das Risiko von Veränderungen und Verzerrungen in der eigenen Wahrnehmung, im Verhalten, im Gefühlsleben, die professionelles Handeln erschweren, manchmal sogar unmöglich machen. (vgl. ausführlich Teil E Kapitel 3).

4. Der Konflikt muss für die Beteiligten als solcher erkennbar sein

Maria Bitzans Konzept der ‚Konfliktorientierung' (vgl. ausführlich Teil E Kapitel 1) geht davon aus, dass in den Lebenswelten der KlientInnen Sozialer Arbeit verdeckte Konfliktpotenziale in Form von widersprüchlichen Rollenanforderungen, Zumutungen, Benachteiligungen und Belastungen wirken, die Menschen in ihrer Entwicklung und Lebensbewältigung einschränken (gesellschaftliche Verhältnisse als „Normalitätsstruktur", als „geronnene Konflikte": Bitzan 1998: 53). Für eine produktive Bearbeitung solcher Situationen kommt es zuerst darauf an, solche Konfliktpotenziale und ihre Wirkungen für die Betroffenen sichtbar zu machen, sie zu ‚entdecken', ihnen einen Namen zu geben, bevor sie in einem zweiten Schritt bearbeitet werden können.

3 Definition des Begriffs ‚Konflikt' als Basis der weiteren Ausführungen

Um die ganze Bandbreite des Konfliktbezugs in der Sozialen Arbeit angemessen erfassen zu können, muss für die nachfolgenden Ausführungen von einer ‚doppelten' Konfliktdefinition ausgegangen werden, die *zum einen* die Phänomene erfassen kann, wenn konkrete Akteure in eine konflikthafte Interaktion treten. Diese sollen im Folgenden *soziale Konflikte* oder *manifeste Konflikte* genannt werden. Friedrich Glasl hat hierzu einen mittlerweile in der Fachdiskussion weit verbreiteten Definitionsvorschlag gemacht, auf den auch hier zurückgegriffen werden soll:

„Sozialer Konflikt ist eine Interaktion zwischen Aktoren (Individuen, Gruppen, Organisationen usw.), wobei wenigstens ein Aktor Unvereinbarkeiten im Denken / Vorstellen / Wahrnehmen und/oder Fühlen und/oder Wollen mit dem anderen Aktor (anderen Aktoren) in der Art erlebt, dass im Realisieren eine Beeinträchtigung durch einen anderen Aktor (die anderen Aktoren) erfolge" (Glasl 1992: 14-15).

Ein sozialer Konflikt besteht nach dieser Definition aus drei Elementen: *Unvereinbarkeiten* zwischen Konfliktbeteiligten, *Beeinträchtigungen*, die mindestens ein Beteiligter erlebt und einer *sozialen Interaktion* zwischen den Beteiligten.

In der Sozialen Arbeit gibt es *zweitens* aber auch viele soziale Situationen und strukturelle Konstellationen, die zwar durch ‚Unvereinbarkeiten', ‚Widersprüche' oder ‚Beeinträchtigungen' unterschiedlichster Art geprägt sind, aber (noch) nicht zwischen konkreten Akteuren konflikthaft ausgetragen werden (und entsprechend das Glasl'sche Merkmal der „sozialen Interaktion" nicht vorliegt). Damit sind insbesondere gemeint:

- widersprüchliche innere bzw. äußere Erwartungen oder Anforderungen, die innerhalb von Subjekten als ‚innere Konflikte' ihren Ausdruck finden;
- widersprüchliche oder beeinträchtigende strukturelle Faktoren in sozialen Kontexten, die als potentielle Konfliktursachen wirken können (z.B. das doppelte Mandat Sozialer Arbeit zwischen Hilfe und Kontrolle; Leben unter Armutsbedingungen). Solche Faktoren *können* soziale Konflikte auslösen, wenn noch bestimmte subjektive Faktoren hinzukommen, *müssen* es aber nicht.

Konstellationen dieser Art werden im Folgenden als *latente Konflikte* oder *Konfliktpotenziale* bezeichnet.

Teil B
Konflikte als Bezugspunkt und Handlungsanlass –
Soziale Arbeit als Vermittlungsinstanz zwischen
Individuum und Gesellschaft

Obwohl in der Fachdiskussion seit langem umstritten ist, was Aufgabe und Gegenstand Sozialer Arbeit ist,[6] zeigt sich momentan zumindest ein gewisser Minimalkonsens vieler Positionen aus Theorie und Praxis, die *Aufgaben Sozialer Arbeit an der Schnittstelle zwischen Individuum und Gesellschaft* anzusiedeln. Mit dieser Verortung lässt sich ohne Probleme ein weitergehender, grundlegender Bezug zwischen Sozialer Arbeit und dem Phänomen ‚Konflikt' herstellen, denn die Beziehungen zwischen Individuen und Gesellschaft sind grundsätzlich und in mehrerlei Hinsicht konflikthaft. In der Praxis verbringen Fachkräfte Sozialer Arbeit deshalb einen bedeutenden Teil ihrer Zeit mit der Bearbeitung

- *manifester Konflikte* zwischen Individuen/Gruppen, die häufig bereits eine längere Entwicklungsgeschichte haben und stark eskaliert sind,
- *latenter Konflikte* im Sinne von Unvereinbarkeiten zwischen individuellen Bedürfnissen, Fähigkeiten, Möglichkeiten und gesellschaftlichen Anforderungen und/oder Realisierungsmöglichkeiten. Latente Konflikte dieser Art können sich z.B. in Überforderungs- und Krisensituationen, psychosomatischen Störungen, Gewalthandlungen, Sucht oder anderen Formen von Leiden oder abweichendem Verhalten Ausdruck verschaffen.

Zur Veranschaulichung dieser These werden zuerst exemplarisch einige aktuelle Definitionen aus der Profession und der Wissenschaft Sozialer Arbeit beschrieben und dann die Art der Beziehungen zwischen Individuen und Gesellschaft näher betrachtet.

---

[6] Vgl. z.B. Ernst Engelke (2003: 289-291), der hierzu höchst unterschiedliche Positionen aus der Fachdiskussion den letzten 30 Jahren zusammengetragen hat.

1 Soziale Arbeit als Vermittlungsinstanz zwischen Individuum und Gesellschaft

Die aktuelle *"Definition of Social Work" (2002) der International Federation of Social Workers* (IFSW), einem Zusammenschluss aus dem *Bereich der Profession* mit ca. 450.000 Personen aus 70 Ländern, lautet:

"Die Profession Soziale Arbeit fördert sozialen Wandel, Problemlösungen in zwischenmenschlichen Beziehungen sowie die Befähigung und Befreiung von Menschen zur Verbesserung ihres Wohlbefindens. Gestützt auf wissenschaftliche Erkenntnisse über menschliches Verhalten und soziale Systeme *greift Soziale Arbeit dort ein, wo Menschen und ihre Umwelt aufeinander einwirken.* Grundlagen der Sozialen Arbeit sind die Prinzipien der Menschenrechte und der sozialen Gerechtigkeit" (zit. nach Engelke 2003: 297; Hervorhebung F.H.).

Im ergänzenden Kommentar wird noch darauf hingewiesen: "Soziale Arbeit bezieht sich in ihren verschiedenen Formen auf die vielfältigen und komplexen Beziehungen zwischen Menschen und ihrer Umwelt. Ihr Ziel ist es, Menschen zu befähigen, ihr gesamtes Potenzial zu entwickeln, ihr Leben zu bereichern und sozialen Dysfunktionen vorzubeugen (...)" (ebd.: 297-298):

Als Beispiele aus dem *Bereich der Wissenschaft Sozialer Arbeit* seien nachfolgend die Definitionen und Modelle von Maja Heiner sowie Michael Galuske bzw. Thomas Rauschenbach ausgewählt:

Maja Heiner beschreibt Aufgabe, Zielsetzung und Handlungsfeld Sozialer Arbeit folgendermaßen:

"*Aufgabe* der Sozialen Arbeit ist die Vermittlung zwischen Individuum und Gesellschaft. Dies führt im Berufsvollzug zu einem Spannungsgefüge zwischen Hilfe und Kontrolle, das prägend für diesen Beruf ist. *Ziel* dieser Vermittlung ist die Autonomie der Lebenspraxis, d.h. die eigenverantwortliche Lebensführung der KlientInnen durch Hilfe zur Selbsthilfe. Dieses Ziel einer sozial verantwortlichen Lebensführung ist weder durch eine einseitige Anpassung des Individuums an die Anforderungen der Gesellschaft, noch durch eine ebenso einseitige Durchsetzung individueller Bedürfnisse zu erreichen. (...) Das *Handlungsfeld* der Sozialen Arbeit umfasst dem Vermittlungsauftrag entsprechend zwei Typen von Aufgaben: a) die Unterstützung und Befähigung von Personen (Optimierung der Lebensweise) und b) die Veränderungen ihrer Existenzbedingungen (Optimierung der Lebensbedingungen). (...) dieser grundsätzlich doppelte Problembearbeitungsansatz ist ein Spezifikum Sozialer Arbeit. (Heiner 2004: 42; Herv. i. O.)

Rauschenbach (1999) und Galuske (2002) konzipieren Soziale Arbeit auf der Grundlage des Habermas'schen Modells von Gesellschaft als Vermittlungsinstanz zwischen System und Lebenswelt:

1 Soziale Arbeit als Vermittlungsinstanz zwischen Individuum und ...

„Systemisch induziert, aber in lebensweltliche Rationalität eingelassen, muss Soziale Arbeit versuchen, zwischen den Anforderungen und Imperativen der Systeme (effizienzorientierte Produktionsformen, administrativ funktionierender Staat) und den Überlebens- und Lebensbedürfnissen der Betroffenen in der Lebenswelt zu vermitteln" (Rauschenbach 1999: 100). Hinsichtlich der symbolischen Reproduktion der Gesellschaft in den Lebenswelten lassen sich folgende Schwerpunkte des Erziehungssystems ausmachen: „Zugespitzt formuliert verweist im Bereich des Erziehungssystems *Schule* eher auf Prozesse der kulturellen Reproduktion (Überlieferung, Kritik und Erwerb von kulturellem Wissen), *Familie* eher auf Prozesse der Sozialisation (Identitätsbildung) und *Sozialpädagogik* eher auf Prozesse der sozialen Integration (...)" (ebd.: 108-109).

Sozialpädagogisches Handeln ist entsprechend durch „Widersprüchlichkeiten" und die Notwendigkeit charakterisiert, „zwischen Verständigungsorientierung und strategischer Orientierung, zwischen zweckrationaler und kommunikativer Vernunft (...) zu oszillieren" (ebd.: 118).

In den genannten Definitionen klingt das Phänomen ‚Konflikt' bereits implizit an, indem Soziale Arbeit mit ihrem Vermittlungsauftrag in ein „Spannungsgefüge zwischen Hilfe und Kontrolle" (Heiner) eingebettet ist bzw. „Widersprüchlichkeiten" (Rauschenbach) zu bewältigen hat (vgl. Abbildung 2).

Einzelne wissenschaftliche Vertreter (Lothar Böhnisch, Franz Hamburger) gehen noch einen Schritt weiter und machen den Konfliktbezug explizit, indem sie die Beziehung zwischen Individuum und Gesellschaft – allerdings ohne genauere Herleitung oder Begründung – als grundsätzlich konflikthaft und den Auftrag der Sozialen Arbeit als Vermittlung in Konflikten definieren[7]:

„Als erziehungswissenschaftliche Disziplin beschäftigt sich die Sozialpädagogik mit jenen sozialstrukturell und institutionell bedingten Konflikten, welche im Verlauf der Sozialisation von Kindern und Jugendlichen auftreten: Konflikte zwischen subjektiven Antrieben und Vermögen der Kinder und Jugendlichen und gesellschaftlichen und institutionellen Anforderungen, wie sie in Familie Schule, Arbeitswelt und Gemeinwesen vermittelt sind. Sie versucht, diese Konflikte aufzuklären, ihre Folgeprobleme zu prognostizieren und in diesem Kontext die Grundlagen für erzieherische Hilfen zu entwickeln" (Böhnisch 1979: 22).

---

[7] Sie beziehen diese Vorstellung nur auf die Sozialpädagogik, obwohl dies m.E. für das gesamte Feld Sozialer Arbeit Sinn macht. Auf die Kontroverse um die begriffliche Verwendung und die dahinterliegenden Traditionen von Sozialpädagogik, Sozialarbeit und Sozialer Arbeit soll hier aber nicht eingegangen werden.

30　　　　　　　　　Teil B Konflikte als Bezugspunkt und Handlungsanlass

Abbildung 2: Soziale Arbeit als intermediäre Instanz zwischen System und Lebenswelt

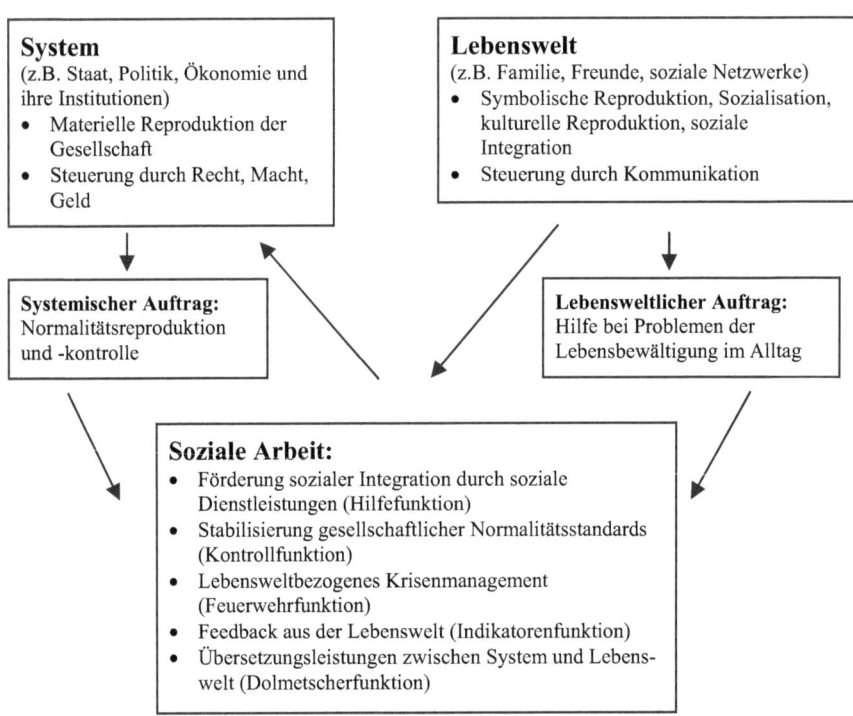

In späteren Veröffentlichungen hat Böhnisch das in der genannten Definition nur für Kinder und Jugendliche skizzierte spannungsreiche Verhältnis von individuellen Wünschen und Fähigkeiten einerseits sowie gesellschaftlichen Anforderungen und Realisierungsmöglichkeiten andererseits umfassender für alle Lebensalter untersucht und hierbei grundlegende strukturelle Spannungsverhältnisse für jedes Lebensalter festgestellt, die zu Problemen und Konflikten in der Lebensbewältigung der Subjekte führen (vgl. Böhnisch 2001).[8]

---

[8] Beispielhaft seien hier erwähnt: für das *Vorschulalter* das Spannungsverhältnis zwischen Eigenleben und Erziehung, für das *Schulalter* die Spannung zwischen der Gegenwartsorientierung der Kinder und Jugendlichen und der Zukunftsorientierung der Schule; für das *Jugendalter* die Spannung zwischen gesellschaftlichen Bildungs- und Integrationsanforderungen und

Auch Hamburger (2003: 14-17) bezieht sich in seiner „Einführung in die Sozialpädagogik" auf die Ausführungen Böhnischs im Sinne einer „Arbeitsdefinition" für die Sozialpädagogik als Wissenschaft und praktische Tätigkeit. In den Beziehungen zwischen Individuum und Gesellschaft – in Form ihrer Gemeinschaften (wie Familie, Clique etc.) und Institutionen (wie Schule, Betrieb, etc.) sind strukturelle Interessengegensätze bzw. Unvereinbarkeiten (im Sinne von Konfliktpotenzialen) angelegt, die immer wieder konflikthaft eskalieren. Sozialpädagogisches Handeln kann deshalb gefasst werden als „Vermittlungstätigkeit im Konflikt" (ebd.: 77) zwischen Individuum und Gesellschaft. Sozialpädagogik analysiert diese Konflikte und entwickelt entsprechende Konzepte und Methoden der Konfliktbearbeitung.[9]

Soziale Arbeit als intermediäre Instanz zwischen System und Lebenswelt, Vermittlung zwischen Individuum und Gesellschaft als zentrale Aufgabe – Soziale Arbeit ist hier mit widersprüchlichen Interessen und Erwartungen konfrontiert und muss hier immer wieder aufs Neue Balancen finden, die sowohl den individuellen Interessen der KlientInnen als auch den Anforderungen der Gesellschaft und dem Gemeinwohl Rechnung tragen. Bei dieser schwierigen Aufgabe haben die Fachkräfte *erstens* in vielen Arbeitsfeldern mit Menschen zu tun, die nicht oder nur in Grenzen freiwillig mit ihnen zusammenarbeiten wollen und deshalb auch keine oder wenig eigene Motivation zur Veränderung ihrer Situation mitbringen. *Zweitens* hat Soziale Arbeit nur in wenigen Feldern den Auftrag und die Ressourcen, wirklich präventiv tätig zu werden. Fachkräfte können meist erst dann handeln, wenn andere gesellschaftliche Systeme (Schule, Familie, Arbeitsmarkt, etc.) versagen oder Defizite verursachen. „Diese sozialpolitische Nachrangigkeit der Sozialen Arbeit, ihre Auffangfunktion als letztes Netz führt dazu, dass sie sich meist mit sehr komplexen Problemlagen und mit Defiziten konfrontiert sieht, die zum großen Teil bereits chronisch geworden und entsprechend schwierig zu beheben sind" (Heiner 2004: 157).

In diesem Auftrag und dieser Verortung als Teilsystem des Sozialstaates sind einige *strukturelle Konfliktpotenziale* angelegt, die nur allzu leicht zu tatsächli-

---

dem Brüchigwerden von Bildungsperspektiven und beruflichen Gewissheiten; für das *Erwerbsalter* die Spannung zwischen Familienleben und beruflicher Existenz.

[9] Der grundlegende Gedanke von Sozialer Arbeit als Vermittlungsarbeit ist sicher ein wichtiger Grund, warum die Methode der Mediation in der Sozialen Arbeit so starke Resonanz gefunden hat. Denn wörtlich übersetzt bedeutet der englische Begriff ‚mediation' ebenfalls ‚Vermittlung' und meint die „Vermittlung in Streitfällen durch unparteiische Dritte, die von allen Seiten akzeptiert werden. Die vermittelnden MediatorInnen helfen den Streitenden, eine einvernehmliche Lösung ihrer Probleme zu finden" (Besemer 1993: 14). Über diese Gemeinsamkeit hinaus gibt es aber noch andere Verbindungslinien, auf die in Teil E Kapitel 1 näher eingegangen wird.

chen Konflikten zwischen Fachkräften und KlientInnen bzw. Auftraggebern oder auch inneren Konflikten werden können:

- Staatlicher Auftrag versus Bedürfnisse der KlientInnen versus eigene fachliche Überzeugungen (Balancearbeit im Spannungsfeld widersprüchlicher Interessen): Wie finde ich als Fachkraft die jeweils angemessene Balance zwischen den Bedürfnissen und Interessen meiner KlientInnen, meinem gesetzlichen bzw. institutionellen Auftrag und meinem professionellen Selbstverständnis?
- *Institutionell zugestandene versus fachlich erforderliche Handlungsspielräume und Ressourcen:* Welche Handlungsspielräume und Ressourcen brauche ich, um den gesellschaftlichen Vermittlungsauftrag angemessen wahrnehmen zu können? Welche werden mir gesellschaftlich und institutionell zur Verfügung gestellt?
- *Freiwilligkeit versus Zwang:* Wie können unter Bedingungen begrenzter oder nicht vorhandener Freiwilligkeit trotzdem Arbeitsbündnisse und – zumindest nach und nach – einigermaßen produktive Beziehungen mit KlientInnen gestaltet werden?
- *Prävention versus Intervention:* Wie können mit den begrenzten Ressourcen und Handlungsoptionen Sozialer Arbeit die oft gravierenden und komplexen Problem- und Konfliktkonstellationen bei KlientInnen bearbeitet und möglichst verbessert werden? Wie können möglichst frühzeitig Dysfunktionalitäten und Probleme in gesellschaftlich ‚vorrangigen' Systemen wie Schule oder Familie erkannt und zugänglich gemacht werden, ohne dafür einen klaren gesellschaftlichen ‚Einmischungsauftrag' zu haben?
- *Ganzheitlicher Einsatz versus professionelle Distanz:* Soziale Arbeit erfordert ein Engagement und ein ‚sich Einlassen' auf die Arbeit, die den ‚ganzen Menschen' fordert. Gleichzeitig ist eine situative Balance zwischen Nähe und professioneller Distanz in der Gestaltung der Beziehungen zu KlientInnen erforderlich.

Mit dieser ersten groben Bestimmung des Auftrags und der Benennung einiger darin angelegter struktureller Konfliktpotenziale ist das Handlungsfeld Sozialer Arbeit umrissen, das in den Teilen C und D genauer analysiert wird.

Natürlich ist Soziale Arbeit nicht nur mit der Vermittlungsarbeit in *konkreten* Konflikten zwischen Individuum und gesellschaftlichen Institutionen beschäftigt, sondern auch mit anderen sozialen Problemen und sozialisationsbedingten, bildungsbedingten, materiellen, psychischen, physischen und/oder sozial-strukturell bedingten Einschränkungen und Beeinträchtigungen bei Subjekten, die diese in der Bewältigung ihres Alltags behindern. Zwar hat Soziale Arbeit – im Überschneidungsbereich mit anderen Professionen wie ÄrztInnen oder PsychologInnen – auch mit Krankheit, Behinderung oder psychischem Leiden zu tun, diese sind aber nicht die zentralen Bezugspunkte Sozialer Arbeit. Der Fokus Sozialer Arbeit richtet sich vielmehr auf die Handlungsfähigkeit von Subjekten *zwischen* individueller Lebensbewältigung und gesellschaftlichen Anforderungen und Prozessen.

2 Die konflikthaften Beziehungen zwischen Individuum und Gesellschaft

Wie sehen die Beziehungen zwischen Individuum und Gesellschaft aus, in denen Soziale Arbeit vermittelnd tätig wird? Warum und in welcher Form sind die Beziehungen zwischen Subjekten und der Gesellschaft – in Form ihrer Gemeinschaften (wie Familie, Clique etc.) und Institutionen (wie Schule, Betrieb, etc.) konflikthaft?

Zur Klärung dieser grundlegenden Fragen soll im Folgenden die Art dieser Beziehungen näher betrachtet werden.

2.1 Die innere Konflikthaftigkeit des Menschen

Viele KonfliktforscherInnen gehen von einer grundlegenden *inneren Konflikthaftigkeit des Menschen* als Teil der Erklärung aus, die z.b. als Teil des anthropologischen Erbes der Menschen (Schulz von Thun 1998; Böhnisch 2001) bzw. Ausdruck der Spannung zwischen unterschiedlichen Wesensmerkmalen der menschlichen Persönlichkeit (Glasl 2000) gefasst werden kann.

Friedrich Glasl beschreibt die innere Konflikthaftigkeit des Menschen anhand eines philosophisch-spirituellen Modells des dreiteiligen Wesenskerns der menschlichen Persönlichkeit (Leiblichkeit, Seele, geistiges Wesen), in dem bestimmte Wesensteile in Spannung bzw. Konflikt miteinander geraten:

> „Die Ausprägung des *Geistigen* im Menschen ist das menschliche Ich. Mein Ich ist mir aber nicht fertig gegeben, sondern befindet sich zeit meines Lebens auf einem Weg der Entwicklung. Die eine Seite des Ich lässt sich vom ‚Licht', also von den Werten und Idealen leiten und inspirieren, die andere Seite muss sich auch mit dem ‚Schatten', der triebhaften Natur meines Wesens, mit meinen Unzulänglichkeiten, Unvollkommenheiten und Schwächen befassen. In dieser Spannung zwischen Licht und Schatten verkehrt also mein Alltags-Ich bei allem, was ich tue und lasse. Mein Ich lebt also ständig in dieser Spannung und kann sich daran entwickeln – oder kann daran scheitern" (Glasl 2000: 36).

Der Psychologe Friedemann Schulz von Thun (1998) geht davon aus: „Innere Konflikte kennzeichnen das Wesen des Menschen" (ebd.: 157) und sieht insbesondere drei in Menschen wirkende Konfliktpotenziale, die in den Situationen des Alltag „notwendig konflikterzeugend sind" (ebd.):

- Eine *hochdifferenzierte kognitive und motivationale Ausstattung*, mit der es gelingt, an ein und derselben Sache vielerlei Aspekte auszumachen, die im Widerspruch zueinander stehen können.
- Ein *weiter Erwartungs- und Planungshorizont*, über den nicht nur kurzfristige Bedürfnisbefriedigung, sondern auch langfristige Sicherung der Existenz angestrebt wird (Innerer Konflikt zwischen dem „Augenblicksgenießer" und dem „Langzeitstrategen").
- Die *Spannung zwischen dem „animalischen Erbe" und der „humanen Sittlichkeit"*: Der Mensch ist mit einem starken Überlebenswillen im Hinblick auf seine individuelle Existenz ausgestattet. Allerdings musste das Prinzip des Egoismus entwicklungsgeschichtlich zumindest an zwei Punkten durchbrochen werden: Erstens bei der Sicherung des Aufwachsens der eigenen Kinder und zweitens in bezug auf die Teilnahme an der menschlichen Gemeinschaft (der Mensch als Einzelwesen ist nicht überlebensfähig, er braucht die Gemeinschaft. Daraus resultiert nach diesem Modell eine grundlegende Spannung zwischen dem ‚Ich' und dem ‚Wir' der Gemeinschaft).

Um solche inneren Konflikte genauer erfassbar und bearbeitbar machen zu können, hat Schulz von Thun (1998) das Modell des *„Inneren Teams"* entwickelt, das die widersprüchlichen Erwartungen und Positionen bei inneren Ambivalenzen und Konflikten konkreten Stimmen bzw. Personen zuordnet, die miteinander in Kommunikation treten. Dieses Modell kann sehr produktiv in Beratungskontexten bei der Veranschaulichung und Klärung von Überforderungssituationen oder inneren Handlungsblockaden (Innere Pattsituation bei widersprüchlichen Stimmen) eingesetzt werden.

Viele innere Konflikte von Menschen bleiben nicht ohne konfliktfördernde Wirkungen in der Außenwelt. Denn in Konfliktsituationen mit anderen Menschen treten häufig *Mechanismen der Projektion* auf, bei denen innere Konflikte auf Personen in der Außenwelt gerichtet werden.

„Eine Konfliktpartei erkennt in der Gegenpartei genau diejenigen Schwächen, die sie sich – bei genügender Selbstkenntnis! – eigentlich selbst vorwerfen müsste (...). Um sich aber zu rechtfertigen, baut sich jede Konfliktpartei ein schmeichelhaftes Bild der eigenen Person auf. Selbst sieht sich jede Seite als intelligenter, moralisch besser, mutiger usw. als die Gegenseite, während letztere angeschwärzt, ja mit der Verschärfung des Konflikts auch ‚verteufelt' wird. (...) Das Tragische an jedem Konflikt ist eigentlich, dass sich diese Übertreibungen und Verzerrungen bei den

2 Die konflikthaften Beziehungen zwischen Individuum und Gesellschaft 35

Parteien ungewollt und unbewusst einstellen. Weil die Kontrahenten einander nicht mehr offen und direkt begegnen, ist ihr Wahrnehmungsvermögen eingeschränkt. Dadurch können sie eventuelle Verzerrungen nicht als solche erkennen und abbauen. Im Konflikt tritt dann durch das ‚Filtern der Wahrnehmung' (...) eine Verstärkung der bereits gebildeten Vorurteile auf. (...) Wir können sagen, dass uns Konflikte einerseits *überempfindlich* machen für die Schattenaspekte unseres Gegners und andererseits *unempfänglich* für Hinweise auf unsere eigenen Schattenseiten, wodurch wir in uns Illusionen über unser höheres Ich nähren" (Glasl 2000: 48-49).

2.2 Die Konflikthaftigkeit der Beziehungen zwischen Individuum und Gesellschaft

Nicht nur innerhalb von Menschen gibt es Konfliktpotenziale, auch die Beziehungen zwischen Individuen und Gesellschaft sind konflikthaft. Zur Erklärung dieses Zusammenhanges können auch hier verschiedenste theoretische Erklärungsmodelle herangezogen werden. Auf die Vorstellungen von Böhnisch und Hamburger, die das konfliktreiche Verhältnis von individuellen Wünschen und Fähigkeiten einerseits sowie gesellschaftlichen Anforderungen und Realisierungsmöglichkeiten andererseits als Grundlage ihres Modells von Sozialer Arbeit als Vermittlungsarbeit nehmen, wurde bereits im vorigen Abschnitt kurz eingegangen, zwei weitere Erklärungsmodelle sollen im Folgenden kurz beschrieben werden:

Der Soziologe Messmer (2005: 25) erklärt den Zusammenhang folgendermaßen:

„Die Gesellschaft produziert den Konflikt, weil ihre Mitglieder zwangsläufig verschiedenartige Interessen und Ziele verfolgen, die sich mithin als unvereinbar erweisen und sich dadurch wechselseitig begrenzen. Umgekehrt prägt der Konflikt seinerseits grundlegende Strukturmuster der Gesellschaft. Vor allem erzeugt er das Bewusstsein für einen sozialen Ordnungsbedarf, zugleich aber auch für die Notwendigkeit ständiger Korrekturen. Der soziale Konflikt hält die gesellschaftlichen Ordnungsleistungen permanent in der Schwebe und sichert der Gesellschaft damit die notwendige Flexibilität, um auf die komplexen Fortschrittsanforderungen und Wandlungsbedürfnisse hinreichend elastisch zu reagieren."

Ein andere Erklärung liefert die *soziologische Rollentheorie:* In arbeitsteiligen und ausdifferenzierten modernen Gesellschaften agiert jedes Subjekt in vielen gesellschaftlichen Sphären mit verschiedensten Rollen, an die unterschiedliche, oft widersprüchliche Anforderungen und Erwartungen gerichtet werden.

Eine ‚soziale Rolle' kann definiert werden als „Bündel von normierten Verhaltenserwartungen, die sich in wiederkehrenden Situationen an den Inhaber bestimmter sozialer ‚Positionen' oder an eine bestimmte Persönlichkeit richten. (...) Mit Positionen sind relativ dauerhafte Kreuzungspunkte sozialer Beziehungen gemeint, ‚soziale Orte', die einzelne oder Kategorien von Personen auf der Landkarte des gesellschaftlichen Rollengeflechts einnehmen (z.b. Sozialpädagogin, Vorgesetzte, Verkehrsteilnehmerin, Kundin, Gast, Mutter, Ehefrau). Eine ‚soziale Ortsbestimmung' der Handelnden untereinander erlaubt abzuschätzen, was von anderen jeweils erwartbar ist, wie man einander begegnen kann (...). Rollenerwartungen werden von den Gesellschaftsmitgliedern als Brauch, Moral, Sitte, Norm, Regel, Pflichten oder Rechte erfahren und als Zumutungen, Herausforderungen oder auch als Selbstverständlichkeiten empfunden. Sie werden in unterschiedlichem Maße von Belohnungen oder Sanktionen begleitet" (Doehlemann 2000: 25-26).

Aufgrund der widersprüchlichen Anforderungen und Erwartungen an soziale Rollen und ihre Träger kommt es im Alltag zu *Rollenkonflikten*, wobei zwei Typen von Konflikten unterschieden werden können:

Inter-Rollenkonflikte entstehen dadurch, dass Subjekte mehrere Rollen im Alltagsleben (z.B. als Mutter, Ehefrau, Sekretärin, Chorsängerin) innehaben und es zwischen diesen Rollen zu Unvereinbarkeiten kommt, sei es zeitlicher oder inhaltlicher Art: „Wenn wir multiple Rollen annehmen, gebärden wir uns, halb Opfer, halb Täter, voller Stolz, doch nicht ohne Lamento, wie jene Artisten im Variete, die auf vielen Stäben Teller rotieren lassen, hin- und her rennen und immer gerade jenen Teller erreichen und wieder zum Drehen bringen, der gerade am meisten eiert und herunterzufallen droht" (Schulz von Thun 1998: 164).

Intra-Rollenkonflikte resultieren aus den häufig widersprüchlichen Erwartungen, die InteraktionspartnerInnen an die InhaberIn einer bestimmten Rolle richten – oft auch noch unter Erzeugung von Handlungsdruck oder der Androhung von Sanktionen. Intra-Rollenkonflikte sind praktisch unvermeidbar. Beispiel für einen beruflichen Intra-Rollenkonflikt beruflicher Art könnte eine SozialpädagogIn aus dem ASD sein, die in folgender Situation steckt: Ein 17jähriges Mädchen wendet sich an sie, weil sie es in ihrer Familie nicht mehr aushält und einen Platz im Betreuten Jugendwohnen möchte; die Eltern räumen zwar bei einem Gespräch mit der Sozialpädagogin Konflikte in der Familie ein, wollen aber weiter nichts mit dem Jugendamt zu tun haben. Außerdem hat die Sozialpädagogin in ihrer letzten Dienstbesprechung von ihrem Vorgesetzten erfahren, dass aufgrund der wieder angestiegenen Jugendhilfeausgaben und der schwierigen Finanzlage der Kommune stationäre Erziehungshilfen künftig nur noch in besonders gravierenden Fällen und in Absprache mit dem Amtsleiter genehmigt werden können.

Teil C
Der spezifische Zugang Sozialer Arbeit zu Konflikten

Soziale Konflikte sind gesellschaftlich gesehen so elementar und von so hoher Bedeutung, dass sich wichtige Teilsysteme moderner Gesellschaften fast ausschließlich damit befassen. Soziale Arbeit ist nur eines davon, und im Vergleich mit den anderen Teilsystemen der Konfliktbearbeitung – Recht und Politik – von ihrem Status und ihrer Stellung her nachrangig und nur mit geringen Machtressourcen für ihr Handeln ausgestattet.

Die Funktion des Teilsystems *‚Politik'* ist in demokratischen Gesellschaften aus konflikttheoretischer Perspektive folgende:

> „Alles was an Konflikten für die Gesellschaft relevant werden kann, wird im Dual von Regierung und Opposition in ein Widerspruchsverhältnis gesetzt, systemisch aufgearbeitet und reproduziert und im Rahmen politischer Verfahren entschieden. In grober Vereinfachung könnte man sagen, dass die primäre Aufgabe der Politik in der *Versachlichung und Konditionierung von Machtkonflikten* besteht, soweit sie diese an eigens dafür ausdifferenzierte, demokratisch legitimierte Verfahren der Entscheidungsherstellung bindet" (Messmer 2005: 25-26; Herv. i. O.).

Auch das Teilsystem *‚Recht'* ist mit der Bearbeitung von Konflikten befasst. Es basiert auf der Möglichkeit,

> „den Konflikt mit Hilfe generalisierter Normen entscheidbar zu machen. Entsprechend wird das Recht in seiner Eigenschaft eines übergeordneten Dritten vornehmlich bei solchen Konfliktkonstellationen bemüht, die von den Beteiligten aus eigener Kraft nicht mehr beigelegt werden können. (...) Aus konflikttheoretischer Sicht nahe liegend ist der Schluss, das das Recht der Gesellschaft die *Versachlichung und Konditionierung von Beziehungskonflikten* erleichtert" (ebd.: 26; Herv. i. O.).

Innerhalb dieser und anderer gesellschaftlicher Teilsysteme sind mehrere Professionen mit jeweils unterschiedlichem Fokus und Methoden an der Bearbeitung der Konflikte beteiligt, manchmal in produktiver Kooperation, manchmal in unproduktiver Konkurrenz.

Welcher professionelle Zugang und Beitrag der wichtigste oder sinnvollste ist, kann nicht abstrakt, sondern nur auf den konkreten Konflikt bezogen beantwortet werden und ist z.B. abhängig von der Art und dem Eskalationsgrad des Konfliktes, den Interessen der jeweiligen Konfliktbeteiligten, dem Zeitpunkt der Intervention und dem jeweils zu bearbeitenden Konfliktaspekt.

In den folgenden Kapiteln soll diesen Aspekten ausführlicher nachgegangen werden, vor allem, um den spezifischen Zugang und Beitrag Sozialer Arbeit bei der Bearbeitung von Konflikten genauer zu klären. Hierzu werden

- zuerst als Ausgangspunkt wichtige arbeitsfeldübergreifende Handlungsprinzipien Sozialer Arbeit vorgestellt (Kapitel 1),
- der Zugang Sozialer Arbeit zu Konflikten im Vergleich mit und Abgrenzung zu anderen Professionen herausgearbeitet. Am wichtigsten für den Zuständigkeitsbereich Sozialer Arbeit sind hierbei die psychologisch-therapeutischen, juristischen und polizeilichen Zugänge, die vorgestellt und kommentiert werden (Kapitel 2 und 3),
- sechs konfliktbezogene Handlungsfelder im Kontext Sozialer Arbeit skizziert (Kapitel 4).

1 Allgemeine Handlungsprinzipien Sozialer Arbeit

Um den spezifischen Zugang und Beitrag Sozialer Arbeit bestimmen zu können, ist es notwendig, zuerst einen Blick darauf zu werfen, wie Soziale Arbeit *generell* an ihre gesellschaftlichen Aufgaben herangeht, an welchen Zielen, Werten und Handlungsprinzipien sie sich orientiert.

Wie in Teil B beschrieben, kann die *Vermittlungstätigkeit zwischen Individuum und Gesellschaft* bei unterschiedlichen Formen von sozialen Problemen, Konflikten, Einschränkungen der Handlungsfähigkeit von Subjekten etc. grundsätzlich als *Kernaufgabe* Sozialer Arbeit in der modernen Gesellschaft angesehen werden.

Ziel dieser Vermittlung ist „die Autonomie der Lebenspraxis, d.h. eigenverantwortliche Lebensführung der KlientInnen durch Hilfe zur Selbsthilfe" (Heiner 2004: 42).

Normative Bezugspunkte: Bei der Verwirklichung solcher Ziele muss Soziale Arbeit nicht nur fachliche Prinzipien beachten, sondern auch normative:

> „Soziale Arbeit basiert auf humanitären und demokratischen Idealen und diese Werte resultieren aus dem Respekt vor der Gleichheit und der Würde aller Menschen. (...) Grundlagen der Sozialen Arbeit sind die Prinzipien der Menschenrechte und der Sozialen Gerechtigkeit" (International Federation of Sozial Workers (IFSW); nach Engelke 2003: 298).

Verschiedene nationale und internationale Berufsverbände haben diese allgemeinen Prinzipien in Form von berufsethischen Kodizes und Handlungsrichtlinien genauer spezifiziert und ausdifferenziert.

Fachliche Bezugspunkte: Zentrale Prinzipien professionellen Handelns sind:

- *Wissenschaftliche Basierung:* Soziale Arbeit gründet ihr professionelles Handeln auf einer systematisierten Sammlung von begründetem, aus Forschung und Praxisevaluation gewonnenem Wissen (vgl. IFSW nach Engelke 2003: 299)
- *Systematisch-methodisches Vorgehen:* Bei der Bewältigung der Aufgaben soll situativ flexibel, strukturiert, kriteriengeleitet und reflexiv gearbeitet werden. „Die Auswahl der Interventionen sollte transparent und intersubjektiv überprüfbar sein und im Hinblick auf die spezifische Aufgabe bzw. das Problem und in Koproduktion mit den Adressaten erfolgen. Fachkräfte sollten ihre Handlungen berufsethisch rechtfertigen, bezüglich ihrer fachlichen Plausibilität unter Zuhilfenahme wissenschaftlicher und erfahrungsbezogener Wissensbestände begründen und hinsichtlich ihrer Wirksamkeit bilanzieren" (Spiegel 2004: 118). Hierbei muss aber immer wieder eine situative Balance zwischen zielgerichtet-strategischem und verständigungsorientiertem Handeln gefunden werden (vgl. ausführlich Teil D Kapitel 1).
- *Methodische Offenheit und Flexibilität:* Da Soziale Arbeit mit einer Vielzahl unterschiedlichster Handlungssituationen, KlientInnen und Aufträge zu tun hat, ist methodische Vielfalt und Flexibilität im Handeln erforderlich. Welche Methode welchem Fall angemessen ist, kann nur im Einzelfall geklärt werden. Außerdem dürfen Methoden Sozialer Arbeit nicht „als geschlossene Systeme im Sinne naturwissenschaftlicher Ziel-Mittel-Technologien verstanden werden" (ebd.: 154), sondern bedürfen einer Offenheit in der Nutzung. Methoden müssen als eine Art Grundmuster verstanden werden, „das in unterschiedlichen Aufgaben unterschiedlich akzentuiert und konkretisiert wird, indem aber immer das Moment der Strukturierung instrumentell für die Situation realisiert wird" (Thiersch 1993: 24). Methoden sind also keine „Sammlung konkreter Handlungsanweisungen" (Galuske 2001: 155), methodisches Handeln ist vielmehr eine situationsbezogene Balance des Handelns zwischen Strukturierung und Offenheit, unter Nutzung unterschiedlicher Techniken. Angesichts dieser Offenheit bedarf es einer situativen Intelligenz und eines reflexiven, wissenschaftlich geschulten „sozialpädagogischen Blicks" (Rauschenbach u.a. 1993) bei der Interpretation von Handlungssituationen sowie der Planung und Umsetzung beruflichen Handelns.

- *Aushandlungsprinzip und Partizipation der KlientInnen:* Soziale Arbeit versucht im Dialog mit KlientInnen zu Handlungswegen und Lösungen zu gelangen. „Wenn sich sozialpädagogisches Handeln nicht einfach in den Konflikt zwischen Individuum und Gesellschaft verstricken und zum Teil des Konflikts werden soll (...), dann ist dieses Handeln ein Aushandeln darüber, ‚worum es eigentlich geht'" (Hamburger 2003: 176), bezogen auf die jeweilige Handlungssituation. Burkhard Müller hat für solche Prozesse das Modell des „Arbeitbündnisses" (1991) zur besseren Klärung von Zuständigkeit und deren Begrenzung angesichts der Komplexität von Handlungssituationen entwickelt.
- *Ressourcenorientierung:* Fokus Sozialer Arbeit sind nicht nur die Probleme und Defizite der Betroffenen, sondern im Sinne des Empowerment-Prinzips mindestens genauso stark ihre Fähigkeiten und Ressourcen.
- *Ganzheitlichkeit:* Dieser vage Begriff kann im Sinne Heiners (2004: 42) konkretisiert werden als „*mehrdimensional*" (d.h. es wird versucht, alle Problemdimensionen in einer Situation zu berücksichtigen, auch wenn nicht alle bearbeitet werden können); „*vernetzend*" (angesichts komplexer Problemsituationen ist es im Sinne eines übergreifenden Case Managements erforderlich, mit anderen Institutionen und Professionen zu kooperieren); „*mehrperspektivisch*" (Sichtweisen anderer relevanter Fachkräfte und Personen aus dem Umfeld der KlientInnen werden einbezogen).
- *Alltagsorientierung:* Bezugspunkt Sozialer Arbeit ist der Alltag der KlientInnen und die Erhaltung und Verbesserung ihrer Lebensbewältigung im Alltag. Ziel ist es, einen „gelingenderen Alltag" (Thiersch) zu ermöglichen. Ein alltagsorientiertes Konzept berücksichtigt auch das soziale Umfeld der AdressatInnen und sozialräumliche Einflüsse (vgl. Heiner 2004: 43).

2 Der Konfliktzugang anderer Professionen im Handlungsfeld Sozialer Arbeit

Kennzeichen Sozialer Arbeit ist, dass sie durch ihren *Alltagsbezug* potentiell für eine Fülle von Themen und Problemen zuständig ist, und erst in der Aushandlung mit KlientInnen und anderen situationsrelevanten Akteuren klar wird, wo genau jeweils der Fokus der Arbeit sein soll (vgl. ausführlich Teil D). Aus diesem Umstand ergibt sich, dass Soziale Arbeit in Kooperation mit und in Abgrenzung von anderen Professionen und Institutionen klären muss, wer für welche Aspekte der Handlungssituation zuständig ist und wie die Kooperation geregelt wird. Im Hinblick auf die Arbeit mit sozialen Konflikten ergeben sich hierbei vor

2 Der Konfliktzugang anderer Professionen im Handlungsfeld ...

allem Überschneidungen und Kooperationsbezüge mit Justiz, Polizei und PsychologInnen bzw. TherapeutInnen:

Kooperationen mit JuristInnen bei der Arbeit an Konflikten ergeben sich in der Sozialen Arbeit insbesondere im Kontext der Straffälligenhilfe bei Jugendlichen, Heranwachsenden und Erwachsenen, dem Täter-Opfer-Ausgleich und im Kontext der Jugendhilfe bei der Kooperation mit Familien-, Vormundschafts- und Jugendgerichten.

Berührungspunkte und Kooperationen mit der Polizei bei Konflikten ergeben sich vor allem im Kontext von häuslicher Gewalt, bei Kindeswohlgefährdungen, sexuellem Missbrauch, Problemen von Sicherheit und Ordnung im öffentlichen Raum (DrogenkonsumentInnen, Obdachlose, BettlerInnen, auffällige Jugendliche etc.), in jüngerer Zeit auch im Rahmen der kommunalen Kriminalprävention. Die Polizei hat aber auch – ähnlich wie Soziale Arbeit – eine niedrigschwellige Anlaufstellenfunktion bei Notsituationen aller Art, die einen wesentlichen Teil ihrer Arbeit ausmacht: „Familien- und Ehestreitigkeiten, Versorgung von Geisteskranken, Betreuung von misshandelten oder entlaufenen Kindern, Hauseinbrüchen, Betreuung verwirrter älterer Menschen (...) 45% der schutzpolizeilichen Handlungen beziehen sich auf derartiges Problemmanagement und Serviceleistungen" (Falterbaum 2004: 109).

Kooperationen mit PsychologInnen ergeben sich in der Sozialen Arbeit vor allem bei diagnostischen Fragen bzw. wenn KlientInnen Sozialer Arbeit zusätzliche therapeutische Begleitung brauchen (bei psychischen Krankheiten, Sucht, Aufarbeitung traumatischer Erlebnisse, in Krisensituationen etc.).

2.1 Der juristische Zugang

Im Teilsystem ‚Recht' sind JuristInnen die dominierende Profession im Bereich der Rechtssprechung, innerhalb dessen mit klar definierten Zuständigkeiten, Hierarchien und Verfahren agiert wird: RichterInnen sind mit der Rechtssprechung, StaatsanwältInnen mit der Ermittlung bei Delikten und der Vertretung staatlicher Interessen befasst, für die Beratung und Vertretung von Konfliktparteien sind AnwältInnen zuständig. Der juristische Zugang zu Konflikten bezieht sich vor allem auf zwei Bereiche, den strafrechtlichen und den zivilrechtlichen.

Juristische Konfliktbearbeitung ist eng mit der *Verrechtlichung* und *Objektivierung* von Konflikten sowie der *Suche nach justiziablen Ansprüchen oder Verstößen gegen Recht und Gesetz* verbunden. JuristInnen suchen nach rechtlichen Normen und Ansprüchen, die auf den Konfliktfall anzuwenden sind.

"Gibt es Konflikte wegen Ansprüchen, versuchen sie, diese Konflikte zu ‚verrechtlichen', denn ohne Rechtsgrundlage gibt es keine durchsetzbaren Ansprüche (z.b. auf eine Leistung, auf eine Duldung, auf ein Unterlassen, auf Herausgabe eines Gutes usw.). Nur auf der Basis eines Rechtsanspruchs könnte ein Anspruch vor Gericht durchgesetzt werden" (Montada/Kals 2001: 22).

Bei Konflikten im Kontext von Straftaten wird ebenfalls überprüft, gegen welche gesetzlich kodifizierten Normen verstoßen wurde, welche Umstände bei der rechtlichen Bewertung der Straftat zu berücksichtigen sind und welche Sanktion im Rahmen des gesetzlich gegebenen Entscheidungsspielraums verhängt werden soll.

Das juristische Vorgehen erfordert eine *Transformation von lebensweltlichen in juristische Sachverhalte*: „Diese Konstruktion gilt unter Juristen als eine ‚Objektivierung' der Lebenswirklichkeit. Letztlich handelt es sich jedoch um die Herstellung einer Passung zwischen der Lebenswirklichkeit und einem in einem Gesetz abstrakt formulierten Tatbestand oder zu einer in einem Vertrag festgelegten Vereinbarung" (ebd.: 24).

Bei dieser Transformation wird die Komplexität der zugrundeliegenden Alltagssituation meist stark auf die rechtlich relevanten Aspekte reduziert, weshalb Betroffene solche juristischen Konstruktionen oft als inhaltliche Verkürzung oder Verfremdung erleben.

Die gesetzliche Regelung von Konflikten ist mit einer prinzipiellen ‚Entfremdung' bzw. ‚Enteignung' verbunden.

„Sie ist insgesamt ein Delegationssystem. Die Entscheidung liegt nicht mehr persönlich bei den Beteiligten, sondern wird an das Gesetz, an den Richter, an den Anwalt als Vertreter der Betroffenen übertragen. (...) Die Struktur entspricht einem Entweder – oder, tertium non datur. Sie ähnelt damit der Machtstruktur: Es gibt Sieger und Besiegte, Unterschiede werden eliminiert. (...) Diese Entfremdung bringt eigene Konflikte mit sich, weil die Gefühlswelt und die subjektiven Gerechtigkeitsempfindungen ausgeklammert werden und diese durchaus zur Verfahrenslogik und dem Ergebnis in Widerspruch stehen können. Dies ist eine notwendige Konsequenz des Gesetzessystems, weil es einen binären Charakter hat, also auf Ja/Nein-Entscheidungen fußt und dies auch Sinn macht, damit überhaupt Entscheidungen in einem subsumierenden Rechtstatsachen – Rechtsfolgesystem getroffen werden können" (Mähler 2005: 95-96).

Die Probleme und Grenzen des juristischen Konfliktzugangs haben schon vor längerer Zeit ein Interesse bei JuristInnen für andere, ergänzende Formen der Konfliktregelung wie Mediation geweckt. Dieses frühzeitige Interesse, verbunden mit dem hohen gesellschaftlichen Status von JuristInnen als Profession, hat

2 Der Konfliktzugang anderer Professionen im Handlungsfeld ...

zu ihrer momentanen Dominanz in der Theorie- und Praxisentwicklung von Mediation beigetragen (vgl. Montada/Kals 2001: 30).

Entsprechend ist der juristische Zugang zu Mediation primär an den Verfahrenstechniken und Zielsetzungen des Rechtswegs orientiert und fokussiert auf die sachliche Dimension von Konflikten, nicht auf die emotionale.

- Eine Einigung wird mit dem Blick auf bestehende Rechtsgrundlagen und Rechtspraxis gesucht;
- Anliegen und Motive der Parteien werden nicht umfassend erfasst und geklärt;
- Rechtlichen Anspruchsgrundlagen wird Priorität gegeben.

Der juristische Zugang zu Konflikten erfolgt also über das Medium Recht und ist grundsätzlich durch das Prinzip der Objektivierung, die Suche nach justiziablen Ansprüchen, das Verfahrensmodell der Delegation mit klar definierten Verfahren, Zuständigkeiten, Arbeitsteilungen geregelt. Dieser Zugang kann als ‚alltagsfern' charakterisiert werden und hat je nach Art des zu bearbeitenden Konfliktes Stärken und Schwächen:

Die *Stärken* kommen in primär sachbezogenen Konflikten, in denen die strittigen Themen justiziable Ansprüche enthalten, bzw. bei Konflikten, in denen gegen strafrechtlich relevante Normen verstoßen wurde, am besten zum Tragen.

Die *Schwächen* werden vor allem in Konflikten sichtbar, „die aus einem komplexen Beziehungsgewebe heraus entstanden sind und die Verletzungen und Bedrohungen von Anliegen umfassen, die nicht justiziabel sind. In diesen Fällen werden Juristen jene Konfliktaspekte oder Einzelkonfliktthemen herausgreifen, die justiziabel sind oder gemacht werden können" (ebd.: 28). Stark beziehungsbezogene Konflikte in diesem Sinne sind z.B. Trennungs- und Scheidungskonflikte, Konflikte unter Familienangehörigen, Nachbarn, langjährigen ArbeitskollegInnen oder GeschäftspartnerInnen. Die Beziehungsdimension hier zu vernachlässigen, kann bei der Konfliktbearbeitung leicht dazu führen, dass zwar eine rechtlich korrekte Teillösung für die Sachaspekte gefunden wird, die Beziehungen zwischen den Konfliktparteien durch die gerichtlichen Auseinandersetzungen aber nachhaltig gestört oder gar zerstört werden.

2.2 Der polizeiliche Zugang

Die Polizei agiert als Teil des Rechtssystems und ist deshalb dem juristischen Zugang zu Konflikten eng verbunden, allerdings mit der Aufgabe, die öffentliche Sicherheit und Ordnung zu schützen sowie Straftaten zu verhindern und zu ver-

44 Teil C Der spezifische Zugang Sozialer Arbeit zu Konflikten

folgen. Ähnlich wie die Soziale Arbeit agiert hierbei die Polizei alltagsnah. Obwohl es deshalb viele Berührungspunkte im Handeln gibt, ist die Beziehung zwischen beiden Systemen nicht einfach und in der Praxis nicht selten von Missverständnissen und gegenseitigen Aversionen geprägt.[10]

Die Polizei hat einerseits eine niedrigschwellige Anlaufstellenfunktion bei Not- und Konfliktsituationen aller Art, bei der sich auch vielfältige Berührungspunkte mit Institutionen Sozialer Arbeit ergeben. Gerade bei diesen alltagsnahen Tätigkeiten im Kontext von Konfliktsituationen ist die Polizei in ihrer „Befriedungsfunktion, als eine Art ‚Normverdeutlichungsinstanz' gefragt" (Falterbaum 2004: 109). Neben dieser alltagsnahen Funktion stehen vor allem zwei Aufgaben der Polizei bei sozialen Konflikten im Zentrum:

- Die *Gefahrenabwehr*, die sich sowohl auf konkrete Gefahren im Einzelfall, als auch auf allgemeine Gefahren bezieht.
- Die *Aufklärung von Straftaten*: Die Polizei ist hier nach dem Legalitätsprinzip verpflichtet, „alle zur Beweisaufnahme und Aufklärung erforderlichen und zulässigen Maßnahmen zu treffen. Hierbei haben sie allgemeine und spezielle Weisungen der Staatsanwaltschaft als vorgesetzter Behörde zu beachten" (ebd.: 102).

Um diese Aufgaben erfüllen zu können, ist die Polizei mit weitgehenden Interventionsrechten ausgestattet, auf die Soziale Arbeit nicht selten bei der Bewältigung bestimmter Aufgaben zurückgreifen muss (z.B. bei häuslicher Gewalt und anderen dringenden Gefährdungssituationen, bei denen die Beteiligten nicht kooperationsbereit sind): Die Polizei ist hier im Gegensatz zu Fachkräften Sozialer Arbeit befugt, auch gegen den Willen Einzelner in deren Freiheitssphäre einzugreifen und besitzt Festnahme-, Durchsuchungs- und Beschlagnahmerechte bis hin zur Anordnung der körperlichen Untersuchung von Menschen.

Die Polizei ist in ihrer Arbeit dem *Legalitätsprinzip* verpflichtet. Damit sind klare Rahmenbedingungen, aber auch klare Grenzen in ihren Handlungsmöglichkeiten bei Konflikten definiert:

> „Die Öffentlichkeit kann darauf vertrauen, dass die Polizei ohne persönliche Wertungen ihre Aufgabe erfüllt. Grund und Ziel ihres Tätigwerdens bezieht sich auf äu-

---

[10] Das schwierige Verhältnis von Sozialer Arbeit und Polizei liegt vermutlich auch darin begründet, dass heute zwar eine klare gesellschaftliche Trennung von polizeilichen und sozialarbeiterischen Aufgaben und Institutionen existiert, diese aber erst relativ spät (in der zweiten Hälfte des 19. Jahrhunderts) vorgenommen wurde (vgl. Feltes 2001) und Soziale Arbeit neben ihren helfenden weiterhin auch – meist ungeliebte und von vielen Fachkräften gerne verdrängte – kontrollierende Aufgaben hat. Bei der Kooperation mit Polizeibehörden ist dieser ungeliebte Aspekt der eigenen Aufgabe immer wieder präsent.

2 Der Konfliktzugang anderer Professionen im Handlungsfeld ... 45

ßere Verhaltensweisen (zum Schutz der Allgemeinheit), ungeachtet der Zusammenhänge und Motive der Betroffenen. (...) Diese stereotypen Vorgehensweisen der Polizei sind Ausdruck der Neutralität und Gleichbehandlung. Der Preis sind aber fehlende Ermessensspielräume im Sinne einer Einzelfallgerechtigkeit" (ebd.: 113).

Die Berücksichtigung sozialer Umstände bei der Strafverfolgung und die Nutzung von Ermessensspielräumen (z.B. bei der Einstellung eines Verfahrens oder der Feststellung des Strafmasses) stehen allein der Staatsanwaltschaft und den Gerichten zu. „Der Wunsch um Hilfe, nach Konfliktschlichtung, Sofortintervention oder Schadenersatz, an die Polizei herangetragen, wird aber aufgrund des Legalitätsprinzips in vielen Fällen unvermeidlich zur verfolgbaren Straftat" (ebd.).

Vergleicht man zusammenfassend den Zugang von Polizei und Sozialer Arbeit zu Konflikten, so fällt als gemeinsamer Bezugspunkt die *Alltagsnähe* beider Systeme auf, die sie zu niedrigschwelligen Anlaufstellen von Menschen aller Art machen und sie mit einer Vielzahl unterschiedlicher Konfliktsituationen, Problemanzeigen, Hilfeanfragen konfrontieren, die beide nur teilweise weiterbearbeiten können. Beide Systeme sind deshalb stark auf die Kooperation mit spezialisierten Institutionen angewiesen.

Sehr unterschiedlich ist dagegen der *Bearbeitungsmodus von Konflikten*: Bei der *Polizei* dominieren die Aufgaben der Gefahrenabwehr, die Normverdeutlichung bei Konflikten und Ermittlung bei Straftaten, die Handlungen werden vom Legalitätsprinzip gesteuert. Hierbei ist die Polizei mit weitgehenden Interventionsrechten auch gegen den Willen der Betroffenen ausgestattet, die insbesondere bei eskalierten Konfliktsituationen, Gewalt und anderen Gefährdungssituationen wichtig sind.

Fokus *Sozialer Arbeit* sind dagegen Hilfe, Unterstützung und Vermittlung in Konflikten, die eine Orientierung an den besonderen Umständen des Einzelfalles (Bedürfnisse, Probleme, Motive der KlientInnen, situative Umstände) unumgänglich machen. Sie ist elementar auf eine Kooperation mit den Betroffenen angewiesen, auch deshalb, weil sie nur über sehr geringe Interventionsrechte und Möglichkeiten gegen den Willen von KlientInnen (im Vergleich mit der Polizei) verfügt. Werden solche Interventionen erforderlich, ist Soziale Arbeit in der Regel bei der Durchsetzung ihrer Aufgaben bzw. Interessen auf Gerichte und Polizei angewiesen.

Die Kooperation mit KlientInnen gerade in heiklen Konfliktsituationen kann nur auf der Grundlage eines gewissen Vertrauens zwischen Fachkräften und KlientInnen gelingen. Der Vertrauensschutz in Konfliktsituationen hat in der Sozialen Arbeit deshalb klaren Vorrang vor polizeilichen Aufklärungs- und Strafverfolgungsinteressen. „Gesellschaftliche und damit auch polizeiliche Anliegen müssen deshalb zwar nicht prinzipiell ignoriert werden, haben aber eindeutig nachrangige Bedeutung. Eine Beachtung berechtigter Interessen anderer Menschen beziehungsweise der Allgemeinheit würde in vielen Fällen das Vertrauensverhältnis zum Klienten gefährden" (ebd.: 111). Deshalb sind auch die MitarbeiterInnen Sozialer Dienste gesetzlich (mit wenigen Ausnahmen) zur Verschwiegenheit verpflichtet.

2.3 Der psychologisch-therapeutische Zugang

Es ist hier angesichts der Vielzahl unterschiedlichster psychologischer ‚Schulen' mit entsprechend vielfältigen und teilweise widersprüchlichen Arbeitsformen nicht möglich, Spezifika dieser Zugänge zur Arbeit mit Konflikten in wissenschaftlich-systematischer Weise herauszuarbeiten und auf Gemeinsamkeiten zu untersuchen, um daraus dann ein abstrahierendes Modell zu entwickeln. Dies wäre eine eigene Untersuchung wert.

Hier soll lediglich ein pragmatischer Versuch unternommen gemacht werden, anhand von drei AutorInnen (Galuske, Montada, Kals) einige Kernelemente psychologisch orientierter Arbeit mit sozialen Problemen und Konflikten herauszuarbeiten.

Michael Galuske (2001:131-139) hat versucht, aus einer Analyse der einschlägigen Fachdiskussion den *therapeutischen Zugang zu sozialen Problemen*, der ja die primäre professionelle Domäne von PsychologInnen ist, in Abgrenzung vom Zugang Sozialer Arbeit idealtypisch herauszuarbeiten. Wichtige Elemente des psychologisch-therapeutischen Zugangs sind seiner Ansicht nach:

- *Fokussierung:* Therapeutische Ansätze konzentrieren sich auf – je nach therapeutischem Konzept unterschiedliche – Schlüsselprobleme. Sie neigen zu einer „Zuschneidung von Problemlagen auf Wahrnehmung, Kommunikation, Emotion und Selbstkontrolle" (ebd.: 133).
- *Alltagsferne:* Therapeutische Interventionen finden meist alltagsfern statt. „Sie konstruieren, abgeleitet aus den Vorgaben der jeweiligen therapeutischen Schulen, Sonderräume, spezifische Settings der Hilfe. Ob die zum Symbol gewordene Couch der Psychoanalyse, die ‚Einwegglasscheibe' in den Behandlungsräumen systemischer Familientherapeuten oder die ‚Bühne' im Psychodrama: sowohl räumlich wie formal gerinnen die Theorien und Vorannahmen der therapeutischen Schulen zu einer Hilfeanordnung, die sich bewusst und gezielt von den Alltagsstrukturen der KlientInnen abhebt" (ebd.: 135-136).

2 Der Konfliktzugang anderer Professionen im Handlungsfeld ...

- *Soziale Selektivität:* Therapeutische Ansätze erreichen meist nur ein begrenztes Klientel (schichtspezifische Selektivität; erhöhte Zugangsschwellen aufgrund sprachlicher Anforderungen und meist alltagsferner Settings).

Ergänzend hierzu seien Leo Montada und Elisabeth Kals als wichtige VertreterInnen einer psychologisch fundierten Konzeption der Mediation in der BRD erwähnt. Ihr Ansatz soll hier kurz vorgestellt werden, um daran exemplarisch *einen* aktuellen psychologischen Zugang zu Konflikten zu skizzieren. Montada/ Kals (2001) sehen den *spezifischen Beitrag der Psychologie bei der Analyse und Bearbeitung von Konflikten*

- in der *Bereitstellung von Grundlagenwissen zur Analyse der intrapsychischen und interaktiven Prozesse*, die in Konflikten wirksam und bei der Bearbeitung von Konflikten bei den Beteiligten ausgelöst werden.
- in einer Herangehensweise, die *Konflikte als Entwicklungschancen* begreift, durch die Selbsterkenntnis und der Erwerb neuer Kompetenzen (wie z.B. der Fähigkeit zur Rollen- und Perspektivübernahme) möglich wird.
- in einer psychologisch fundierten, *entwicklungsorientierten Konzeptionierung der Methode ‚Mediation'*: Psychologisch orientierte Mediation will über die sachgerechte Lösung des zu bearbeitenden Konflikts hinausgehen, auf die vor allem der juristische Zugang zu Mediation zielt, und möchte eine „Entwicklungsgelegenheit" für die Beteiligten und für deren Beziehung zueinander" bieten (ebd.: 6; Herv. i. O.). Dabei sollen die Emotionen der Beteiligten nicht wie im juristischen Zugang ausgespart oder unterdrückt werden, sondern „als Königsweg zu den verborgenen Tiefenstrukturen der Konflikte produktiv genutzt werden" (ebd.: 7). „Entwicklungsgelegenheit" bedeutet dann, mehr über sich selbst und die anderen Konfliktparteien zu erfahren (Anliegen, normative Überzeugungen, Selbstkonzepte etc.), lernen, besser zu kommunizieren und seine Anliegen vertreten zu können oder nach Lösungsoptionen zu suchen, die Gewinner-Gewinner-Lösungen darstellen. „Sie erwerben mit all dem Kompetenzen zur besseren Gestaltung ihrer eigenen Entwicklung in sozialen Kontexten, auch zur Gestaltung der Beziehung zu den anderen Parteien, mit denen es Konflikte gibt" (ebd.: 6)[11].
- In einer *Expertise für bestimmte Arten von Konflikten*: Montada/Kals sehen PsychologInnen als ExpertInnen insbesondere in Eltern-Kind- und Partnerschaftskonflikten und in schulischen Konflikten; Soziale Arbeit hat ihrer Ansicht nach eine spezifische Kompetenz bei „Konflikten zwischen Ju-

---

[11] Dieser an Entwicklung und sozialem Lernen orientierte Zugang der Psychologie zu Mediation ist auch ein zentrales Element des Zugangs Sozialer Arbeit bei der Bearbeitung von Konflikten.

gendgruppen (...), ebenso in familiären Konflikten in sozial problematischem Milieu" (ebd.: 8).
- In einer *Expertise für bestimmte Konfliktthemen und –aspekte*: Wandrey (2004: 353-356) unterscheidet drei Arten von Konfliktthemen:
  - Verhandlungsthemen (Sachverhalte, Interessen, Beziehungs- und Rollengestaltung)
  - Klärungsthemen (Missverständnisse, Informationslücken, Unklarheiten innerhalb und zwischen Personen etc.)
  - Würdigungsthemen (bei massiven zwischenmenschlichen Konflikten kommt es meist zu ‚Wunden und Narben', die nicht mehr ungeschehen gemacht werden können wie z.b. psychische oder physische Verletzungen, Traumata, irreparable Schäden).

Insbesondere bei schwierigen ‚Würdigungsthemen' kann psychologische Expertise und die Notwendigkeit therapeutischer Kompetenz und Begleitung durch geschultes Fachpersonal erforderlich werden.

3 Der Zugang Sozialer Arbeit zu Konflikten: Ganzheitlichkeit und Alltagsorientierung

Fasst man die bisherigen Ausführungen zusammen, so ergeben sich folgende *Spezifika des Zugangs Sozialer Arbeit zu Konflikten*:

- Generell gesehen ist es ein Zugang, der auf *Hilfe, Unterstützung, Vermittlung* fokussiert, der im Rahmen eines sozialstaatlichen Auftrags erfolgt und deshalb auch kontrollierende Elemente beinhaltet.
- Das konfliktbezogene Handeln ist an der *Autonomie und Verselbständigung der KlientInnen* orientiert und versucht, Konflikte als *Lern- und Entwicklungspotenzial* für die Beteiligten zu nutzen. Deshalb ist auch ein beteiligungs- und aushandlungsorientierter Umgang mit den Betroffenen sinnvoll und notwendig. (Bei diesem Merkmal gibt es zahlreiche Gemeinsamkeiten mit dem psychologischen Zugang).
- *Vertrauensschutz für KlientInnen:* Trotz ihrer Hilfeorientierung hat Soziale Arbeit einen – je nach Arbeitsfeld mehr oder weniger großen – ‚kontrollierenden Anteil' in ihrem Handeln umzusetzen, der allerdings weitaus geringer ist als der der Polizei und auch mit geringen Interventionsmöglichkeiten gegen der Willen von Klientinnen ausgestattet ist. Im Gegensatz zum polizeilichen Zugang (aber gemeinsam mit dem juristischen und psychologischen) ist in der Sozialen Arbeit die Beziehung zwischen Fachkräften und

KlientInnen vor Ermittlungs- und Strafverfolgungsinteressen des Staates rechtlich weitgehend geschützt (Vertrauensschutz).
- *Alltagsnähe:* Der Zugang Sozialer Arbeit ist (im Gegensatz zum juristischen und psychologischen, aber ähnlich zum polizeilichen) alltagsnah: Folge ist, dass Soziale Arbeit mit einer Fülle unterschiedlichster Konfliktsituationen bzw. komplexen Problemsituationen mit ‚Konfliktanteilen' konfrontiert ist, die eine Kooperation mit spezialisierten Institutionen erforderlich machen.
- Das Prinzip der Alltagsnähe ist angesichts der Vielfalt von Konflikten nur sinnvoll umzusetzen, wenn Soziale Arbeit *ganzheitlich sowie methodisch offen und flexibel* arbeitet, d.h., sie sich nicht nur auf Sachaspekte (wie der juristische Zugang) konzentriert, sondern auch emotionale und Beziehungsaspekte sowie Aspekte des lebensweltlichen Kontextes beachtet. Wichtig ist aber, hier rechtliche bzw. fachliche Grenzen des eigenen Zugangs zu beachten: Sobald justitiable Ansprüche von Beteiligten oder strafrechtlich relevante Themen Aspekte zu bearbeiten sind, muss unter Beachtung des Vertrauensschutzes erwogen werden, in wiefern mit Polizei bzw. Justiz kooperiert werden muss. Sobald bei der Konfliktbearbeitung schwierige ‚Würdigungsthemen' auftauchen, die therapeutische Expertise erfordern, ist eine Kooperation mit PsychologInnen erforderlich Je nach Konflikt kann auch die Kooperation mit weiteren ExpertInnen erforderlich werden.
- Soziale Arbeit ist nicht nur auf sichtbare Konflikte zwischen Streitenden bezogen, sondern muss auch strukturelle Unvereinbarkeiten und *latente Konfliktpotenziale in den Lebenswelten* der Subjekte im Blick haben, die deren Entwicklung und Lebensbewältigung einschränken. Hierzu ist aber erforderlich, den ‚Konflikt-Subtext' von lebensweltlichen Situationen ‚lesen' und verstehen zu können.
- Neben dem offenen und flexiblen methodischen Zugang hat Soziale Arbeit – im Gegensatz zum psychologischen, juristischen und polizeilichen – einen *erweiterten dreifachen Handlungsbezug* in Konflikten: Ihre Interventionen richten sich je nach Fall auf das Individuum, seinen lebensweltlichen Kontext und/oder den erweiterten kommunalen Kontext (soziale Infrastruktur; Kommunalpolitik).

Angesichts solcher Charakteristika verwundert es nicht, dass nicht nur JuristInnen oder PsychologInnen eine Nähe zur Methode ‚Mediation' ausmachen, sondern dass sie auch in der Sozialen Arbeit so viel positive Resonanz findet. Denn die Idee von ‚Vermittlung' in Konflikten ist ein genuiner Zugang Sozialer Arbeit, die Vorstellung, Konflikte als Lern- und Entwicklungspotenzial zu sehen bzw. fachliche Ziele und Prinzipien wie Autonomie oder Empowerment belegen die große Nähe von Mediation und Sozialer Arbeit.

Grenzen des Zugangs Sozialer Arbeit zu Konflikten werden vor allem sichtbar

- bei stark eskalierten Konflikten, die Machteingriffe erforderlich machen;
- bei strafrechtlich relevanten Tatbeständen und
- Konflikten, bei denen die Beteiligten justitiable Ansprüche aneinander haben;
- wenn Konfliktparteien starke psychische Beeinträchtigungen aufweisen, die therapeutische Hilfen erfordern;
- in Konflikten, bei denen die Beteiligten bei der Bearbeitung nicht mit den Fachkräften kooperieren wollen, aber keine gravierenden Gefährdungspotenziale in der Situation enthalten sind, die einen Machteingriff (durch Polizei, Gerichte etc.) rechtfertigen würden. Zu beachten ist allerdings – wie auch die ASD-Fallstudie in Teil D zeigt, dass viele Kontakte zwischen Fachkräften und KlientInnen nicht oder nur begrenzt freiwillig *beginnen,* mit der Zeit aber dennoch häufig ein produktives Arbeitsbündnis hergestellt werden kann. Es ist geradezu ein Spezifikum Sozialer Arbeit, oft in schwierigen bzw. „verstellten" Situationen zu beginnen zu müssen, und hier neue ‚Anfänge' zu suchen.

Die zentralen Charakteristika der vier beschrieben Konfliktzugänge können noch einmal in folgender Tabelle zusammengefasst werden:

3 Der Zugang Sozialer Arbeit zu Konflikten: Ganzheitlichkeit und ... 51

Abbildung 3: Spezifika der Konfliktzugänge von Sozialer Arbeit, Psychologie, Justiz und Polizei

Zugang: **Merkmal:**	Soziale Arbeit	Psychologie	Justiz	Polizei
Alltagsbezug	Alltagsnah oft Anlaufstelle für Notsituationen aller Art	Alltagsfern	Alltagsfern	Alltagnah oft Anlaufstelle für Notsituationen aller Art
Art des Konfliktzugangs	Hilfe und Unterstützung; auch ‚kontrollierende' Anteile	Hilfe und Unterstützung	Entscheidung auf der Basis geltenden Rechts	Gefahrenabwehr; Kontrolle; Ermittlung bei Straftaten
Handlungsform im Konflikt	Vermittlung Beratung Aushandlung	Vermittlung Beratung Aushandlung	Entscheidung auf der Basis von Delegation	Machteingriff bzw. -androhung; Normverdeutlichung
Lösungstypus für den Konflikt	Konsens oder Kompromiss zwischen den Beteiligten	Konsens oder Kompromiss	Entscheidung einer befugten Person	Unterordnung der Konfliktbeteiligten
Sanktionsmacht	Niedrig	Niedrig	Hoch	Hoch; umfassende Interventionsrechte
Fokus	Ganzheitlich („Der Konflikt im sozialen Kontext") Manifeste und latente Konflikte	Manifeste und latente Konflikte mit Fokus auf Beziehungs- und intrapsychischen Aspekten	Manifeste Konflikte mit Fokus auf justiziablen Ansprüchen bzw. strafbaren Handlungen	Manifeste Konflikte; Gefahren und strafbare Handlungen
Methodische Orientierung	Methodisch offen und flexibel	Methoden und Settings je nach ‚Schule' festgelegt	Objektivierung Verrechtlichung Rechtsweg mit klar geregelten Verfahren	Legalitätsprinzip
Bezugspunkt des Handelns	Personen Lebensbedingungen Sozialpolitischer Kontext	Personen (insb. psychischer Bereich) Beziehungen	Personen Institutionen Lebensbedingungen	Personen

Stärken	Ganzheitlicher Zugang Alltagsnähe Fokus auf Lernen und Entwicklung Dreifacher Handlungsbezug	Beziehungs- und Intrapsychische Konfliktaspekte „Würdigungsthemen" Fokus auf Lernen und Entwicklung	Justitiable Ansprüche und strafbare Handlungen Sachthemen	Alltagsnähe Eskalierte Konflikte und Gewaltsituationen; Gefahrenabwehr
Grenzen	Stark eskalierte Konflikte Strafrechtlich relevante Konflikte Durchsetzung rechtlicher Ansprüche	Probleme des Alltags Stark eskalierte Konflikte Strafrechtlich relevante Konflikte Durchsetzung rechtlicher Ansprüche Freiwilligkeit bei den Beteiligten erforderlich	Probleme des Alltags Beziehungsaspekte Latente Konflikte	Latente Konflikte Beziehungsaspekte Wenig Ermessensspielräume

4 Konfliktbezogene Handlungsfelder Sozialer Arbeit

Mit den bisher dargestellten Charakteristika und Zugängen Sozialer Arbeit können vor allem sechs Handlungsfelder formuliert werden, in denen Soziale Arbeit konfliktbezogen tätig wird bzw. werden kann:

1. Unterstützung von Subjekten bei der Entwicklung persönlicher Konfliktfähigkeit

Da Konflikte konstitutive Elemente des Sozialen sind, ist persönliche Konfliktfähigkeit eine soziale Grundkompetenz von Menschen. Dazu gehört, Konflikte rechtzeitig wahrnehmen und verstehen zu können (einschließlich der ‚subjektiven Anteile' in Konflikten) sowie produktive Formen der Konfliktaustragung zu beherrschen. Menschen müssen lernen, „Aggressionen, Frustrationen und Ohnmachtserfahrungen (mit anderen zusammen) in die Interaktionsbahn des sozialen Konflikts zu bringen" (Böhnisch 2003: 271-272). Hierzu braucht es als subjektive Grundlage die Fähigkeit zur Selbstbehauptung und zum rücksichtsvollen Konfrontieren jenseits unproduktiver Konflikt-Haltungen wie Flucht oder Aggression (vgl. Glasl 2000: 181-182). Soziale Arbeit kann Kontexte und Situationen sozialen Lernens gestalten, in denen solche Grundkompetenzen erworben werden können (z.b. im Rahmen von Jugendarbeit, Schulsozialarbeit, erzieherischen Hilfen nach dem SGB VIII, Formen sozialer Gruppenarbeit oder Sozialpädagogischer Familienhilfe).

2. Alltagsbezogene Konfliktbearbeitung zwischen Vermittlung, Schlichtung und Deeskalation

Grundlegende Handlungsprinzipien Sozialer Arbeit sind insbesondere die Ideen des Empowerment, der Aushandlung und dialogischen Verständigung mit ihren AdressatInnen sowie der Hilfe zur Selbsthilfe. Interventionen gegen den Willen ihrer KlientInnen sind zwar manchmal unvermeidlich, müssen aber Ausnahmen bleiben und sich an strengen Kriterien messen lassen (vgl. Müller 1993: 107-114). Wenn Fachkräfte Sozialer Arbeit in Konfliktsituationen tätig werden, sollten solche Prinzipien auch ihren Zugang zu Konflikten bestimmen und sie entsprechend vermittelnd, schlichtend, deeskalierend, befähigend oder ‚neue Anfänge suchend' tätig werden. Konfliktbearbeitung und Suche nach Lösungen sollten nach den Grundsätzen der Selbstbestimmung der Konfliktbeteiligten organisiert sein. Solche Vorgehensweisen finden sich z.b. im Rahmen der Beratungsarbeit im ASD, bei Trennungs- und Scheidungsberatungen, dem Täter-Opfer-Ausgleich oder im Kontext Offener und Mobiler Jugendarbeit. Allerdings sind die genannten Grenzen des Zugangs Sozialer Arbeit zu beachten.

3. Kooperation mit anderen Institutionen und Professionen bei komplexen Konfliktkonstellationen

Wie oben gezeigt, sind in unserer Gesellschaft mehrere Professionen mit unterschiedlichen Zugängen bei sozialen Konflikten tätig, die jeweils spezifische Stärken und Schwächen haben. In komplexen Konfliktsituationen wird oft die Expertise mehrerer Professionen benötigt, um tragfähige Analysen und Lösungen zu erzielen. Der alltagsbezogene, ganzheitliche und offene Zugang Sozialer Arbeit kann seine Stärken sowohl bei einer umfassenden Konfliktanalyse als auch in der Koordination der Beiträge unterschiedlicher ExpertInnen im Sinne eines Case Management entfalten. Allerdings werden solche Vorgehensweisen in der Praxis bisher oft durch Konkurrenzdenken und Statushierarchien behindert oder gar unmöglich gemacht (vgl. die Fallstudie in Teil D).

4. *Nutzung alltäglicher Konfliktsituationen zwischen Fachkräften und anderen relevanten Akteuren (z.B. KlientInnen) als Ausgangspunkte für Lern- und Bildungsprozesse*

Müller u.a. (2005) haben in ihren Analysen von Provokationen und Konflikten zwischen Jugendlichen und hauptamtlichen Fachkräften in der Jugendarbeit exemplarisch gezeigt, wie spontan und unvorbereitet aus dem alltäglichen Umgang zwischen Fachkräften und KlientInnen heraus immer wieder Konfliktsituationen entstehen, die als Chance informeller Lern- und Bildungsprozesse bzw. als produktiver ‚Kampf um Anerkennung' (Honneth) genutzt werden können. In der Jugendarbeit geht es dabei insbesondere um die (von den Fachkräften) gesetzten Regeln in den Einrichtungen, die von Jugendlichen teilweise bewusst und demonstrativ überschritten werden, um die Durchsetzungsfähigkeit und Grenzen der Fachkräfte auszutesten. Hier entstehen oft Konflikte, die zur produktiven Lernsituation werden können, „wenn die Arbeit an den Lösungen zugleich als Bildungsgelegenheit wahrgenommen wird" (ebd.: 157). Jugendarbeit und Pädagogik insgesamt ist immer wieder mit Situationen konfrontiert, in denen sie Grenzen ziehen und Regeln durchsetzen müssen und

> „Machtkämpfe mit Jugendlichen gewinnen muss. Entscheidend ist allerdings, *wie* sie das tut. Unser Beobachtungsmaterial zeigt, dass gerade auch dort, wo Gewalt abgewehrt und Sanktionen durchgesetzt werden müssen, Verhandlungsspielräume möglich sind und aus der erfolgreichen Bewältigung Chancen der Bildungsförderung entstehen können" (ebd.; Herv. i. O.).

An der Art der Durchsetzung eines Hausverbotes in einem Jugendhaus zeigen die AutorInnen, dass ein Machtkampf mit Jugendlichen erst dadurch zu einer pädagogisch produktiven Situation wird, „dass die Pädagogen alles ihnen Mögliche tun, um den Kampf zwar zu gewinnen, aber gleichzeitig auch zu deeskalieren; dem Jugendlichen Grenzen setzen, aber ihn nicht auszugrenzen. Sie demontieren seinen unangemessenen Machtanspruch so gut als möglich nicht vor den anderen, sie geben ihm wiederholt die Möglichkeit, sein Gesicht zu wahren" (ebd.: 158).

Aus der produktiven Bewältigung solcher Konflikte kann Beziehung und Nähe entstehen, wie es einer der Befragten aus dieser Untersuchung eindrücklich beschreibt:

> „Wenn ich so zurückgucke, fällt mir immer wieder auf, dass ich dadurch, dass ich mit einigen Konflikte hatte, sie viel mehr Offenheit, viel mehr Vertrautheit zu mir hatten, bei manchen war das ohne Konflikte möglich. Am vertrautesten bin ich geworden wirklich mit denen, mit denen ich die größten Schwierigkeiten hatte. Also der, der in der zweiten Woche, als ich hier war, mit dem Messer vor mir stand, das

4 Konfliktbezogene Handlungsfelder Sozialer Arbeit 55

ist der, von dem ich die intimsten Sachen weiß, und daran sehe ich zumindest, dass es für ihn jemanden gibt, dem er sich anvertrauen kann" (ebd.: 159).

In ähnlicher Weise zeigt Schwabe (2004) an Provokationen (Beleidigungen, Bedrohungen etc.), mit denen KlientInnen pädagogische Fachkräfte herausfordern, wie solche Situationen zu Orten der Verständigung oder des Erlebens von Anerkennungserfahrungen werden können, wenn es den PädagogInnen gelingt, Elemente der Konfrontation und der De-Eskalation situativ in der passenden Mischung ‚zusammenzubasteln' – was allerdings höchst anspruchsvoll sein kann.

Konflikte ergeben sich im Alltag Sozialer Arbeit aber nicht nur mit KlientInnen, sondern – wie die Fallstudie in Teil D zeigt, auch mit TeamkollegInnen, Vorgesetzten und KooperationspartnerInnen. Bei Jugendhilfe- und Sozialplanungen werden z.b. häufig Interessengegensätze bzw. Konflikte zwischen Fachkräften, TrägervertreterInnen und NutzerInnen der Angebote Sozialer Arbeit, KommunalpolitikerInnen und zuständigen Personen aus der öffentlichen Verwaltung sichtbar. Mit kommunikativen Formen von Planung ist es aber grundsätzlich möglich, neben den Sachaspekten solcher Konflikte auch die Beziehungsdimension zu bearbeiten, und zu versuchen, immer wieder temporäre Balancen zwischen den Akteuren herzustellen. „Basis solcher ‚Balancen' ist die Suche nach und Herstellung von Interessens-Parallelitäten und einem Klima zwischen den beteiligten Akteuren, das von Dialog, Vertrauen und gegenseitiger Anerkennung geprägt ist" (Herrmann 2001: 1381). So können Orte und Situationen „kollektiven Lernens" (Crozier/Friedberg 1993) zwischen den Beteiligten entstehen, in denen neuartige Lösungen für Interessengegensätze und Konflikte gefunden werden können. Allerdings muss auch mit Akteurs- und Interessenskonstellationen gerechnet werden, in denen solche kommunikativen Ansätze scheitern können.

5. Aufdecken und Zugänglichmachen latenter Konflikte im Alltag der KlientInnen

Maria Bitzan geht davon aus, dass Subjekte in ihrem Alltag mit einer Fülle von (häufig nicht erkannten) strukturellen Konfliktpotenzialen in Form widersprüchlicher Anforderungen, Zumutungen, Benachteiligungen etc. konfrontiert sind, die ihre Lebensbewältigung stark behindern können, und baut darauf ihr Konzept der ‚Konfliktorientierung' auf (vgl. Teil E Kapitel 1):

„Das Aufsuchen von Widersprüchen in den Erfahrungen der Subjekte und in den Anforderungen an sie ist somit entscheidend (a) als Erkenntnisquelle für das Verstehen von Lebenswelt, und (b) für Ansatzpunkte, um Konfliktverhältnissen und Konfliktquellen auf die Spur zu kommen und sie zu öffnen, zugänglich, bearbeitbar zu machen. Diese Lebensweltorientierung geht davon aus, dass Lebenspraxis als widersprüchliche immer eine Bewältigung von Konflikten ist, egal, ob den Subjekten die Konflikte bewusst sind oder nicht" (Bitzan 2000: 339).

Nur ein Teil sozialer Konflikte ist auf den ersten Blick erkennbar, denn viele der früher öffentlich erfahrbaren Konflikte lösen sich zunehmend auf in individuelle Schicksale und Leistungen. Dieser Prozess erscheint für Subjekte als Befreiung aus vorgegebenen Rollen und somit als Erweiterung ihrer Handlungsmöglichkeiten. Grenzen, Formen des Scheiterns, soziale Ausgrenzungen sind allerdings dann nicht mehr als gesellschaftliche Grenzen erkennbar, sondern erscheinen als freiwillig gewählte Lösungen bzw. Inkompetenzen der Subjekte und werden gesellschaftlich und individuell oft auch so gedeutet. Die Mehrzahl der Subjekte bewältigt diese Spannungen, Widersprüchlichkeiten, Benachteiligungen im Beruf, der Schule, der Familie, nicht ohne Probleme oder Verluste: „Denn es gibt keinen Raum, in dem die Widersprüchlichkeit der Anforderungen tatsächlich thematisierbar wäre. Sie kann nur abgespalten, geglättet, verleugnet werden" (ebd.: 341). Gesellschaftliche Modernisierung zeigt sich so „als Entöffentlichung geschlechtshierarchischer Widersprüche und Individualisierung gesellschaftlicher Konflikte, die ihre Lösung zu einer Privataufgabe machen" (ebd.: 340). Entsprechend basiert konfliktorientierte Soziale Arbeit, die Bitzan auf der Basis ihrer Analysen formuliert, darauf,

- herauszufinden, wie die jeweiligen AdressatInnen mit den Zumutungen und eingeschränkten Optionen im Kontext ihrer Lebenslage umgehen,
- mit ihnen nach Widersprüchen, Bruchstellen, Konflikten zu suchen,
- den zugrunde liegenden Konflikten einen Namen zu geben und sie wieder in ihren gesellschaftlichen Kontext zu stellen sowie
- den Subjekten zu verdeutlichen, welche Leistungen sie erbringen und bewusst „die pädagogische Aufmerksamkeit auf die unterlegene Konfliktseite" lenken (ebd.: 344).

Mit diesem Fokus muss konfliktorientierte Soziale Arbeit im Sinne Bitzans sowohl als klientInnenbezogene Empowermentstrategie wie auch als gemeinwesen- und politikbezogene Strategie der ‚Veröffentlichung' sozialer Probleme verstanden werden.

6. Wahrnehmen und Zugänglichmachen von Konflikten als Indikatoren ungelöster sozialer Probleme

Menschen machen über soziale Konflikte auf sich aufmerksam. Eine belastende Situation

4 Konfliktbezogene Handlungsfelder Sozialer Arbeit

„kann in soziale Aktivität umgesetzt und anomische Zustände müssen nicht nur ausgehalten, sondern können formuliert und öffentlich gemacht werden. Der soziale Konflikt als Interaktion zwingt zu Begründungen der gegensätzlichen Interessen und Positionen, zum Vergleich und mithin zum zumindest ansatzweisen Verstehen des anderen" (Böhnisch 2003: 233-234).

Diesen Weg der öffentlichen Austragung bzw. Inszenierung von Konflikten gehen oft Initiativen (z.b. Jugendliche, die durch Störungen im öffentlichen Raum auf den Mängel an Aneignungsräumen aufmerksam machen; Vetokoalitionen von BürgerInnen gegen öffentliche Bauten), und soziale Bewegungen (z.b. Frauenbewegung), um auf diesem Weg Anerkennung für ihr Anliegen zu gewinnen. Soziale Arbeit kann hier als Vermittlerin zwischen solchen Initiativen und öffentlichen Verwaltungen auftreten.

Teil D
Strukturen und Rahmenbedingungen Sozialer Arbeit als Quelle und Hintergrund von Konflikten

Bei ihrer Vermittlungsarbeit zwischen Individuum und Gesellschaft agieren Fachkräfte Sozialer Arbeit nicht frei und unabhängig, sondern als Teil des sozialstaatlichen Systems (mit gesetzlichem Auftrag, im Rahmen öffentlich geförderter Institutionen und einer beruflich ausgeübten Tätigkeit; vgl. Teil B). Aus dieser Verortung auf Seiten des Sozialstaats und anderen strukturellen Rahmenbedingungen resultieren für das professionelle Handeln Widersprüchlichkeiten und Spannungsverhältnisse, die selber zur Quelle bzw. zum beeinflussenden Hintergrund von Konflikten werden können – in den Beziehungen zu KlientInnen, im Team oder mit kooperierenden Institutionen.

Die im Folgenden exemplarisch beschriebenen strukturellen Spannungsfelder bzw. Widersprüchlichkeiten finden sich in jedem Arbeitsfeld, in jeder Institution Sozialer Arbeit in unterschiedlicher Mischung und Ausprägung und wirken dort als Konfliktpotenziale im Handeln der Fachkräfte. Sie beeinflussen bzw. ‚präformieren' deren Handeln, determinieren es aber nicht. Es ist für jede Fachkraft wichtig, die jeweiligen Ausprägungen solcher Konfliktpotenziale im eigenen Feld und der eigenen Institution zu erkennen, damit diese nicht unerkannt, quasi ‚hinter dem Rücken der Akteure', ihre Wirkungen entfalten.

Diesem Zusammenhang soll im Folgenden ausführlicher nachgegangen werden. Zuerst werden wichtige arbeitsfeldübergreifende Strukturmerkmale und *allgemeine* strukturelle Konfliktpotenziale im Kontext Sozialer Arbeit beschrieben (Kapitel 1) und ein soziologisches Modell vorgestellt, mit dem erklärt werden kann, wie aus strukturellen Konfliktpotenzialen Konflikte zwischen Subjekten werden (Kapitel 2).

Mit diesem theoretischen Background wird dann ein Arbeitsfeld Sozialer Arbeit näher untersucht: Der Allgemeine Soziale Dienst (ASD). Hierzu wird eine Fallstudie vorgestellt, die auf einem im Jahr 2004/2005 durchgeführten Forschungsprojekt basiert (Kapitel 3):

Zuerst wird das Projekt kurz beschrieben (3.1) und das theoretische Modell zur Erfassung ‚typischer' Konflikte vorgestellt, das im Rahmen des Projekts erarbeitet wurde (3.2). Mit dieser theoretischen Grundlage werden dann zuerst die *konkreten* Konfliktpotenziale des Arbeitsfelds ASD in Strukturen und Rahmenbedingungen identifiziert (3.3) und dann typische Konfliktkonstellationen in der Arbeit mit KlientInnen, mit KooperationspartnerInnen und im Team beschrieben (3.4), die aus einer Befragung von ASD-Fachkräften und anderen ExpertInnen gewonnen wurden.

1 Übergreifende Strukturmerkmale und allgemeine Konfliktpotenziale Sozialer Arbeit

1.1 Der Ort Sozialer Arbeit im wohlfahrtsstaatlichen System: Das ‚doppelte Mandat' zwischen Hilfe und Kontrolle

In Teil B wurde dargestellt, wie Soziale Arbeit als Vermittlungsinstanz zwischen Subjekt und Gesellschaft, Lebenswelt und Gesellschaft tätig wird. Sie tut dieses nicht als autonomes System, sondern als Teilsystem des Sozialstaates mit klar umrissenen, meist gesetzlich mehr oder weniger klar definierten Aufgaben (vgl. z.B. Galuske 2001; Hamburger 2003). Leistungen und Hilfen im Kontext Sozialer Arbeit können nur dort angeboten werden, wo sie durch Bund, Länder oder Gemeinden ganz oder weitgehend (re)finanziert werden. Und schließlich agiert Soziale Arbeit zumeist eingebunden in bürokratische Strukturen mit je nach Arbeitsfeld mehr oder weniger klar definierten Entscheidungs- und Verfahrensabläufen.

Die doppelte Verwiesenheit sowohl auf die Bedürfnisse und Probleme der Subjekte wie auch auf die Aufträge und normativen Grundlagen der Gesellschaft wurde schon in den 70er Jahren auf die einprägsame Formel des ‚doppelten Mandats' der Sozialen Arbeit (vgl. Böhnisch/Lösch 1973) gebracht: Soziale Arbeit ist danach zwei AuftraggeberInnen mit unterschiedlichen Erwartungen und Interessen verpflichtet.

„Die Gesellschaft erwartet Anpassung an die herrschenden Normen (z. B. Achtung des Eigentums, Bereitschaft zur Existenzsicherung durch (Lohn)Arbeit). Entsprechend soll die Soziale Arbeit nicht nur Hilfe anbieten (z.B. in Form von Erziehung und Beratung), sondern auch als Kontrollorgan fungieren und herausfinden, ob die Klientel nach diesen Normen lebt – um sie gegebenenfalls durch strafende Interventionen zu disziplinieren. Die Fachkräfte dagegen sind häufig idealistisch motiviert, möchten den in Schwierigkeiten Geratenen vor allem Unterstützung und anwaltliche Vertretung in schwierigen Lebenslagen bieten und die Interessen der KlientInnen

1 Übergreifende Strukturmerkmale und allgemeine Konfliktpotenziale ...

gegenüber den Institutionen vertreten, die ihnen z.b. die zustehenden Leistungen verweigern" (Heiner 2004: 28).

Der Gegensatz zwischen Hilfe und Kontrolle ist nach diesem Modell ein fundamentaler, gesellschaftlich begründeter Gegensatz, ein strukturelles Konfliktpotenzial für die Fachkräfte Sozialer Arbeit, „kein bloß aus einem (aktuellen) Konflikt zwischen zwei Personen (der Fachkraft und der KlientIn) oder zwischen Expertenhandeln und Laienerwartungen oder zwischen Profession und Institution resultierender Gegensatz" (ebd.).

Wie dieses grundlegende Konfliktpotenzial im Hinblick auf Handlungsspielräume und Tätigkeit Sozialer Arbeit als Vermittlungsinstanz zu bewerten ist, hat in der Fachdiskussion heftige Kontroversen ausgelöst: Unter dem Einfluss marxistischer Gesellschaftstheorien wurde in den 70er Jahren des 20. Jahrhunderts vor allem die Kontrolldimension in den Vordergrund gerückt. Soziale Arbeit stand so als Teil des staatlichen Systems grundsätzlich im Verdacht, „lediglich disziplinierend oder manipulierend tätig zu sein, um die arbeitende Klasse zur Anpassung an die gesellschaftlichen Normen zu zwingen" (ebd.: 27). Der Widerspruch zwischen Hilfe und Kontrolle ist nach diesem Gesellschaftsmodell im Grunde nicht bearbeitbar oder gar auflösbar, weil sich der zugrunde liegende Gegensatz von Kapital und Arbeit nicht ohne die Auflösung der kapitalistischen Gesellschaftsform überwinden lässt. Auch nachdem in den 80er Jahren marxistische bzw. sozialistische Gesellschaftstheorien weitgehend ihren Einfluss verloren, fand sich die Vorstellung vom doppelten Mandat als „Paradoxie", als unaufhebbarer Gegensatz, weitaus länger in Teilen der Fachdiskussion wieder.

In den 90er Jahren änderte sich allerdings, wie Heiner (2004) zeigt, die grundsätzliche fachliche Einschätzung solcher Polaritäten:[12]

> Hier wurde deutlich, dass solche Polaritäten zwar „zur Skizze theoretischer Alternativen geeignet sind, dass sie jedoch nur sehr begrenzt zur Reflexion von Praxisprozessen und zur Analyse empirischer Daten taugen. In der Praxis geht es nicht um die Zuordnung zu einem von zwei Polen (Hilfe oder Kontrolle oder auch Hilfe/keine Hilfe), sondern um die Analyse, ob und in welchen fallspezifischen Mischungsverhältnissen beide Elemente anzutreffen sind" (ebd.: 29).[13]

---

[12] Gildemeister (1992) oder Schütze (1992) haben auch auf andere Gegensätze bzw. ‚Paradoxien' hinwiesen, die Soziale Arbeit prägen: pädagogisches versus administratives Handeln; menschliche versus professionelle Beziehung; kommunikatives versus zweckrationales Handeln etc.

[13] Die jeweiligen Anteile von Hilfe- und Kontrollaufgaben unterscheiden sich je nach Arbeitsfeld bzw. Handlungssituation erheblich voneinander. Man könnte eine Achse mit zwei Polen konstruieren, zwischen die einzelne Felder und Situationen Sozialer Arbeit eingeordnet werden könnten. Am einen Pol könnte Soziale Arbeit idealtypisch als ‚hoheitlicher Eingriff', am anderen Pol als ‚nutzerInnenorientierte Dienstleistung' gefasst werden: Arbeitsfelder wie die Be-

Damit werden die bisher als unauflösbare Gegensätze bewerteten Begriffe zu Polen von Spannungsfeldern, innerhalb derer die Komplexität von Situationen im Kontext Sozialer Arbeit weitaus besser erfasst werden kann, denn in der Praxis

- haben Fachkräfte meist nicht nur mit zwei ‚Aufträgen' oder Erwartungen in einer Handlungssituation zu tun, die sich außerdem nur teilweise unter Kategorien wie ‚Hilfe' oder ‚Kontrolle' erfassen lassen;
- sind Fachkräfte nicht einfach Ausführende fremder Aufträge und Erwartungen, sondern sind selbst eine aktive, eigenständige ‚Partei' (mit eigenen fachlichen Einschätzungen der Handlungssituation und Erwartungen an ihre Arbeit).

Unter dem Einfluss der Debatte um soziale Dienstleistungen und der zunehmenden Rezeption der Systemtheorie war in den 1990er Jahren zusätzlich eine weitgehende Umorientierung in der Bewertung des Spannungsfeldes Hilfe – Kontrolle zu beobachten: Der Gedanke einer zwar aufwändigen, aber grundsätzlich möglichen Vermittlungsarbeit und intermediären Funktion Sozialer Arbeit zwischen gesellschaftlichen Anforderungen und subjektiven Bedürfnissen begann sich durchzusetzen.

„Definiert man die gesellschaftliche Aufgabe der Sozialen Arbeit nicht als Anpassung, Repression oder Manipulation, sondern als Gewährleistung von Normalität (Olk 1986), so ist dieses Ziel aus dienstleistungstheoretischer Perspektive nur mit den KlientInnen gemeinsam zu erreichen, denn sie sind ‚KoproduzentInnen' der Dienstleistung ‚Soziale Arbeit' (...) Der Staat muss der Sozialen Arbeit daher Spielräume zugestehen, die jeweiligen Ziele der Intervention (und damit auch die Normalitätsstandards) individuell unterschiedlich zu definieren, sie soweit wie möglich mit den KlientInnen auszuhandeln und dann zu versuchen, sie mit den Mitteln zu erreichen, die sie für erfolgversprechend und ethisch vertretbar erhält" (Heiner 2004: 30).

Partizipation, Aushandlung von Zielen und Vorgehensweisen sind logische Konsequenzen dieses Zugangs. Passend dazu wurde durch die Systemtheorie der Gedanke der Nicht-Steuerbarkeit sozialer Systeme durch äußere Faktoren und die Bedeutung des Eigensinns der Subjekte bei der Veränderung von Menschen hervorgehoben.

Jenseits dieser sinnvollen und notwendigen Erweiterung des Deutungshorizonts für die Möglichkeiten und Grenzen Sozialer Arbeit im Laufe der letzten Jahrzehnte darf aber nicht übersehen werden, dass sich mit dieser veränderten *Deu-*

---

währungshilfe oder Handlungen wie Eingriffe gegen den Willen der Eltern bei Kindeswohlgefährdungen im ASD wären dann z.B. nahe des einen Pols, partizipative Angebote im Kontext der Jugendarbeit am anderen Pol anzusiedeln.

1 Übergreifende Strukturmerkmale und allgemeine Konfliktpotenziale ...

tung nicht die grundlegende *Verortung* Sozialer Arbeit als Teil des sozialstaatlichen Dienstleistungssystems verändert hat. Sie agiert weiterhin innerhalb eines gesetzlichen und finanziellen Rahmens, den sie nicht selbst gestaltet, sondern der politisch gesetzt wird. Ihre Institutionen und Akteure können die politischen Entscheidungsprozesse und ihre Folgen zwar beeinflussen, aber eben nur in Grenzen. Das strukturelle Konfliktpotenzial aufgrund der Verortung Sozialer Arbeit innerhalb des Sozialstaat bleibt bestehen, es wird allerdings historisch im Zuge der Veränderungen des Sozialstaats jeweils neu dimensioniert. Neuere Entwicklungen zeigen eine zunehmende Verschärfung sozialer Probleme und Gegensätze in einer Gesellschaft,

> „bei der ein Drittel der Bevölkerung dauerhaft aus dem Erwerbsleben (und damit auch aus vielen sozialen Bezügen) ausgeschlossen ist und/oder gezwungen ist, in der Nähe des Existenzminimums tätig zu sein, das zweite Drittel im Mittelfeld platziert ist und das knappe obere Drittel immer stärker privilegiert wird, beschert der Sozialen Arbeit gegenwärtig eine Zunahme der altbekannten Aufgaben, die der Abpufferung des sozialen Abstieges und der Garantie der Existenzsicherung dienen" (Heiner 2004: 36).

Erhöhte soziale Risiken bei gleichzeitigem Rückzug des Staates aus verschiedenen Aufgabenbereichen und einer Hinwendung zu Konzepten wie dem ‚aktivierenden Staat' bedeuten für die Soziale Arbeit, dass ihre Spielräume zur Wahrnehmung des Vermittlungsauftrages zunehmend kleiner werden und sie deshalb weniger im Sinne einer Inklusionsvermittlung und Exklusionsvermeidung agieren kann, sondern zunehmend zur Exklusionsverwaltung wird.

1.2 Arbeitsfeldübergreifende Strukturmerkmale und allgemeine Konfliktpotenziale

Jenseits des Spannungsfeldes von Hilfe und Kontrolle zeigen sich insbesondere vier übergreifende Strukturmerkmale Sozialer Arbeit und darin angelegte *allgemeine* Konfliktpotenziale:

1. Der ‚unmögliche Auftrag' Sozialer Arbeit

Bourdieu u.a. (1997) stoßen bei ihrer Analyse der Formen und Folgen neoliberaler Politik in Frankreich, die sich immer weiter aus der Erfüllung klassischer sozialstaatlicher Aufgaben zurückzieht, auf eine Diskrepanz zwischen Aufgaben und Möglichkeiten Sozialer Arbeit, die in leicht veränderter Form auch für die BRD gilt. Sie verstehen Soziale Arbeit als sozialstaatliches Instrument mit der Aufgabe, die „unerträglichsten Auswirkungen und Unzulänglichkeiten der

Marktlogik zu kompensieren" (Bourdieu u.a.: 210). Allerdings ergibt sich ein Widerspruch daraus, dass die der Sozialen Arbeit „anvertrauten, häufig maßlosen Aufgaben" und die „fast immer lächerlichen Mittel, die (...) zur Verfügung stehen (ebd.: 211), weit auseinander klaffen. Beispielhaft wird diese Diskrepanz in Bourdieus Untersuchung an einem Sozialarbeiter aus einer Vorstadtsiedlung mit hoher Arbeitslosigkeit verdeutlicht: Arbeitsplätze kann dieser nicht schaffen, sondern bestenfalls den Mangel durch Formen der Beratung, Betreuung oder Freizeitgestaltung notdürftig überspielen. Soziale Probleme werden so unter dem Druck knapper, fehlender oder falscher Ressourcen leicht individualisiert bzw. ‚pädagogisiert', Fachkräfte wirken dann selber bewusst oder unbewusst an der Verdeckung gesellschaftlicher Konfliktkonstellationen mit.

Schumann (2005) geht davon aus, dass Soziale Arbeit in der aktuellen sozialpolitischen Situation in der BRD mit ihrer Aufgabe, zur friedlichen Lösung sozialer Konflikte beizutragen, immer mehr in ein Dilemma gerät: „Angesichts der faktischen sozialen beziehungsweise sozialstaatlichen Deregulierung wird es immer schwieriger, dieser Aufgabe nachzukommen und an den Konflikten produktiv zu arbeiten, welche durch den sozialstaatlichen Abbau zusätzlich noch verstärkt werden" (ebd.: 11).

2. Sozialleistungsrechtliches Dreiecksverhältnis

Wie schon in den Ausführungen zum ‚doppelten Mandat' deutlich wurde, können sich Fachkräfte Sozialer Arbeit nicht nur auf die subjektkiven Bedürfnisse und Probleme ihrer KlientInnen konzentrieren, sondern müssen auch den gesellschaftlichen Auftrag ihrer Tätigkeit beachten. In der Praxis zeigt sich, dass Fachkräfte bei der Erbringung ihrer Leistungen mit mindestens drei Akteuren zu tun haben, deren Bedürfnisse und Interessen zu vermitteln sind: KlientInnen/NutzerInnen; der (öffentliche oder freie) Träger, bei dem die Fachkraft angestellt ist; und direkt oder indirekt auch der öffentlichen Kostenträger, der die Leistung in der Regel (ganz oder teilweise) finanziert. Ein Spezifikum der Dienstleistungen im Kontext der Sozialen Arbeit ist, dass die KlientInnen/NutzerInnen die Leistungen höchstens einen Kostenbeitrag entrichten, Bund, Länder und/oder Gemeinden in der Regel aber den größten Teil der Kosten (re)finanzieren.

Mit diesem Dreiecksverhältnis bei der Erbringung und Finanzierung von Leistungen ist ein strukturelles Konfliktpotenzial zwischen den Akteuren angelegt: Je nachdem, wie klar die Finanzierung der Leistung (gesetzlich) geregelt ist, hat der jeweilige öffentliche Kostenträger ein gewichtiges Wort bei der Art und Ausgestaltung der jeweiligen Dienstleistungen mitzureden: Subjektive Bedürfnisse, fachlich definierter Bedarf und öffentlich finanziertes Leistungsangebot können hier im Einzelfall im Widerspruch zueinander stehen.

1 Übergreifende Strukturmerkmale und allgemeine Konfliktpotenziale ... 65

Abbildung 4: Sozialleistungsrechtliches Dreiecksverhältnis

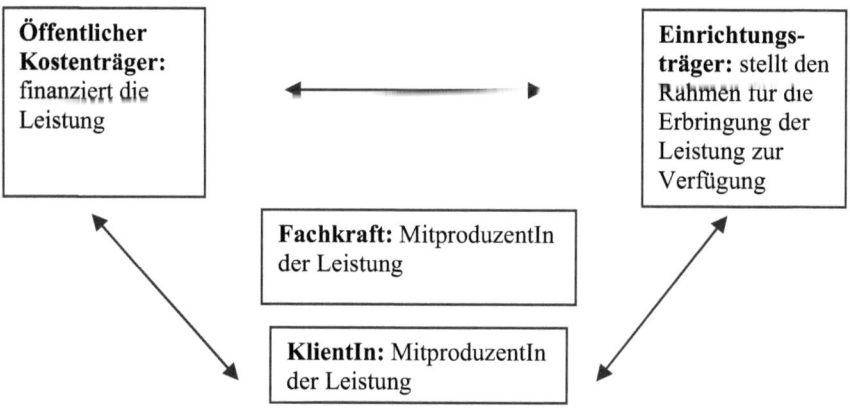

3. „Allzuständigkeit Sozialer Arbeit"

Galuske (2001: 33-34) weist auf dieses arbeitsfeldübergreifende Merkmal hin und meint, dass durch ihren Alltagsbezug die potentielle Bandbreite von Themen und Problemen, für deren Bearbeitung Soziale Arbeit zuständig werden kann, enorm groß ist. Was jeweils Gegenstand der Arbeit wird, konkretisiert sich erst „im situativen und institutionellen Kontext der Fallbearbeitung und ist nicht zuletzt ein Produkt der Aushandlung zwischen SozialpädagogInnen und KlientInnen" (ebd.: 35). Die häufig offenen, teilweise ambivalenten gesetzlichen Vorgaben, die oft komplexen Problemlagen der KlientInnen und die Anforderung, dass Fachkräfte häufig im Netz der Erwartungen mehrerer Akteure handeln müssen, legen strukturell im Feld konfliktfördernde Mehrdeutigkeiten bzgl. des Auftrags und der Zuständigkeiten von Fachkräften an. Die erforderliche *aktive* Klärung des jeweiligen Auftrages zu Beginn der Arbeit in einer Handlungssituation gehört bisher allerdings nur in wenigen Arbeitsfeldern zum Standardrepertoire der Fachkräfte.

4. *Kooperation mit anderen Professionen*

Galuske (2001: 36) nennt als weiteres Spezifikum Sozialer Arbeit eine „fehlende Monopolisierung von Tätigkeitsfeldern" im Gegensatz zu anderen Professionen wie ÄrztInnen oder JuristInnen, die zumindest in bestimmten Teilbereichen autonom und quasi ‚monopolistisch' tätig sein können. Soziale Arbeit findet dagegen meist in multiprofessionellen Kontexten mit LehrerInnen, PsychologInnen, ÄrztInnen, JuristInnen, Verwaltungsfachleuten etc. statt. Innerhalb dieser Arbeitszusammenhänge existiert meist ein Statusgefälle, das sich z.b. in ungleicher Bezahlung niederschlägt und seinen Ausdruck in unterschiedlichen Einflussmöglichkeiten auf die Fallbearbeitung findet. Fachkräfte Sozialer Arbeit finden sich oft am unteren Ende dieser Statushierarchie wieder, so die These Galuskes, einerseits wegen ihrer geringen Spezialisierung/Zuständigkeit für die Probleme des Alltags, andererseits weil Soziale Arbeit noch zu wenig über ein originäres, klar konturiertes und anerkanntes Methodenrepertoire verfügt.

In Kooperationen mit anderen Professionen ist durch dieses Statusgefälle, aber auch durch die unterschiedlichen Denk- und Handlungslogiken dieser Professionen, die z.b. in Fragen der Diagnostik oder Hilfeplanung sichtbar werden können, ein strukturelles Konfliktpotenzial angelegt.

1.3 Spezifika der professionellen Handlungsstruktur und darin enthaltene Konfliktpotenziale

Nach dem Blick auf die Strukturen und Rahmenbedingungen Sozialer Arbeit in den letzten beiden Abschnitten soll abschließend der Blick auf das Handeln in der Sozialen Arbeit gerichtet werden, und zwar im Sinne übergreifender, grundlegender Handlungsstrukturen und der darin angelegten Widersprüchlichkeiten und Konfliktpotenziale.

Gemeinsamer Nenner der fünf nachfolgend beschriebenen Charakteristika ist, dass Fachkräfte Soziale Arbeit nur begrenzt auf das vertrauen können, was in einer Handlungssituation aus ihrer Perspektive jeweils rational, sinnvoll und machbar scheint. Um erfolgreich zu handeln, können sie nicht allein auf ihre professionelle Expertise vertrauen, vielmehr sind sie aus mehreren Gründen grundlegend auf eine gelingende Kooperation mit KlientInnen und anderen relevanten Beteiligten angewiesen. Hierbei kann es leicht zu Interessengegensätzen, Missverständnissen etc. kommen. Und auch wenn eine gelingende Kooperation zustande kommt, führt sie nicht immer zu den gewünschten Ergebnissen.

Professionelles Handeln in der Sozialen Arbeit ist deshalb immer ein Handeln unter Unsicherheitsbedingungen. Es ist einer Reihe von Problemen und strukturellen Konfliktpotenzialen ausgesetzt, die dazu führen können, dass Hilfeprozesse scheitern, Betroffene Widerstand leisten, Konflikte zwischen Beteiligten entstehen.

1 Übergreifende Strukturmerkmale und allgemeine Konfliktpotenziale ...

1. Strukturelles Technologiedefizit Sozialer Arbeit

Aufgrund der Komplexität und begrenzten Vorhersehbarkeit von Lern- und Veränderungsprozessen ist es nicht möglich, pädagogische oder therapeutische Prozesse in ihrer Gesamtheit zu steuern, zu kontrollieren und ihre Wirkungen klar vorauszusagen. Die Systemtheoretiker Luhmann und Schorr (1982) haben diesen Zusammenhang im Kontext von Pädagogik als „strukturelles Technologiedefizit" gekennzeichnet. Es ist aber möglich, aufgrund von Beobachtung und Nutzung wissenschaftlichen Wissens „eher wahrscheinliche und eher unwahrscheinliche Entwicklungen zu benennen. Dies erfordert eine relativierte und relativierbare Form der pädagogischen Planung, die sich auf Hypothesenbildungen" (von Spiegel 2004: 43). Solche Hypothesen dienen dazu, eigene Annahmen und Konstruktionen transparent, reflektierbar und veränderbar zu halten.

2. Das Prinzip der Koproduktion im Kontext Sozialer Dienstleistungen

„Personenbezogene soziale Dienstleistungen erfolgen ‚uno actu': Sie werden gleichzeitig produziert und konsumiert. Fachkräfte der Sozialen Arbeit können Angebote nicht vorproduzieren, sondern sie erbringen ihre Arbeit in Koproduktion mit ihren AdressatInnen. Die dürfen ihre Interventionen nicht einseitig planen und umsetzen, sondern müssen sich in einen dialogischen Verständigungsprozess mit ihren Adressatinnen einlassen. Fachkräfte sind zuständig für ihren Teil der Koproduktion, ohne dass sie sich ihrer Verantwortung für den Part der entledigen können. Sie müssen über den Willen zur Partizipation und die Fähigkeit des dialogischen Aushandelns sowie eine berufliche Haltung verfügen, die tendenziell die Nachfrage und den Gebrauchswert der Angebote für die Adressatinnen (Nutzerinnen) in den Mittelpunkt stellt" (ebd.: 46-47).

Ohne solche Verständigungsprozesse bleiben auch sorgfältig geplante Interventionen meist wirkungslos.

3. „Problemlösen" und „Verstehen" als widersprüchliche Logiken professionellen Handelns

Karl-Peter Hubbertz (2002) hat nachdrücklich darauf aufmerksam gemacht, dass Soziale Arbeit im Spannungsfeld zwischen zwei unterschiedlichen Handlungsmodi und -logiken agiert, die situativ immer wieder neu abgewogen und aufeinander bezogen werden müssen: der Logik methodisch-planvollen Vorgehens bei der Lösung der Aufgaben und Probleme, die sich in der jeweiligen Fall- oder Handlungssituation stellen (Problemlösen), das aber eingebettet werden muss in einen Prozess kommunikativer Verständigung mit den an der Situation beteiligten Akteuren (Verstehen) (vgl. auch Teil E Kapitel 2). Ohne ein Verstehen der relevanten Aspekte einer Handlungssituation und eine Verständigung mit den

Akteuren über Ziele, Vorgehensweisen, Beiträge zur Lösung etc. lassen sich Problemlösungen nicht realisieren. Ein zu stark zielgerichtetes, nach rationalen Kriterien geplantes Vorgehen führt leicht dazu, notwendigen Verständigungs- oder Klärungsprozessen nicht die erforderliche Zeit zu geben, den ‚Eigensinn' der Beteiligten zu übersehen und so offenen oder verdeckten Widerstand zu provozieren. Dies wird vor allem in Situationen zum Problem, in denen die Beteiligten selber keine ausreichende eigene Motivation zur Veränderung mitbringen.

Schwierig für Fachkräfte ist allerdings, dass diese beiden Handlungsmodi nicht einfach kombiniert werden können, sondern nach ganz unterschiedlichen Logiken funktionieren:

Abbildung 5: „Problemlösen" und „Verstehen" als widersprüchliche Logiken professionellen Handelns

	Problemlösen	**Verstehen und Verständigung**
Theoretischer Zugang	Kritisch-rational	Hermeneutisch-phänomenologisch
Bezug	Objektive Realität	Subjektive Erlebniswelt
Methodologie	Zweckrational-planvolles Handeln	Rekonstruktives Sinnverstehen
Handlungslogik	Linear Ziel- und erfolgsorientiert	Zirkulär Prozess- und beziehungsorientiert
Problemdefinition und Situationsanalyse	1. Beschreiben 2. Analysieren 3. Erklären unter Bezugnahme auf wissenschaftliche Theorien	Hermeneutisches Fallverstehen zirkuläres Fragen Suche nach den subjektiven Deutungsmustern und dem subjektiven Sinn von Deutungs- und Handlungsmustern

Quelle: Eigene Darstellung in Anlehnung an Hubbertz (2002: 121)

Professionelle Handlungskompetenz besteht darin,

„zwischen den beiden Handlungsrationalitäten flexibel wechseln zu können und notwendige Übersetzungsleistungen zu erbringen. Es geht darum, arbeitsfeldspezifisch planvoll zu handeln, Verstehen und Verständigung zu üben, Spannungen zwischen beiden Handlungsformen aushalten und sich und andere vor manipulativen Verzerrungen schützen zu können. (...) In *quantitativer* Hinsicht ist eine Arbeit an subjektiven Erlebniswelten und hier lokalisierten ‚Störungen' oft viel umfangreicher als ein vernünftig geplantes Problemlösen auf der Verhaltensebene. Sozialarbeiteri-

1 Übergreifende Strukturmerkmale und allgemeine Konfliktpotenziale ...

sches Handeln hat es nur zu häufig mit so genannten ‚geschlossenen' oder ‚verstellten' Situationen zu tun, in denen durch Verstehen subjektiven Erlebens und hierauf bezogene Aushandlungsprozesse Chancen für einen Neuanfang zu generieren sind. Ist der Durchbruch (...) geschaffen, hat die Sozialarbeiterin fast schon das ihrige getan (...). In *qualitativer* Hinsicht folgt das kommunikative Handeln einer völlig anderen Erkenntnislogik als ein strategisches Problemlösevorgehen. Geht es letzterem in der Bearbeitung sozialer Probleme um die Feststellung objektiver Tatbestände und ihre Rückführung auf allgemeine *erklärungs*kräftige Gesetzesaussagen, so ist eine Verstehensarbeit umgekehrt auf eine methodische Sicherung der Geltung jenes Besonderen, Subjektiven eines sozialarbeiterischen Falles bedacht, welches sich erst aus der Beziehung der Adressaten zu sich selbst und zum handelnden Sozialarbeiter erschließt." (Hubbertz 2002: 104-106; Herv. i. O.).

4. Subjektive Wirklichkeitskonstruktion

Die Dimension des „Verstehens" in Hubbertz' Modell ist auch deshalb so wichtig, weil sich Fachkräfte nur sehr begrenzt an objektiven Kriterien zur Erfassung einer Handlungssituation orientieren können (Art und Anzahl der Beteiligten, Einkommen, Schulbildung etc.), sondern meist mit einer Fülle teilweise widersprüchlicher subjektiver Sichtweisen, Beschreibungen und Erklärungen konfrontiert sind, die ‚subjektive' Realitäten einer Situation abbilden. Ohne ein Verstehen dieser subjektiven Realitäten ist ein „Problemlösen" nicht möglich. Nach dem systemischen Paradigma nehmen Menschen die Wirklichkeit nach einem individuellen Modell und auf der Folie eines erfahrungsbedingten und theoretischen Vorverständnisses wahr.

„Sie rekonstruieren Beziehungen und auch so genannte harte Fakten im Lichte ihres Modells dieser Wirklichkeit. (...) Der Mensch nimmt also vorzugsweise das wahr, was sich mit seinen bisherigen Erfahrungen und Einschätzungen (den bisherigen ‚Deutungsmustern') deckt und holt nicht systematisch Informationen über andere mögliche Zusammenhänge ein" (von Spiegel 2004: 39; Herv. i. O.).

Diese selektive Wahrnehmung – die natürlich auch bei Fachkräften wirkt – hat Vor- und Nachteile: Sie reduziert einerseits die Komplexität der Wirklichkeit und schafft so subjektive Handlungsfähigkeit. Sie schafft andererseits aber ‚blinde Flecken' in der Wahrnehmung.

5. Paradoxien professionellen Handelns in der Sozialarbeit

Insbesondere Fritz Schütze (1992) hat sich diesem Aspekt gewidmet, der vor allem in Arbeitsfeldern und Institutionen wirksam wird, in denen auf der Basis von ‚Fällen' (im klassischen Sinn) diagnostisch, prognostisch bzw. intervenierend gearbeitet wird.

Bei der Analyse und Bearbeitung sozialer Probleme nutzen Fachkräfte verallgemeinertes wissenschaftliches Wissen und interpretieren mit dessen Hilfe die fallbezogenen Informationen und Äußerungen ihrer jeweiligen KlientInnen. In diesem Vorgehen treten nach Schütze „Paradoxien professionellen Handelns" auf, durch die das Risiko für Fachkräfte steigt, gegen den Willen, die Interessen oder Sichtweisen der KlientInnen zu handeln bzw. für sich selber Risiken und Unsicherheiten verkleinern zu wollen, hierbei aber KlientInneninteressen zu übersehen. Solche Konstellationen führen leicht zu Konflikten in den Beziehungen zwischen Fachkräften und KlientInnen. Als strukturelle Widersprüchlichkeiten können diese „Paradoxien" von den Fachkräften nicht aufgelöst werden, sondern müssen immer wieder situativ reflektiert, kontrolliert und in Balance gehalten werden (vgl. zum Folgenden die Zusammenfassung bei von Spiegel 2004: 86-90):

- *Differenz von Theorie und Einzelfall:* Bei der Interpretation von Fallsituationen kann eine Vielzahl unterschiedlicher Theorien genutzt werden. Aus der Differenz von ‚Theorie' und ‚Einzelfall' resultieren in der Praxis permanent Erkennungs- und Entscheidungsschwierigkeiten, auf welche Theorie sich eine Fachkraft im Einzelfall beziehen soll bzw. wie bestimmte, allgemeine Begriffe aus dem Kontext einer Theorie (z.B. emotionale Vernachlässigung) auf einen Einzelfall hin zu interpretieren sind.
- *Prognosen auf schwankender empirischer Basis:* Aufgrund ihrer Erfahrung und wissenschaftlichen Ausbildung wissen Fachkräfte im Prinzip, nach welchen allgemeinen Mechanismen sich biografische und soziale Prozesse entwickeln. Allerdings hat jeder konkrete Fall so viele spezifische Bedingungen, dass man nie mit Sicherheit sagen kann, wie und in welchem Tempo sich hier Probleme und Lernfortschritte entwickeln werden. Dies wird zum typischen Problem bei Entwicklungsberichten oder -prognosen im Kontext der Jugendgerichtshilfe oder Hilfen zur Erziehung. Fachkräfte neigen angesichts dieser Unsicherheiten dazu, ihre Prognosen so zu formulieren, dass sie später nicht für falsche Prognosen kritisiert oder zur Verantwortung gezogen werden können.
- *Geduldiges Zuwarten versus sofortige Intervention:* Durch geeignete Interventionen haben die Fachkräfte die Möglichkeit, die Problementwicklung bei KlientInnen mit zu strukturieren. Allerdings verfügen KlientInnen auch über Selbsthilfepotenziale, die je nach Problemsstadium mehr oder weniger eingeschränkt sind. Es erfordert sehr genaue Beobachtung, hier den jeweils richtigen Zeitpunkt und die richtige Art des Handelns zu erkennen. Das Problem ist nun, dass es sowohl für das zu kurze/zu lange Zuwarten bzw. die zu schwache/zu massive Form der Intervention in der Regel gute fachli-

1 Übergreifende Strukturmerkmale und allgemeine Konfliktpotenziale ... 71

che Gründe gibt. Um das eigene Risiko zu minimieren, tendieren Fachkräfte dazu, zu früh und zu massiv zu intervenieren.

- *Prekärer Umgang mit professionellem Mehrwissen:* Fachkräfte haben aufgrund ihrer Ausbildung einen prinzipiellen und unaufhebbaren Wissensvorsprung vor ihren KlientInnen. Sie nutzen dieses Wissen für die Fallarbeit und entscheiden, was ihre AdressatInnen über die Fallproblematik und mögliche negative Entwicklungen wissen müssen und wo dieses Wissen für sie entmutigend wird. Problematisch wird dieser Prozess allerdings, wenn Fachkräfte ihren Adressaten ein für sie wichtiges Wissen vorenthalten und diese als passive Objekte behandeln.

- *Eingeschränkte Entscheidungsbasis versus kontrollierte Risiken:* Problemsituationen in der Praxis sind häufig komplex und diffus, Falldynamiken dehnen sich auf weitere Lebensbereiche der KlientInnen aus, so dass nur schwer erkannt werden kann, wo Selbsthilfe und professionelle Hilfe ansetzen können. Fachkräfte müssten in derart vagen Situationen eigentlich ihre Entscheidungslagen offen halten und im Interesse ihrer KlientInnen Risiken eingehen. Angesichts von Zeit- und Entscheidungsdruck neigen aber Fachkräfte dazu, Komplexität zu reduzieren und Entscheidungslagen zu vereinfachen, indem (1) Sichtweisen der KlientInnen ausgeblendet und Interventionen technizistisch-manipulativ angewendet bzw. (2) die Handlungsalternativen von vorneherein auf das ‚sicher Machbare' eingeschränkt werden.

- *Biografische Ganzheitlichkeit versus Expertenspezialisierung:* AdressatInnen erleben ihren ‚Fall' als zusammenhängende Geschichte. Es ist daher fachlich sinnvoll, den gesamten biografischen Zusammenhang des Falles zu betrachten, weil ein derartiges Vorgehen neue Verständnis- und Bearbeitungsperspektiven eröffnet. Im beruflichen Alltag wird allerdings eine biografische Vorgehensweise selten genutzt. Denn diese ist meist zeitaufwendiger und könnte den Blick auf andere Dimensionen des Falles lenken und ungewohnte, nicht routinemäßig zu bewältigende und daher arbeitsintensive Bearbeitungsweisen erforderlich machen.

- *Exemplarisches Demonstrieren versus Erzeugung von Unselbständigkeit:* Fachkräfte kommen mit KlientInnen oft in Krisensituationen, in Situationen der Mutlosigkeit und Verunsicherung in Kontakt. Es ist hier teilweise unverzichtbar, ihnen Vorgänge oder Tätigkeiten exemplarisch oder zeitweise auch mehrfach vorzumachen bzw. zu erledigen. Für die Fachkräfte ist allerdings kaum abzuschätzen, wann dieses exemplarische Vormachen zur (entmündigenden, aber vielleicht gern angenommenen) Dauerhilfe wird, die eine Kompetenzentwicklung der AdressatInnen behindert oder gar einschneidend reduziert.

2 Wie werden strukturelle Konfliktpotenziale zu Konflikten? – Das Modell der Dualität von Strukturen

In Soziologie und Philosophie gibt es unterschiedliche Modelle, die Beziehungen zwischen individuellem Handeln und den gesellschaftlichen Strukturen, in denen dieses Handeln stattfindet, zu erklären. Idealtypisch lassen sich vier Modelle unterscheiden:

„Modell I entspricht dem Weberschen Stereotyp von *Voluntarismus* und behauptet im Extremfall, dass das Individuum die Gesellschaft durch sein Handeln ‚kreiert'. Das gegenteilige Modell II folgt dem Durckheimschen Stereotyp von Objektivismus und *Reifikation* und konstatiert im Extremfall die gesellschaftliche Determination individuellen Handelns. Modell III, das Bhaskar an Berger/Luckmanns (1970) *dialektischer Konzeption* illustriert, behauptet einen wechselseitig konstitutiven Einfluss: die Gesellschaft 'macht' das Individuum, das seinerseits die Gesellschaft ‚kreiert' in einem unablässigen dialektischen Vermittlungsprozeß. (...) Modell IV (...) hält an der Vorstellung der Sozialisation fest, wenn auch in abgewandelter Weise, denn Gesellschaften vermitteln weniger Normen und Werte, denn Formen und Praktiken. Wenn Gesellschaften jedoch stets logische und zeitliche Priorität vor jedem einzelnen Individuum haben, dann ist es im strikten Sinne falsch zu sagen, die Menschen ‚machen' die Gesellschaft; vielmehr reproduzieren oder transformieren sie vorgegebene Formen und Praktiken" (Müller 1992: 163-164; Herv. i. O.).

Zusammengefasst besagt Modell IV: "Men do not create society. For it always preexists them. Rather it is an ensemble of structures, practices and conventions that individuals reproduce or transform. But which would not exist unless they did so. Society does not exist independently of conscious human activity (the error of reification). But it is not the product of the latter (the error of voluntarism)" (Bhaskar 1978: 12).

Das Konzept von Anthony Giddens, das im Folgenden erläutert wird, lässt sich bezogen auf die obige Typologie Modell IV zuordnen und ist geeignet zu erklären, wie aus strukturellen Konfliktpotenzialen in der Sozialen Arbeit reale Konflikte werden.

2.1 Der Begriff der Struktur

Gemäß Giddens' Konzept der *Dualität von Struktur* „sind die Strukturmomente sozialer Systeme sowohl Medium wie Ergebnisse der Praktiken, die sie rekursiv organisieren. Struktur ist den Individuen nicht ‚äußerlich': in der Form von Erinnerungsspuren und in sozialen Praktiken verwirklicht, ist sie in gewissem Sinne ihren Aktivitäten eher ‚inwendig' als ein im Durckheimschen Sinne außerhalb

2 Wie werden strukturelle Konfliktpotenziale zu Konflikten? 73

dieser Aktivitäten existierendes Phänomen" (Giddens 1988: 77-78). Diesen Zusammenhang zwischen *Handeln und Struktur* verdeutlicht Giddens in Analogie zu den Begriffen *Sprechen und Sprache*:

„So wie einzelne Sprechakte nur im Rahmen des abstrakten Regelwerks der Sprache generiert werden können, so reproduzieren genau jene Sprechakte [als quasi nicht-intendierte Handlungsfolgen] die Sprache wiederum als abstraktes Regelwerk. Übertragen auf die Produktion und Reproduktion gesellschaftlicher Verhältnisse, bezeichnet er diesen Zusammenhang als *Dualität von Struktur* (...)" (Müller 1992: 164).

Oder anders ausgedrückt:

„Soziale Systeme bestehen aus Handlungen und Beziehungen: Was diesen ihr Muster verleiht, ist ihre *Wiederholung* über Zeiträume und örtliche Distanzen hinweg. (...) Wir sollten menschliche Gesellschaften wie Gebäude auffassen, *die zu jedem beliebigen Zeitpunkt von eben den Ziegeln, aus denen sie bestehen, neu erschaffen werden.* Unser aller Handlungen werden von den strukturellen Merkmalen der Gesellschaften, in denen wir heranwachsen und leben, beeinflusst; gleichzeitig reproduzieren wir diese strukturellen Merkmale durch unsere Handlungen und verändern sie dadurch in einem gewissen Ausmaß" (Giddens 1995: 23).

Welche Wirkungen gehen von Strukturen auf das Handeln von Akteuren aus?

Erstens dürfen nach Giddens Strukturen nicht mit Zwang gleichgesetzt werden: Sie schränken Handeln nicht nur ein, sondern ermöglichen es gleichzeitig. Auch vermeintliche Strukturzwänge entfalten ihre Wirkung nicht unabhängig von den Motiven und Gründen, die Handelnde für das, was sie tun, haben.

„Die Handelnden besitzen für das, was sie tun, ‚gute Gründe' (...). Da solche guten Gründe eine Wahl aus einer sehr begrenzten Anzahl greifbarer Alternativen beinhalten, kann ihr Verhalten den Eindruck erwecken, als werde es von einer unerbittlichen Kraft, ähnlich etwa einer Naturgewalt, angetrieben. Es gibt viele soziale Kräfte, von denen sich zu recht sagen lässt, dass Handelnde ihnen ‚nicht widerstehen' können. (...) Aber das ‚nicht können' bedeutet hier, dass ihnen nur deshalb nichts anderes übrig bleibt, als sich an die in Frage stehenden Entwicklungstrends anzupassen, weil sie die entsprechenden Motive oder Ziele, die ihren Handlungen zugrunde liegen, als gegeben akzeptieren" (Giddens 1998: 232).

Deshalb sind die einzigen antreibenden Kräfte in menschlichen Sozialbeziehungen individuelle Akteure, die sich – beabsichtigt oder unbeabsichtigt – bestimmter Ressourcen bedienen, um etwas zuwege zu bringen.

Zweitens stellen Strukturen den Handelnden Regeln und Ressourcen zur Verfügung. Die Regeln sind hierbei im Handlungs*wissen* jedes Akteurs präsent, die

Verfügung über bestimmte Ressourcen ist die Basis seiner Handlungs*fähigkeit*. Giddens unterscheidet hierbei materielle und immaterielle Ressourcen.

2.2 Der Begriff des Handelns und das Problem der begrenzten Handlungskontrolle

Die verschiedenen Bewusstseinsebenen des handelnden Subjekts lassen sich nach Giddens in folgendem Modell darstellen:

Abbildung 6: Handlungsbedingungen, Handlungsfolgen und begrenzte Handlungskontrolle

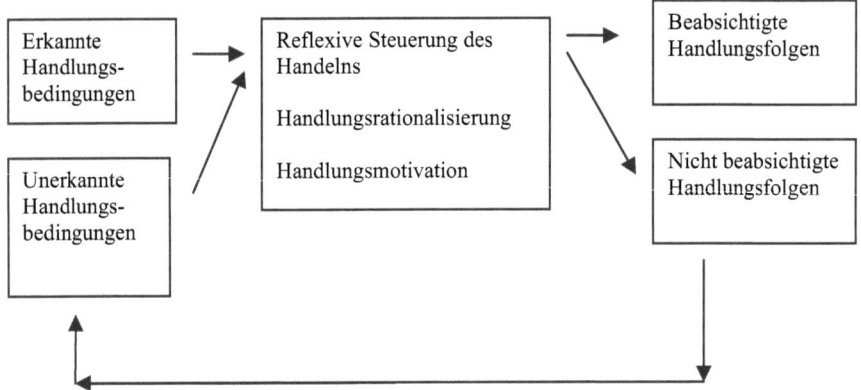

Quelle: Giddens (1988: 56)

Die *"reflexive Steuerung des Handelns"* richtet sich auf das eigene Verhalten und das anderer Akteure, d.h. des Kontexts, in dem sich ein Individuum bewegt. „Das chronische Überwachen von eigenem Handeln und sozialem Kontext geschieht aus einem ‚praktischen Bewusstsein' heraus, das typisch für routinehaftes Alltagshandeln ist" (Müller 1992: 171) und das sich aus einem Wissen um die Regeln des Alltagslebens speist. Die „*Handlungsrationalisierung*" meint „die Fähigkeit, jederzeit auf Anfrage (von sich selbst oder anderen) theoretische Gründe für sein Tun anzugeben und ‚sich zu erklären'. Meist geht dies einher mit der Stufe diskursiven Bewusstseins', auf der das eigene Handeln reflektiert wird" (ebd.: 172).[14] Die „*Handlungsmotivation*" als unterste Handlungsschicht

---

[14] Dieses ‚innere' Verständnis für die Gründe des eigenen Handelns darf aber nicht verwechselt werden mit der Anführung von Gründen nach ‚außen', die oft strategischen Erwägungen folgt.

bezieht sich auf die Bedürfnisse und Wünsche des Individuums, die dem Handeln zugrunde liegen und die ihm nicht immer bewusst sind.

Aus Giddens Modell wird deutlich, dass die *Handlungskontrolle*, über die Akteure selbst verfügen können, stets *in dreifacher Weise begrenzt sein wird*: Es gibt erstens unbewusste subjektive Motive für ein Handeln. Aufgrund der Komplexität sozialer Kontexte sowie der begrenzten Wahrnehmungsfähigkeit von Akteuren gibt es zweitens neben den Bedingungen, die das handelnde Subjekt erkennt, auch nicht erkannte Handlungsbedingungen. Drittens gibt es neben beabsichtigen auch immer unbeabsichtigte Folgen des Handelns, die wieder zu unerkannten Bedingungen des Handelns werden können: „Ich bin Urheber vieler Dinge, die ich nicht zu tun beabsichtige (...). Umgekehrt kann es Umstände geben, in denen ich etwas zu erreichen beabsichtige und es erreiche, obwohl es nicht direkt durch mein Handeln erreicht wird" (Giddens 1988: 60).

Ein weiterer Grund für die begrenzte Handlungskontrolle von Akteuren liegt in der spezifischen Form der Zeitlichkeit von Praxis, auf die Bourdieu (1987) aufmerksam macht.

Für die Zeit der Praxis sind die Bedingungen der Unumkehrbarkeit sowie der Dringlichkeit charakteristisch.

> „Je nachdem, ‚um was es geht', also nach dem Prinzip der stillschweigenden und praktischen Relevanz, ‚wählt' der praktische Sinn bestimmte Objekte und Handlungen und folglich bestimmte ihrer Aspekte aus, indem er diejenigen betont, die ihn etwas angehen oder bestimmen, was er in der jeweiligen Situation zu leisten hat, oder indem er verschiedene Situationen oder Objekte als äquivalent behandelt, und unterscheidet so zwischen relevanten Eigenschaften und irrelevanten" (Bourdieu 1987: 163).

In diesen Auswahl- und Interpretationsvorgängen – zumal wenn sie unter zeitlichem Druck ausgeübt werden müssen – liegt immer auch eine Wahrscheinlichkeit des Irrtums begründet. Insgesamt gesehen kann deshalb festgehalten werden, dass auch reflektiertes individuelles oder kollektives Handeln immer wieder zu unbeabsichtigten oder gar paradoxen Effekten in sozialen Kontexten führen wird.

2.3 Wie werden strukturelle Konfliktpotenziale zu Konflikten?

Mit Giddens' Modell der Dualität von Struktur und der begrenzten Handlungskontrolle von Akteuren kann erstens das in Teil A erwähnte Zusammenwirken subjektiver und objektiver Faktoren bei der Entstehung von Konflikten und zweitens die Beziehung zwischen strukturellen Konfliktpotenzialen in sozialen

Kontexten und realen Konflikten erklärt werden. Auf die Kontexte beruflichen Handelns in der Sozialen Arbeit übertragen meint es:

Das berufliche Handeln der Fachkräfte in den Feldern der Sozialen Arbeit findet in Interaktionen mit unterschiedlichen Akteuren in und zwischen Organisationen statt (KlientInnen, KollegInnen im Team, Vorgesetzten, KooperationspartnerInnen etc.). Die Rollen und Positionen der InteraktionspartnerInnen sind je nach Handlungsanlass unterschiedlich vorstrukturiert (und mit bestimmten Handlungsregeln und Ressourcen ausgestattet), aber nicht determiniert. Deshalb können dieselben Rollen und Positionen sehr unterschiedlich in Handeln umgesetzt werden, je nachdem, welche konkreten Personen hier in welchen Situationen aufeinander treffen. Auf Seiten der Fachkraft sind z.B. wichtige Variablen: die Position in der Hierarchie der Institution; der Auftrag in der konkreten Situation, der berufliche Habitus, Berufserfahrung etc; auf KlientInnenseite sind relevant z.B. subjektive Bedürfnisse und Interessen; Anlass und Grad der Freiwilligkeit des In-Kontakt-Kommens; Bilder von bzw. Vorerfahrungen mit der Institution, etc. Durch das individuelle Handeln innerhalb der vorgegebenen Rollen werden die vorhandenen Strukturen und Rollen auch wieder reproduziert, sie können allerdings prinzipiell (zumindest teilweise) von den Akteuren auch verändert werden.

Durch die Strukturen der Institution, die unterschiedlichen Rollen, Aufträge, Erwartungen, Persönlichkeitsmuster der Akteure bilden sich in den Interaktionsprozessen ständig Situationen mit Interessengegensätzen oder Beeinträchtigungen im Handeln (Konfliktpotenziale), die auf die Beteiligten wie ‚Angebote' wirken können, in eine konflikthafte Austragung der Gegensätze einzusteigen. Auch sehr starke Interessengegensätze oder Beeinträchtigungen müssen aber nicht automatisch in Konflikte münden, auch sehr rigide Rahmenbedingungen oder Handlungsaufträge in einer Institution determinieren nicht ein bestimmtes Verhalten auf Seiten der Fachkräfte und ihren InteraktionspartnerInnen, sie machen es lediglich wahrscheinlicher.

Außerdem wird an Giddens' Modell deutlich: Auch fachlich kompetentes, reflektiertes Handeln der Fachkräfte schützt sie im Einzelfall nicht vor Fehlern oder Fehleinschätzungen in ihrem Handeln: Menschliches Handeln ist grundsätzlich nur begrenzt kontrollierbar, Fachkräfte werden immer wieder mit dem Problem nicht intendierter Handlungsfolgen und nicht erkannter Handlungsbedingungen konfrontiert sein.

3 Fallstudie: Spezifische Konfliktpotenziale und typische Konflikte im Allgemeinen Sozialen Dienst (ASD) – Ergebnisse einer explorativen Untersuchung

3.1 Die Erhebung

Konflikte sind quer durch alle Arbeitsfelder und Tätigkeitsebenen Schlüsselthemen, mit denen Soziale Arbeit zu tun hat. Aber: Gibt es auch Muster, wiederkehrende Konstellationen unter diesen Konflikten? Und wenn ja, welche und warum? Oder ist doch jeder Konflikt auf seine Art neu und besonders?

Erste Indizien in Richtung wiederkehrender Konflikte und Konfliktkonstellationen erhielt ich zufällig im Rahmen der Evaluation einer längerfristigen Mediationsfortbildung, die ich in den Jahren 2001 bis 2003 durchführte und die auch den Ausgangspunkt der vorliegenden Untersuchung bildete. Die TeilnehmerInnen wurden zu Beginn dieser Fortbildung schriftlich nach ‚typischen Konflikten' aus ihren Praxisinstitutionen gefragt, die als Übungs- und Anschauungsmaterial für die weitere Fortbildung dienen sollten.[15]

Bei der Auswertung zeichneten in zwei Arbeitsfeldern überraschend deutlich Regelmäßigkeiten in Richtung institutionenübergreifender ‚typischer' Konflikte und Konfliktmerkmale ab:

In der Schulsozialarbeit zeigte sich z.B. ein Muster der ‚Konfliktverschiebung', d.h. dass ungelöste Konflikte oder Probleme der SchülerInnen aus den Familien oder ihren Lebenswelten in die Schule ‚mitgebracht' werden und dort eskalieren (Beispiel: Pubertät und die Trennung der Eltern führen bei einer Schülerin zu starkem Leistungsabfall und aggressivem Verhalten gegenüber MitschülerInnen).

In der Offenen und Mobilen Jugendarbeit zeigte sich in zwei Dritteln der Konfliktschilderungen folgendes Muster in unterschiedlichen Variationen: Jugendliche treffen sich auf der Strasse bzw. auf Spielplätzen, stören mit ihrem Verhalten andere (meist Erwachsene). Die Situation wird zwischen den Beteiligten nicht selber bereinigt, sondern eskaliert weiter bzw. wird über Polizei, Hausmeister oder andere ‚StellvertreterInnen' etc. ausgetragen.

---

[15] Als ‚typischer Konflikt' wurde im Fragebogen definiert: eine Situation bzw. Konstellation, die Regelmäßigkeiten in Themen, Akteuren etc. aufweist und die in den letzten Jahren häufiger zu Konflikten geführt hat.

Aus der weiteren Beschäftigung mit diesem Thema entstanden Ideen und Hypothesen, die auch die Grundlage dieses Buches bilden:
- Es gibt vermutlich in allen Arbeitsfeldern Sozialer Arbeit ‚typische' (d.h. in ähnlichen Konstellationen wiederkehrende) Konflikte.
- In solchen Konfliktkonstellationen finden sich neben konkret-personen- und situationsbezogenen Elementen (‚das Besondere') auch fallübergreifende strukturelle Elemente gesellschaftlicher Realität (z.b. Formen sozialer Ungleichheit) bzw. Konfliktpotenziale in den Strukturen Sozialer Arbeit (z.b. die Ambivalenz von Hilfe und Kontrolle) wieder (‚das Allgemeine'). Über derartige strukturelle Elemente werden in einem sozialen Feld Konfliktpotenziale angelegt, die beteiligten Akteuren ein konflikthaftes Verhalten quasi ‚nahe legen', ohne es aber zu determinieren.
- Über solche typischen Konflikte ist bisher in Wissenschaft und Praxis – zumindest in der deutschen Fachdiskussion – noch wenig bekannt und systematisch aufgearbeitet.

Vor diesem Hintergrund wurde eine explorative Studie konzipiert und in den Jahren 2004 und 2005 durchgeführt, um
- exemplarisch an einem Praxisfeld relevante Dimensionen des Themas ‚Typische Konflikte' systematischer zu erkunden;
- theoretische Erkenntnisse zu sammeln oder selber zu entwickeln, die ein besseres Verständnis und einen systematischeren Zugang zu diesem Thema ermöglichen und die möglichst auch für Analysen in anderen Arbeitsfeldern anwendbar sein könnten.

Als exemplarisches Erkundungsfeld wurde der Allgemeine Sozialdienst (ASD) gewählt, weil hier erstens aus eigener Kenntnis klar war, dass die Arbeit durch eine Vielzahl unterschiedlicher Konflikte geprägt ist und zweitens – als deutlicher Kontrast zu den eher offenen Feldern der Jugend- und Schulsozialarbeit, in denen bereits Hinweise über ‚typische Konflikte' vorlagen – eine starke Vorstrukturierung des professionellen Handelns und seines institutionellen Kontextes durch klare gesetzliche Aufgaben, hoheitliche Funktionen und einer Einbindung in die öffentliche Verwaltung gegeben war.

Fokus der Untersuchung war die Perspektive der Fachkräfte auf Konflikte – aus ihrer eigenen Sicht und aus der von externen Personen, die als SupervisorInnen, OrganisationsberaterInnen etc. bereits seit längerer Zeit mit ASD-Fachkräften arbeiten, nicht die Perspektive der KlientInnen.

Vorgehensweise der Untersuchung: Zuerst wurde im Juli 2004 eine qualitative Vorstudie mit problemzentrierten Interviews in mehreren regionalisierten ASD-

3 Fallstudie: Spezifische Konfliktpotenziale und typische Konflikte ...

Teams eines Landkreises auf der Basis eines theoretisch konzipierten Samples durchgeführt, in dem Männer und Frauen, langjährig Tätige und neu Hinzugekommene, Leitungskräfte und MitarbeiterInnen enthalten waren. Ferner wurde eine ‚externe Person' befragt. Ziel war es, das Thema und das Arbeitsfeld nach relevanten Aspekten und ersten empirischen Mustern zu erkunden.

Nach einer Auswertung der Ergebnisse wurden bestimmte Aspekte durch weitere mündliche und schriftliche Befragungen im September und Oktober 2004 vertiefend untersucht. Einbezogen wurde hier ein weiteres ASD-Team aus dem Landkreis, zwei weitere externe Fachleute, zwei Fachkräfte aus einem Großstadt-ASD und dem ASD eines anderen Landkreises.

Vor und parallel zu den empirischen Erhebungen und Auswertungen wurden Recherchen zu Modellen zur theoretischen Erfassung des Gegenstandes durchgeführt. Mit diesem theoretischen Repertoire wurden dann erstens die empirischen Daten strukturiert und analysiert und zweitens theoretische wie empirische Erkenntnisse zu strukturellen Konfliktpotenzialen im Handlungsfeld ASD in der Fachliteratur gesucht und aufbereitet.

Darstellung der Ergebnisse: Die Ergebnisse des Forschungsprojekts bestehen aus drei Teilen, die im Folgenden zusammengefasst werden:

- einem allgemeinen theoretischen Modell zur Erfassung und Analyse typischer Konflikte in der Sozialen Arbeit (Kapitel 3.2);
- der exemplarischen Anwendung dieses Modells auf das Arbeitsfeld des ASD in Form der Herausarbeitung allgemeiner struktureller Konfliktpotenziale in diesem Arbeitsfeld (Kapitel 3.3),
- der Darstellung und Interpretation zentraler Ergebnisse aus den Befragungen vor Ort zu typischen Konflikten im ASD (Kapitel 3.4).

3.2 Das theoretische Modell zur Erfassung und Analyse ‚typischer Konflikte' in der Sozialen Arbeit

Im Hinblick auf die theoretische Erfassung des Phänomens ‚typische Konflikte' erwiesen sich bei den Recherchen und Analysen insbesondere vier Begriffe und Modelle als nützlich, die eine Unterscheidung, aber auch Verbindung von sozialem Handeln in Konfliktsituationen und dem strukturellen Rahmen dieses Handelns zulassen.[16]

---

[16] Das nachfolgende Modell wurde während der Vorstudie als erste Ideenskizze ausformuliert und im Laufe der weiteren Arbeitsschritte ausdifferenziert.

(1) Erstens ist eine *Definition des Konfliktbegriffs erforderlich*, mit der zwischen *konfliktfördernden Strukturen* im Handlungsfeld und der konkreten *Austragung von Konflikten* unterschieden werden kann.

Für die empirische Studie wurde auf die bereits in Teil A genannte Definition von Friedrich Glasl Bezug genommen. Ein sozialer Konflikt besteht nach dieser Definition kurz gefasst aus drei zentralen Elementen:

- Einer *Interaktion* zwischen den Beteiligten,
- einer *Unvereinbarkeit* im emotionalen und/oder kognitiven Bereich,
- einer *Beeinträchtigung* im Handeln, die mindestens eine(r) der Beteiligten erlebt.

Subjektiv empfundene Unvereinbarkeiten (im Denken/Fühlen/Wollen) und Beeinträchtigungen (im Handeln) bilden also grundlegende ‚Konfliktpotenziale' zwischen den Beteiligten einer sozialen Situation. Erst wenn diese Konfliktpotenziale von mindestens einem Akteur in Handeln umgesetzt werden, wird ein realer Konflikt daraus.

(2) Zweites Element ist ein allgemeines *Modell professionellen Handelns in der Sozialen Arbeit und seines strukturellen Rahmens*, das Hamburger (2003) vor kurzem vorgestellt hat. Dieses Modell ist nützlich, weil es erstens wie Glasls Konfliktbegriff auf die *Interaktions*dimension innerhalb des Handlungsfeldes fokussiert und trotzdem die strukturelle Dimension des Feldes erfassen kann und zweitens *arbeitsfeld- und institutionenübergreifend* für Analysen von Situationen und Kontexten professionellen Handelns im Bereich Sozialer Arbeit benutzt werden kann (und nicht nur ASD-spezifisch ist).

Hamburger unterscheidet drei Ebenen professionellen Handelns und seines strukturierenden Rahmens, und zwar die Ebenen

- der Interaktion zwischen Fachkräften und KlientInnen;
- der Organisationen Sozialer Arbeit, in die diese Interaktionen eingebettet sind sowie
- des allgemeinen Rahmens gesellschaftlicher und politischer Strukturen, innerhalb dessen (1) die Organisationen sozialer Arbeit tätig werden, sich (2) aber auch die Lebenslagen der KlientInnen mit ihren Problemen und Ressourcen ausbilden.

Diese drei Ebenen sind

> „prinzipiell autonom und gleichzeitig voneinander abhängig. Interaktionen werden zunächst von den beteiligten Personen gestaltet und haben ihre eigene Dynamik. Die Personen treten sich aber auch in bestimmten Rollen gegenüber (Beraterin – Ratsu-

3 Fallstudie: Spezifische Konfliktpotenziale und typische Konflikte ... 81

chende), die von der Organisation festgelegt und situativ vollzogen werden, und zugleich sind die Interaktionen von gesellschaftlich beeinflussten Stereotypen oder rechtlichen Normierungen beeinflusst. (...) Auf jeder Ebene entfaltet sich Eigenlogik und Fremdbestimmung" (Hamburger 2003: 58).

Abbildung 7: Struktur professionellen Handelns in der Sozialen Arbeit und ihres Rahmens

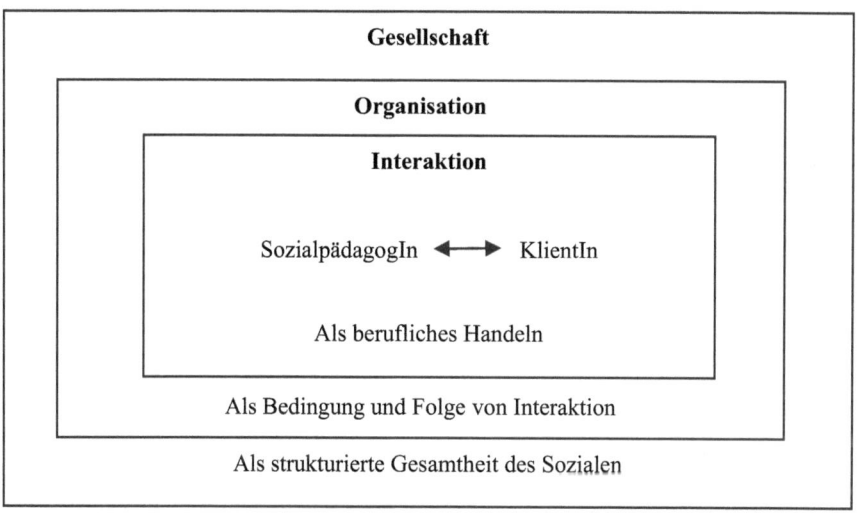

Quelle: Hamburger 2003: S. 57

(3) Drittes Element ist das in Kapitel 2 vorgestellte *Modell von Anthony Giddens zur Dualität von Struktur und systematisch begrenzten Handlungskontrolle von Akteuren:* Das berufliche Handeln der Fachkräfte in den Feldern der Sozialen Arbeit findet in Interaktionen mit unterschiedlichen Akteuren in und zwischen Organisationen statt (KlientInnen, KollegInnen im Team, Vorgesetzten, KooperationspartnerInnen etc.). Die Rollen und Positionen der InteraktionspartnerInnen sind je nach Handlungsanlass unterschiedlich vorstrukturiert, aber nicht determiniert. Deshalb können dieselben Rollen und Positionen sehr unterschiedlich in Handeln umgesetzt werden, je nachdem, welche konkreten Personen hier in welchen Situationen aufeinandertreffen.

Durch die unterschiedlichen Rollen, Aufträge, Erwartungen, Persönlichkeitsmuster der Akteure bilden sich in den Interaktionsprozessen ständig Situationen mit Interessengegensätzen oder Beeinträchtigungen im Handeln (Konfliktpotenziale), die auf die Beteiligten wie ‚Angebote' wirken können, in eine konflikthafte

Austragung dieser Gegensätze einzusteigen. Auch sehr starke Interessengegensätze oder Beeinträchtigungen müssen aber nicht automatisch in Konflikte münden, auch sehr rigide Rahmenbedingungen oder Handlungsaufträge in einer Institution determinieren nicht ein bestimmtes Verhalten auf Seiten der Fachkräfte, sie machen es lediglich wahrscheinlicher.

(4) Das vierte theoretische Element ist der Begriff der „Situation" als Bezugspunkt von Konfliktbeschreibungen und -analysen, der erlaubt, die Handlungen von Personen sowie die Rahmenbedingungen dieser Handlungen aufeinander zu beziehen.

Im Rahmen von Interaktionsprozessen bilden sich ständig einzelne Situationen aus, die quasi die „Mikroebene von Interaktion" (Hamburger 2003: 67) bilden:

> „Die Gemeinsamkeit der Situation entsteht durch Verhalten, das auf den Interaktionspartner (es kann sich dabei auch um eine kleine Gruppe handeln) bezogen ist, und durch die Erfahrung des anderen. Die Situation selbst ist unterscheidbar vom situativem Kontext, der sich nach *formalen Strukturmerkmalen* und *inhaltlichen Bedeutungsmerkmalen* betrachten lässt" (ebd.). „In den Definitionen der Situation kommen die Kontexte und Strukturen der Situation ebenso zum Ausdruck wie die individuellen Lebensgeschichten und die in ihnen erworbenen Fähigkeiten. Subjektives und Strukturelles vermischt sich in der Dynamik der Interaktion" (ebd.: 69).

In der konflikthaften Austragung von Interessengegensätzen und Beeinträchtigungen im Handeln können also einzelne Situationen unterschieden werden, die quasi aufeinander aufbauen und deren jeweiliger Verlauf und Ergebnisse die weitere Entwicklungsrichtung der Interaktionen bestimmen. Hierbei gibt es ein Risiko zunehmender Eskalation, wie Glasl (2000: 29-30) bei seiner Darstellung der Mechanismen einer „Selbstansteckung" in Konflikten zeigt.

Konflikte als Austragung von Unvereinbarkeiten und Beeinträchtigungen zwischen Akteuren, (konflikthafte) *Situationen* als Bausteine von Interaktionen, die durch Strukturen des Handlungsfeldes prä-formiert werden, ein *Modell des Handlungsfeldes* mit drei relevanten Ebenen für berufliches Handeln sowie Giddens *Modell der Dualität von Strukturen* und der begrenzten Handlungskontrolle von Akteuren: Mit diesen vier theoretischen Bausteinen sollen im Folgenden zuerst die Strukturierung des ausgewählten Handlungsfeldes ASD sowie die darin angelegten spezifischen Konfliktpotenziale näher betrachtet werden im Sinne der Konfliktdefinition Glasls und dem Modell Hamburgers: Wo sind hier zwischen den Akteuren Unvereinbarkeiten bzw. Beeinträchtigungen im kognitiven bzw. emotionalen Bereich strukturell angelegt? Wo sind Konfliktpotenziale im Handlungsfeld auf den verschiedenen Ebenen strukturell angelegt, die situativ in konkreten Konflikten eskalieren können?

3 Fallstudie: Spezifische Konfliktpotenziale und typische Konflikte ... 83

In die folgenden Ausführungen sind immer wieder wörtliche Zitate oder Zusammenfassungen von Inhalten aus den Befragungen integriert. Die verschiedenen GesprächspartnerInnen werden hierbei mit den römischen Ziffern I bis XIII gekennzeichnet.

3.3 Professionelles Handelns im ASD und seine Konfliktpotenziale – Theoretische und empirische Ergebnisse

3.3.1 Die Ebene der „Gesellschaft": Der mehrdeutige gesellschaftliche Auftrag des ASD

Der ASD ist zentrale Anlaufstelle und Kernstück öffentlicher Hilfe- und Unterstützungsangebote in Kommunen und Landkreisen für Menschen in schwierigen Lebenslagen. Die vielfältigen *Aufgaben* dieser Basisinstitution Sozialer Arbeit im kommunalen Raum werden vor allem im SGB VIII und XII rechtlich kodifiziert und lassen sich untergliedern in Aufgaben der

- Beratung (z.B. §§ 16, 17 SGB VIII; §§ 10, 11 SGB XII),
- Feststellung des Hilfebedarfs und Entscheidung über die Art der Hilfe (§ 36 SGB VIII; §§ 67, 68 SGB XII),
- des Schutzes bei Kindeswohlgefährdungen (§8a SGB VIII),
- Hilfeerbringung in Form von Geld- bzw. Sachleistungen oder persönlichen Hilfen (z.B. §§ 27-35a SGB VIII; §§ 8ff. SGB XII),
- Planung und Steuerung komplexer Hilfeprozesse (§ 36 SGB VIII; §§ 58, 68 SGB XII),
- Kooperation mit anderen Einrichtungen und Trägern, Mitwirkung an gerichtlichen Verfahren (z.B. §§ 50, 52 SGB VIII) etc.

Allerdings zeigt sich bereits auf der Ebene des gesetzlichen Auftrages ein grundlegendes Spannungsverhältnis, in dem ein bedeutsames Konfliktpotenzial für das Handeln der ASD-Fachkräfte angelegt ist, und das als Ambivalenz von ‚Hilfe' und ‚Kontrolle' bezeichnet wird (vgl. Kapitel 1):

„Schon in der Leitnorm des SGB VIII wird also das Spannungsfeld zwischen dem Elternrecht, der Elternpflicht und dem staatlichen Wächteramt thematisiert und der gesetzliche Auftrag thematisiert, in diesem Spannungsfeld tätig zu werden. Für die Jugendhilfe und die hier tätigen Fachkräfte bedeutet dies die gleichzeitige Verpflichtung, einerseits die Eltern auf deren Wunsch und mit deren Zustimmung bei der Wahrnehmung ihrer grundgesetzlich garantierten Rechte und Pflichten gegenüber dem Kind und zum Wohle des Kindes zu unterstützen und andererseits Kinder und Jugendliche vor Gefahren für ihr Wohl – gegebenenfalls auch gegen den Willen ihrer Eltern – zu schützen" (Schone 2002: 948).

Im Grunde bezieht sich dieses Spannungsverhältnis auf alle Institutionen im Rahmen der Jugendhilfe, die letztendliche Pflicht zur Wahrnehmung des Wächteramtes liegt aber bei den öffentlichen Trägern und hier vor allem bei ASDs.

Aufgrund seiner breiten Zuständigkeit und seiner Schnittstellenfunktion ist der ASD frühzeitig mit den Auswirkungen neuer gesellschaftlicher Probleme und Krisen konfrontiert. Gleichzeitig wird seine Arbeit „von einer Vielzahl von Faktoren bestimmt, auf deren Gestaltung er selbst keinen beziehungsweise nur geringen Einfluss hat" (Gissel-Palkovich 2004: 14): Gesellschaftliche Entwicklungen wie die Zunahme von Arbeitslosigkeit und Armut, leere öffentliche Kassen, neue gesetzliche Regelungen (Hartz IV), organisatorische Veränderungen in den Kommunalverwaltungen (‚Neue Steuerung' und andere Verwaltungsreformen) seien hier nur beispielhaft genannt.

Im Moment sehen sich die ASDs außerdem mit einer Vielzahl von öffentlichen Erwartungen konfrontiert, auf die hier nur exemplarisch hingewiesen werden kann (vgl. ausführlich das Themenheft der Blätter der Wohlfahrtspflege 1/2002; Kurz-Adam 2004; Gissel-Palkovich 2004):

- *Veränderungsdruck* aufgrund neuer fachlicher Anforderungen (z.B. Sozialraumorientierung; der ASD wird immer stärker zur Erstberatungs-, Vermittlungs- und Steuerungsinstanz, während seine Funktion als psychosoziale Beratungs- und Betreuungsinstanz zurückgeht; Entwicklung neuer Verfahren und Handlungsstandards bei Krisen und Kindeswohlgefährdungs-Situationen);
- *Handlungsdruck* von Seiten der Politik und Verwaltung, um die Fallzahl- und Kostenentwicklung im Bereich der Hilfen zur Erziehung aufzuhalten: Von 1990, dem Jahr des In-Kraft-Treten des KJHG, bis 2000 hat sich das Fallzahlvolumen in den Erziehungshilfen insgesamt um ca. 57% erhöht (allerdings mit deutlichen regionalen Unterschieden), im Bereich der Fremdunterbringung von Kindern und Jugendlichen ist ein Ausgabenanstieg zwischen 1992 und 2000 von ca. 40% zu verzeichnen (vgl. Fendrichs/Pothmann 2003).

3.3.2 Die Ebene der „Organisation": Die spannungsreichen institutionellen Rahmenbedingungen für professionelles Handelns

Strukturelle Spannungsverhältnisse im Kontext professionellen Handelns:

(1) Schrapper (1998: 289-295; Herv. i, O,) identifiziert drei strukturelle Spannungsverhältnisse, die sich auf das Handeln der Fachkräfte auswirken. Fachkräfte im ASD müssen

- *„Beraten und entscheiden"*: Zentrale Aufgabe der Fachkräfte im Bereich des SGB VIII ist, in Belastungs- und Krisensituationen von Kindern, Jugendlichen und Familien zu beurteilen, ob *Bedarf und Anspruch* auf öffentliche Leistungen nach dem KJHG bestehen. Das Spannungsfeld besteht hier erstens darin, die immer auch subjektiven Anteile von Bedarfsbeurteilungen und Diagnosen und die Anforderung nach objektivier- und (auch rechtlich) kontrollierbaren Kriterien der Entscheidung über öffentliche Leistungen in Balance zu bringen. Zweitens muss damit umgegangen werden, dass nicht jeder wichtige Hilfebedarf auch entsprechende Ansprüche generiert.
- *„Unterstützen und schützen"*: Der Handlungsauftrag der Fachkräfte besteht hier – wie zuvor bei Schone (2002) beschrieben – gleichrangig sowohl aus einer Unterstützung der Eltern bei Erziehung und Versorgung ihrer Kinder als auch dem Schutz der Kinder vor Gefahren für ihr Wohl. Im Einzelfall muss jeweils abgewogen werden, wie diese Aufgaben umzusetzen sind, manchmal muss auch, wenn die Gefährdung der Kinder von den Eltern ausgeht und diese nicht kooperationsbereit sind, auch gegen den Willen der Eltern gehandelt werden.
- *„knappe Güter verteilen"*: Jede Entscheidung der Fachkräfte über Leistungen ist eine Entscheidung über nur begrenzt verfügbare Ressourcen (Zeit der Fachkräfte, Angebote der Beratung und Hilfen zur Erziehung etc.). Ein fachlicher Anspruch, „jedem das ‚Beste' geben zu müssen bzw. zu wollen, verkennt die faktischen Begrenzungen der Menschen und materiellen Ressourcen" (Schrapper 1998: 294). Damit ergibt sich das Problem, wie sowohl „fachlich qualifiziert entschieden und ‚gerecht' verteilt als auch wirtschaftlich und sparsam gearbeitet" (ebd.) werden kann.

(2) Da im ASD überwiegend fallbezogen diagnostisch, prognostisch bzw. intervenierend gearbeitet wird, treten hier besonders stark bestimmte Schwierigkeiten und Anforderungen in den KlientInnen-Beziehungen auf, die Schütze (1992) als *„Paradoxien professionellen Handelns"* bezeichnet (vgl. ausführlich Kapitel 1): Bei der Analyse und Bearbeitung sozialer Probleme nutzen professionelle Fachkräfte wissenschaftliches Wissen und müssen mit dessen Hilfe fallspezifische Informationen zu und Äußerungen von ihren KlientInnen und deren Lebenslage

interpretieren – im Rahmen einer hierarchischen ExpertInnen-Laien-Beziehung. In diesem Vorgehen treten nach Schütze aber bestimmte „Paradoxien professionellen Handelns" auf. Im ASD-Kontext sind vor allem relevant

- das Problem, allgemein-wissenschaftliche Theorien und Fachbegriffe in der Diagnostik interpretierend und bewertend auf konkrete Einzelfälle anwenden zu müssen (z.b. Wann wird in einer Situation die Grenze zur Kindeswohlgefährdung überschritten? Wann liegt in einer Situation ‚erzieherischer Bedarf' nach § 27 SGB VIII vor?) bzw.
- das Problem der Bestimmung des richtigen Zeitpunkts und der richtigen Art und Intensität einer Intervention (Wie lange vertraue ich z.b. auf mögliche eigene Einsichten und Aktivitäten von KlientInnen im Sinne einer Hilfe zur Selbsthilfe? Ab welchem Zeitpunkt muss ich Druck machen und gegebenenfalls gegen den Willen der KlientIn intervenieren?).

Durch die Wirkung dieser Paradoxien entstehen Risiken für die Fachkräfte, wichtige Fallspezifika zu übersehen, gegen den Willen, die Interessen oder Sichtweisen der KlientInnen zu handeln bzw. für sich selber Unsicherheiten verkleinern zu wollen, hierbei aber grundlegende KlientInneninteressen zu übersehen. Solche Konstellationen führen leicht zu Konflikten in den Beziehungen zwischen Fachkräften und KlientInnen.

(3) Auf ein weiteres Strukturmerkmal weist Hinte (2002) hin: ASDs und die darin tätigen Fachkräfte agieren unter den *Erwartungen vielfältiger Akteure und dem Druck widersprüchlicher Interessen*:

„die Betroffenen mit ihren höchst individuellen Problemstellungen,
die Politik, die vom Allgemeinen Sozialdienst ein möglichst geräuschloses Management sozialer Auffälligkeiten erwartet,
die Verwaltungsspitze, die dem Allgemeinen Sozialdienst angesichts komplexerer Problemlagen Stellenstreichungen zumutet,
die Erbringer der Hilfen zur Erziehung, die hoffen, vom Allgemeinen Sozialdienst neue Fälle zu erlangen,
die kooperierenden Institutionen, die den Allgemeinen Sozialdienst als Libero benutzen, der das Versagen vorgängig zuständiger Instanzen kaschieren soll" (ebd.: 9).

Organisationsformen von ASDs:

Inhaltlich und professionsspezifisch gesehen sind ASDs Fachinstitutionen Sozialer Arbeit, organisatorisch sind sie aber nicht selbstständig tätig, sondern fast immer in die Strukturen öffentlicher Ämter eingebettet – als Teil von kommunalen Verwaltungen oder Landkreisverwaltungen, in denen Verwaltungsfachkräfte und JuristInnen die dominierenden Professionen sind. Nach einer neueren Untersuchung des Deutschen Jugendinstituts sind ASDs zu über 90% den Jugendäm-

3 Fallstudie: Spezifische Konfliktpotenziale und typische Konflikte ... 87

tern zugeordnet, die Zuständigkeitsbereiche sind wie folgt verteilt (vgl. van Santen/Zink 2003: 29):

- nur Aufgaben nach dem KJHG: 41% der ASDs,
- getrennte ASDs für KJHG und BSHG: 25%,
- Allzuständigkeit (KJHG, BSHG und Gesundheitsfürsorge): 29%,
- Sonstige Formen: 5%.

Aus dieser Verortung resultieren strukturelle Konfliktpotenziale bzgl. des Aufeinandertreffens unterschiedlicher professioneller Denk- und Handlungslogiken innerhalb einer hierarchischen Organisationsform (vgl. Kapitel 1).

3.3.3 Die Ebene „Interaktion": Berufliches Handeln mit KlientInnen und KooperationspartnerInnen

Berufliches Handeln mit KlientInnen

Im Folgenden sollen die drei Elemente der Interaktionsbeziehungen zwischen Fachkräften und KlientInnen im ASD auf einige ihrer strukturellen Merkmale hin näher betrachtet werden: Die KlientInnenseite; die Seite der Fachkräfte und die spezifische Form der beruflichen Beziehung:

1. Die Seite der KlientInnen

Sozialstrukturelle Merkmale: Insbesondere drei Untersuchungen der letzten Jahre zum Handeln in Jugendämtern enthalten ausführlichere Angaben zu Charakteristika der KlientInnen im Bereich der Hilfen zur Erziehung bzw. Jugendgerichtshilfe sowie ihrem familiären Hintergrund (Jule 1998; Petersen 1999; JES 2002), die deutlich machen, dass die Mehrzahl der KlientInnen aus schwierigen, problembelasteten Lebensverhältnissen kommen. Auffällig sind hohe Anteile von:

- Ein-Eltern-Familien (Jule: ca. 47%; Petersen: 22%);
- Familien mit mehr als 3 Kindern (Jule: ca. 35%);
- Instabilen Familien (Jule: 55% der Kinder und Jugendlichen aus dem Sample erleben eine Trennung und Scheidung vor oder während einer Hilfe zur Erziehung);
- Familien mit mehrfachen Kontakten zum Jugendamt (JES: 71% der untersuchten Familien hatten bereits frühere Kontakte zum Jugendamt, bei 31% gab es auch in früheren Generationen Kontakte);
- Armen Familien (Jule: Bei ca. 57% der Familien liegen ein oder mehrere Merkmale von Armuts-Lebenslagen vor: Sozialhilfebezug, Arbeitslosigkeit,

problematische Wohnverhältnisse, hohe Verschuldung etc.; JES: 33% der Familien leben von öffentlichen und/oder privaten Transferleistungen (Sozialhilfe, Arbeitslosenunterstützung, Unterhalt etc.).

Kontaktaufnahme zum ASD: Auffälliges Merkmal der Beziehungen zu KlientInnen im ASD ist die Tatsache, dass viele Kontakte mit dem ASD nicht oder nur begrenzt freiwillig zustande kommen bzw. dass viele der KlientInnen wenig oder keine eigene Motivation zur Veränderung mitbringen.

Petersen (1999: 38) kommt in ihrer Untersuchung des Dienstleistungshandelns von Jugendämtern zum Ergebnis, dass 62% zum Jugendamt kommen, weil sie vom Jugendamt selbst, Polizei oder Schule dazu aufgefordert wurden. 38% kommen aus eigenem Antrieb oder weil es ihnen aus dem Verwandten- oder Freundeskreis vorgeschlagen wurde.[17]

Anlässe für die Kontaktaufnahme mit dem ASD sind meist eskalierte Konflikte in den Lebenswelten der Klientinnen (z.b. in Form von Eltern-Kind-Konflikten oder Konflikten im Kontext von Trennungen und Scheidungen der Eltern).

Vorstellungen zum und Erwartungen an den ASD, die die KlientInnen mitbringen: Einige der vom Autor befragten ASD-Fachkräfte schildern Wahrnehmungen und Erfahrungen zu Bildern und Erwartungen, die KlientInnen mitbringen:

- Nach Ansicht einer Befragten kann der ASD als eine Art von „Blackbox" (II) beschrieben werden, deren Funktionsweise nach außen wenig bekannt ist und die deshalb zu allerlei Projektionen und Phantasien einlädt: In der Bevölkerung kursieren so konträre Bilder wie „das Jugendamt nimmt die Kinder weg" oder „das Jugendamt muss sofort helfen" oder „Wenn der Arzt etwas bescheinigt, muss das Jugendamt das auch tun" (I) bzw. Menschen, die zum ersten Mal mit dem Jugendamt zu tun haben, haben oft Angst und

---

[17] Leider werden in den von mir befragten ASDs keine Statistiken über den Zugang zur Institution geführt, weshalb zu dieser Frage nur grobe Schätzungen einzelner Fachkräfte vorliegen, die teilweise deutlich auseinander liegen: Ca. 1/3 der KlientInnen kommen nach Schätzungen eines Teams aus eigenem Antrieb, der Rest ist geschickt (z.B. aus Schulen, Kindertageseinrichtungen) oder unfreiwillig da. Ca. 1/3 hat keine eigene Motivation zur Veränderung bzw. Mitarbeit. Ein anderes Team schätzt, dass ca. 54% freiwillig, ca. 3% unfreiwillig und ca. 43% qua Überweisung kommen. „Bei den Freiwilligen und den ‚Überwiesenen' gibt es sicherlich Überschneidungen. Das liegt daran, dass viele auf unser Beratungsangebot erst durch Dritte (z.B. Schule) aufmerksam gemacht werden, das Angebot aber gerne in Anspruch nehmen. Andere wiederum werden mit ‚sanftem Druck' dazu gebracht, mit uns Kontakt aufzunehmen. Die Unfreiwilligen bestehen vor allem aus Familien, die wir nach entsprechenden Meldungen kontrollieren müssen" (IV).
„Menschen, die freiwillig kommen *und* den Wunsch nach Veränderung haben *und* bereit sind, selber was zu tun, die gehen eher zur Beratungsstelle – etwas platt formuliert" (X).

3 Fallstudie: Spezifische Konfliktpotenziale und typische Konflikte ...

sehen das Jugendamt als „machtvolle Behörde" (II). Hierfür sei auch die Berichterstattung in den Medien mit verantwortlich: Das Image des ASD in den Medien „ist nur schwarz oder weiß – entweder er holt die Kinder zu früh oder zu spät aus den Familien (...) Zentral in den Medien ist immer das Herausnehmen von Kindern, was in unserer Arbeit den geringsten Teil ausmacht" (II).

- Der ASD wird teilweise Jugendlichen oder Eltern gegenüber von LehrerInnen als „letztes Druckmittel" (X) verwendet: „Wenn ihr jetzt nicht gut tut, dann gehen wir zum ASD" (X). Die Folgen sind fatal: Die ASD-Fachkräfte haben – wie die Befragte ausführt – schlechte Ausgangsbedingungen für Unterstützungsprozesse, weil die Betroffenen nicht freiwillig kommen und das Bild im Hintergrund ist: ‚Die nehmen sonst das Kind weg'.

2. Die Seite der Fachkräfte

Die in den vorigen Abschnitten aus dem theoretischen Modell entwickelten Konfliktpotenziale auf der Ebene der Gesellschaft, der Organisation und der KlientInnenseite spiegeln sich fast durchgängig in den Selbstbildern der vom Autor befragten Fachkräfte zu ihrer Arbeit wieder. Hier wird besonders auf folgende Merkmale der ASD-Arbeit eingegangen:

- Aufgabenvielfalt und hohe fachliche Anforderungen, denn: Der ASD ist „das Auffangnetz für alle, die durch das soziale Netz fallen, die zu andern Institutionen nicht gehen oder dort nicht ankommen" (III; auch IX). „Diese Arbeit ist Knochenarbeit" (II).
- Geringe Wertschätzung: „Der Bezirkssozialdienst erfährt nach wie vor zu wenig Wertschätzung" (III) für seine Arbeit bei KlientInnen, in der Kooperation mit anderen Professionen und in der Öffentlichkeit. Diese geringe Wertschätzung der Arbeit von außen „schmerzt schon etwas" (III).
- Hohe Arbeits- und Fallbelastung: Die meisten der Befragten schildern dies als häufiges (Konflikt)thema in Teams, zwischen Teams und zwischen Teams und Vorgesetzten
- Funktionalisierungsversuche durch Dritte: „Andere (z.B. Eltern, LehrerInnen und ErzieherInnen) wollen in schwierigen Situationen, in denen sie nicht mehr weiterkommen, Verantwortung an den ASD abgeben oder den ASD für eigene Interessen funktionalisieren: ‚Jetzt machen sie mal' – und wenn es nicht klappt, sind wir schuld" (I);
- Beklagt wird die immer schwieriger werdende finanzielle Situation in der Jugend- und Sozialhilfe (III, IV, IX), die sich negativ auf die Arbeit auswirkt: Die Gratwanderung zwischen fachlichem Hilfebedarf und den Kosten der Hilfe wird schwieriger, zumal auch ein Druck aus der Amtsleitung

spürbar ist, sparsam mit den finanziellen Mitteln umzugehen: „Da kommt manchmal schon ein rauer Wind von oben" (IX). Auch die Nachfragen aus und die Auseinandersetzungen mit der Abteilung Wirtschaftliche Kinder- und Jugendhilfe nehmen zu (III, IV).

- Die Intensität, Quantität und Komplexität der Arbeit hat im Vergleich zu früher zugenommen, was auch zu Konflikten zwischen MitarbeiterInnen und Leitung führt: Was ist eigentlich noch zumutbar bzw. leistbar (III), zumal neue Herausforderungen durch Hartz IV und die Verwaltungsreform bereits anstehen (IV).
- Aus der Einbindung des ASD als sozialpädagogischer Fachabteilung in Amtsstrukturen bzw. in „die Riesenorganisation Landratsamt" (V) und seine Hierarchien und Logiken resultieren Konfliktpotenziale: „Aus dem ‚Wir sind hier auf dem Amt'" resultieren „Strukturen und Hierarchien, in die ich mich einfügen muss. Ich kann mich natürlich jeden Tag über Formulare usw. aufregen, aber das ist halt so" (IV).

3. Spezifika der beruflichen Beziehung zwischen Fachkräften und KlientInnen

In den letzten beiden Abschnitten wurden bereits einige Charakteristika der beruflichen Beziehung zwischen Fachkräften und KlientInnen angesprochen, die auf strukturelle Konfliktpotenziale hindeuten und hier noch einmal kurz zusammengefasst werden sollen:

- Die Beziehung ist durch ein Machtgefälle gekennzeichnet: Die Fachkräfte agieren als professionelle ExpertInnen auf der Basis von wissenschaftlichem Wissen sowie Definitions- und Entscheidungsmacht (bzgl. Bedarfsdefinitionen und der Verteilung knapper Ressourcen);
- Rolle und Aufgaben der Fachkräfte in dieser Beziehung sind gesetzlich sehr stark vordefiniert und insbesondere in Wächteramtkonstellationen widersprüchlich;
- Die Fachkräfte agieren oft unter dem Eindruck von hoher Fallbelastung, Zeit- und Kostendruck sowie geringer öffentlicher Wertschätzung;
- Die KlientInnen kommen häufig nicht oder nur begrenzt freiwillig auf den ASD zu und sind nicht selten zu Beginn der Beziehung unmotiviert zur Zusammenarbeit;
- Die KlientInnen bringen meist unklare Bilder bzw. Vorurteile, teilweise auch Ängste über die Institution ASD und ihre Aufgaben, mit.

Ergänzend hierzu werden aus einer empirischen Untersuchung von Kasakos (1980) zur Familienfürsorge, einer Art Vorläufer der heutigen ASDs vor Inkrafttreten des KJHG, einige interessante strukturelle Merkmale der sozialen Situation ‚Gesprächskontakt' zwischen Fachkräften und KlientInnen erkennbar. Zwar

3 Fallstudie: Spezifische Konfliktpotenziale und typische Konflikte ... 91

hat sich seit der Zeit dieser Untersuchung der gesetzliche Auftrag, das fachliche Verständnis, die Kompetenz der Fachkräfte etc. gravierend verändert, allerdings bestehen strukturelle Spannungsverhältnisse im Auftrag nach wie vor, kommen KlientInnen nur teilweise freiwillig und bringen nicht selten Ängste oder falsche Vorstellungen mit in die ASDs mit. Deshalb kann vermutet werden, dass die von Kasakos beschriebene *Doppelstruktur der sozialen Situation ‚Sprechstunde'* auch heute noch in bestimmten Situationen von Fachkräften und bestimmten KlientInnen (die unfreiwillig kommen, Ängste vor dem Jugendamt haben oder in Wächteramtsituationen gegen ihren Willen mit dem ASD in Kontakt kommen) mehr oder weniger stark erfahren wird.

> Durch die „Zwitterstellung zwischen ‚vertraulichem' Gespräch und amtlicher Strategie ist alles, was in der Sprechstunde geschieht, mit einer fundamentalen Doppeldeutigkeit belastet (...), [wird] aber fast nie thematisiert. Schon der Gesprächsraum sucht ‚Privatheit' zu suggerieren und die Amtlichkeit vergessen zu machen: Schreibtisch, Telefon und verschlossene Aktenschränke signalisieren zwar Amtlichkeit, doch wird das Gespräch am runden Tisch geführt, der Raum ist mit Blumen und teilweise mit persönlichen Bildern geschmückt, für die Kinder stehen Süßigkeiten und Spielsachen bereit. Selbstverständlich gibt es keine Berufskleidung, die – wie etwa der Arztkittel, die Polizeiuniform oder die Richterrobe – den beruflich amtlichen Hintergrund der Begegnung sinnlich vermittelte" (ebd.: 40).

Dieses „Doppelgesicht der Sprechstunde" hat für KlientInnen und Fachkräfte unterschiedliche Implikationen. Für den Klienten bedeutet sie,

> „dass ihm seine gewohnten Deutungsschemata bei der Entschlüsselung der Situation wenig nützen (...) Bedeutet der bereitstehende Aschenbecher, dass ich rauchen darf oder wird mir das bei meiner finanziellen Lage als Verschwendung angekreidet? (...) Darf ich, soll ich vielleicht weinen, um Mitgefühl zu erregen, oder stelle ich mich besser als selbstkontrollierten Menschen dar? (...) Die Angemessenheit der Antworten hängt davon ab, auf welchen Handlungskontext sie bezogen werden: Wird nämlich die Situation auf die aktuelle Begegnung eingegrenzt und als ‚normale' freundschaftliche Unterhaltung – wie unter Nachbarn – ausgelegt, dann sind die Rollenerwartungen tatsächlich weitgehend reversibel. Wird die Situation aber in ihrer strategischen Dimension, als amtliches Arrangement zum Zweck der Datensammlung und Entscheidungsfindung ausgelegt, dann wird die Abhängigkeit und Unterlegenheit des Klienten manifest. Für ihn kommt es dann darauf an, eine taktisch kluge Selbstdarstellung zu finden, die sich auf das Wissen von amtlichen Bewertungsstandards stützt" (ebd.: 40-41).

Für die Fachkraft kommt es dagegen darauf an,

> „eine möglichst aufrichtige und verlässliche Problemdarstellung zu erhalten. Er muss also versuchen, die aus taktischen Gründen vom Klienten aufgerichtete Fassade zu durchbrechen, ohne seinerseits ein verlässliches Versprechen dahingehend ge-

ben zu können, dass er so gewonnenes Wissen im Interesse des Klienten verwenden wird" (ebd.: 41).

Die Fachkraft agiert zwischen einer tendenziell mit der KlientIn aushandelbaren „Situationsrolle" und einer institutionell vorgegebenen „Positionsrolle". Die Verschränkung dieser beiden Rollen „wird am greifbarsten in der Vorschrift, dass Aktennotizen über Klientengespräche anzulegen sind. Damit ist das Amt als ‚unsichtbarer Dritter' im laufenden Gespräch präsent" (ebd.: 46)

Berufliches Handeln mit KooperationspartnerInnen

Kooperation mit anderen Professionen ist im ASD ein zentrales Thema. Fallarbeit findet hier meist in multiprofessionellen Kontexten mit LehrerInnen, PsychologInnen, ÄrztInnen, Verwaltungskräften etc. statt. Innerhalb solcher Kontexte existiert aber, wie in Kapitel 1 beschrieben, zumeist ein Statusgefälle. Sozialpädagogische Fachkräfte sind oft am unteren Ende der Statushierarchie angesiedelt, mit nachteiligen Folgen für und Konflikten bei der Gestaltung der Kooperationsbeziehungen.

Nach dieser ausführlichen Analyse struktureller Spezifika und Konfliktpotenziale im Handlungsfeld ASD auf den Ebenen der Gesellschaft, der Organisation und der Interaktion wird im nächsten Abschnitt die Darstellung der empirischen Ergebnisse zu typischen Konflikten und deren Interpretation im Zentrum stehen.

3.4 „Das Schlimmste, was passieren kann im ASD, ist, wenn einem Kind tatsächlich was passiert" – Empirische Ergebnisse zu typischen Konflikten im ASD

3.4.1 Vorbemerkung

Die von den Befragten aus ihrem Erfahrungsbereich geschilderten ‚typischen' Konflikte können nach dem theoretischen Modell in Kapitel 3.2 den Ebenen der „Interaktion" und der „Organisation" zugeordnet werden, denn in den Schilderungen geht es um konkrete konflikthafte Interaktionen zwischen

- KlientInnen,
- Fachkräften und KlientInnen,
- Fachkräften im Team und
- Fachkräften und KooperationspartnerInnen anderer Institutionen.

3 Fallstudie: Spezifische Konfliktpotenziale und typische Konflikte ... 93

Faktoren, die im theoretischen Modell der Ebene der „Gesellschaft" zugeordnet wurden (z.B. das ‚doppelte Mandat' der Fachkräfte, Einsparzwänge; vgl. Kapitel 3.3), tauchen in den Darstellungen auch auf, aber nicht als Konflikte, sondern als schwierige situative Rahmenbedingungen oder Belastungen der Akteure. Deshalb werden sie in der folgenden Darstellung auch nicht gesondert dargestellt.

Auffällig bei den Befragungen war, dass sich die beschriebenen Konflikte zwischen KlientInnen bzw. zwischen Fachkräften und KlientInnen auf einige wenige ‚Typen' reduzieren ließen, während die Schilderungen der Konflikte mit kooperierenden Institutionen weitaus vielfältigere Muster zeigten und entsprechend im Folgenden auch den größten Raum einnehmen.

In den Befragungen im Rahmen der Untersuchung sollte es aus Gründen der Leistbarkeit lediglich um die Erfassung und Analyse des Phänomens ‚typische Konflikte' gehen. Die Handlungsdimension (Wie gehen die Fachkräfte mit solchen Konflikten um?) sollte erst in einer späteren Studie erkundet werden. Dennoch sprachen einige der Befragten von selbst Beispiele an, in denen gelungene Deeskalationsstrategien und Möglichkeiten der Konfliktprävention sichtbar wurden. Trotz der Vorläufigkeit und Begrenztheit dieser Ergebnisse wird bereits erkennbar, dass auch starke strukturelle Konfliktpotenziale nicht automatisch zu Konflikten führen müssen, sondern den Beteiligten situative wie strukturelle Möglichkeiten zu Deeskalation und Prävention bleiben. Einige prägnante Beispiele und eine erste Interpretation werden am Ende der Fallstudie (Kapitel 3.4.5) geschildert.

3.4.2 Die Ebene der ‚Interaktion': Konflikte zwischen KlientInnen des ASD sowie Fachkräften und KlientInnen

3.4.2.1 „Unsere Arbeit ist der Konflikt. Die Leute kommen nicht zu uns, weil's ihnen gut geht" – Konflikte zwischen KlientInnen des ASD

Eskalierte Konflikte in den Lebenswelten der KlientInnen sind meist der Ausgangspunkt für die Arbeit des ASD. Entsprechend des gesetzlichen Auftrages nach dem SGB VIII landen vor allem zwei Typen von Konflikten bei ASDs: Eltern-Kind-Konflikte sowie Konflikte zwischen den PartnerInnen im Rahmen bzw. in der Folge von Trennungs- und Scheidungssituationen. Die gesetzliche Zuständigkeit der Organisation wirkt hier wie ein Filter für das, was in die Organisation überhaupt hineingelangt und dort auch bearbeitet wird. Innerhalb dieser beiden Konflikttypen lassen sich weitere wiederkehrende Konfliktkonstellationen finden.

1. Eltern – Kind – Konflikte

Insbesondere folgende Konstellationen wurden hier geschildert:

- Konflikte der Eltern mit Kindern (I, II, III, V, IX): bei Jüngeren geht es insbesondere um Konflikt-Themen wie: Überforderung bei Trennungs- und Scheidungssituationen (z.b. Kinder zeigen Verhaltensauffälligkeiten bzw. werden zum Partnerersatz); Grenzen setzen (z.b. ein Junge macht, was er will, schwänzt die Schule, die alleinerziehende Mutter ist überfordert und schaut hilflos zu); Probleme in der Schule (z.b. das Kind soll sich mehr an Regeln halten bzw. seine Leistungen verbessern, die Lehrerin schickt die Eltern zum ASD);
- Konflikte der Eltern mit Jugendlichen sind stark von Thema ‚selbstständig werden' geprägt (II, III, IV, IX): Ausreißen von zu Hause bzw. Inobhutnahmen bei Jugendlichen (z.b. ein Jugendlicher sagt, er wurde von zu Hause rausgeworfen, die Eltern sagen, dass sich der Junge an keine Grenzen halten würde); Jugendliche möchten autonom werden, Eltern sind sehr bindungsorientiert und können nicht loslassen;
- Konflikte mit kulturellem Hintergrund (VIII, IX): traditionelle Wertvorstellungen der Eltern kollidieren mit Wünschen und Lebensvorstellungen der Jugendlichen (z.b. ein peer-group-orientiertes türkisches Mädchen, mit deren Verhalten die Eltern nicht zurechtkommen; hinzu kommt, dass die Eltern nichts mit Behörden zu tun haben wollen und nicht selbst zum ASD gehen, sondern erst kommen, nachdem die Tochter von der Polizei aufgegriffen wurde).

2. Trennungs- und Scheidungskonflikte

Durch das neue Kindschaftsrecht gilt bei Trennungen/Scheidungen grundsätzlich das gemeinsame Sorgerecht, wenn kein anderslautender Antrag vorliegt. Früher musste der ASD grundsätzlich in jedem Fall eine Stellungnahme für das Familiengericht machen. Insofern hat sich die Arbeit heute zwar in quantitativer Hinsicht reduziert, allerdings hat der ASD heute meist mit den besonders strittigen Fällen zu tun, mit teilweise tiefen Verletzungen bei den PartnerInnen.

Folgende Aspekte der Konflikte zum Thema Sorgerecht bzw. Umgangsrecht wurden von den Befragten genannt:

- Die PartnerInnen versuchen häufig, die ASD-Fachkraft jeweils auf ihre Seite zu ziehen (I, II, III, IV);
- Die PartnerInnen haben große Schwierigkeiten, eine sachliche Ebene im Umgang miteinander zu finden und tragen ein großes Misstrauen dem an-

dem gegenüber. Es ist schwierig, sie zu „vertrauensbildenden Maßnahmen" (IV) zu bewegen (IV,VI);
- Beziehungskonflikte sind oft mit anderen sozialen Problemen verknüpft (Alkohol, Verschuldung etc.) (V).

3.4.2.2 „Die schärfste Form des Konflikts ist die, wenn es um das Kindeswohl geht" – Konflikte zwischen Fachkräften und KlientInnen

Die von den Befragten geschilderten wiederkehrenden Konflikte zwischen Fachkräften und KlientInnen lassen sich zwei verschiedenen Arten von Situationen zuordnen: Situationen, in denen die Fachkräfte Aufgaben im Rahmen des staatlichen Wächteramtes bzgl. des Kinderwohls wahrnehmen müssen bzw. Situationen, in denen KlientInnen mit der Arbeit der ASD-Fachkräfte unzufrieden sind.

1. Konflikte bei der Wahrnehmung des Wächteramts für das Kindeswohl

Alle Befragten schildern Wächteramtsituationen als typische Konfliktkonstellationen mit KlientInnen: „[Ich] komme in keine Konflikte mit Eltern, wenn ich nicht das Gefühl habe, dass das Wohl des Kindes bedroht ist" (II) und die Eltern diese Auffassung nicht teilen.

Solche Situationen werden von mehreren Befragten (und zwar nicht nur von denen, die noch nicht lange beim ASD arbeiten), als besonders belastend und auch als Quelle innerer Konflikte beschrieben. Hier geht es

- um persönliche Verunsicherungen (Vor dem Hausbesuch: Welche Situation wird man in der Familie vorfinden? Nach dem Hausbesuch: Hat man alles überprüft, mit allen wichtigen Personen geredet? Hat man nichts übersehen?) (I, II),
- um die erforderliche Gratwanderung bei der Situationsdeutung, die auch bei längerer Berufserfahrung verunsichernd wirken kann (Wo muss ich intervenieren, wo kann ich noch zuschauen bzw. über Hilfeangebote versuchen, die Situation zu stabilisieren? (III).

Die Belastungen in solchen Situationen werden teilweise nach Hause mitgenommen und dort noch verarbeitet, mit längerer Berufstätigkeit scheint bei den Befragten aber die Fähigkeit zu wachsen, für sich selber klarere Grenzen zu setzen.

Wächteramtsituationen scheinen das zentrale handlungsstrukturierende Element im ASD-Alltag zu sein: „Das Schlimmste, was passieren kann im ASD, ist, wenn einem Kind tatsächlich was passiert und daran richtet sich viel aus im ASD". Dies ist „die Kardinalangst, die irgendwo im Hintergrund sitzt" (VIII).

Die genannten Belastungen einerseits, aber auch mehrere Vorfälle in der Befragungsregion in den letzten Jahren, bei denen Kinder aus betreuten Familien schwer verletzt oder zu Tode gekommen sind, haben in der Befragungsregion, aber auch in der BRD insgesamt zu erheblichen Veränderungen im Handeln der ASDs geführt:

- erstens gab es eine ausführliche rechtliche und fachliche Auseinandersetzung um die sogenannte Garantenstellung des ASD und seiner einzelnen MitarbeiterInnen bzgl. der Sicherung des Kindeswohls;
- zweitens wurden regional und überregional fachliche Standards bzgl. der Diagnostik in Gefährdungssituationen (vgl. z.B. Bayrisches Landesjugendamt 2001) und der Handlungsstrategien der Fachkräfte entwickelt (in der Befragungsregion wurden z.b. folgende Veränderungen auf den Weg gebracht: nur noch Arbeit zu zweit in Gefährdungssituationen; klare Regelungen zur Einbeziehung der Leitung; gemeinsame Standards zum Umgang mit besonders heiklen Zielgruppen (hier: drogenabhängigen Müttern); Absprachen zur Kooperation mit Kliniken und anderen Institutionen).

Ob damit allerdings die beschriebenen Probleme gelöst sind, ist nach den Aussagen der befragten Externen fraglich:

- „Die meisten hätten gerne eine Instanz, die die Entscheidung trifft, dass man die Verantwortung nicht selber übernehmen muss" (XIII);
- Sobald es in Fällen um eine Kindeswohlgefährdung geht, „kippt es in der Supervision" (VIII) und die MitarbeiterInnen werden „sehr formal" (d.h. die eigene Absicherung und die Angst, etwas zu übersehen, werden dominant);
- Elaborierte Diagnostikinstrumente helfen zwar dabei, komplexe Sachverhalte wie Gefährdungssituationen zu operationalisieren, allerdings steht bei der Bewertung der Situationen und der Entscheidung bzgl. des Handelns immer noch das subjektive Urteilsvermögen im Mittelpunkt. Und hier sind die Erfahrungen einer Externen zweischneidig: Die Bewertung der Erziehungspraktiken und Familienorganisation findet auf „extrem hohem Niveau statt, d.h. mit hohen Ansprüchen bürgerlicher Familienorganisation und -struktur, wo ich denke, wenn man mit so einem Bild in die Familie kommt: Da fallen die bei allem durch" (XIII). Deshalb wundert es diese Externe nicht, dass die ASD-MitarbeiterInnen bei der Bewertung von vermeintlichen Gefährdungssituationen mit Eltern in Konflikt geraten.

Auffällig ist ferner, dass die Bewertungsmassstäbe in den Teams teilweise strittig sind und auch auseinandergehen: „Wann bewerte ich etwas negativ und wie viele

3 Fallstudie: Spezifische Konfliktpotenziale und typische Konflikte ...

Bewertungen führen dann dazu, dass ich entscheide, dass hier eine Gefährdung vorliegt?" (XIII).

In einem Projekt zur Erprobung eines diagnostischen Instruments war es teilweise sehr mühselig, sich bei skalierten Bewertungen über Kriterien zu verständigen: „Was ist minus 1, was minus 2? Ist es noch o.k., wenn die Matratze auf dem Boden liegt? Oder muss noch ein Gestell darunter sein? Was ist, wenn sie auf dem Flur liegt? Und was, wenn dort geraucht wird? (...) Wir haben in der Projektgruppe große Unterschiede festgestellt und es gab richtig heftige Diskussionen und Aha-Erlebnisse untereinander: Was, da bist Du so großzügig?" (XIII). Hier zeigt sich deutlich, dass solche diagnostischen Instrumente nur sinnvoll einsetzbar sind, wenn sich die Teams innerhalb eines ASDs über Bewertungskriterien verständigen und dafür sorgen, dass die individuellen Bewertungsmuster nicht zu weit auseinander gehen.

Bei den beschriebenen internen und externen Erfahrungen wird deutlich, wie stark sich hier der widersprüchliche gesetzliche Auftrag und in der Folge die von Schrapper genannten Spannungsverhältnisse im ASD-Handeln (hier: „beraten und entscheiden" sowie „unterstützen und schützen"), aber auch bestimmte der von Schütze beschriebenen Paradoxien professionellen Handelns (Anwendung allgemeiner wissenschaftlicher Kategorien auf konkrete Einzelfälle bei der Gefährdungsdiagnostik; wann ist der richtige Interventionszeitpunkt?) als Konfliktpotenzial im Feld ihre Wirkung entfalten und zu Verunsicherungen der Fachkräfte beitragen.

Da dieses Konfliktpotenzial struktureller Art ist, kann es zwar teilweise über bessere diagnostische Instrumente bzw. Verfahrensabläufe abgemildert werden, aber – wie sich hier zeigt – nicht aufgelöst werden. Allerdings wurde in der Befragung auch erkennbar, dass dieses Konfliktpotenzial durch umsichtiges deeskalierendes Handeln entschärft werden kann (vgl. Kapitel 3.4.4).

2. *„Immer dann, wenn die Sozialarbeiter meinen, sie tun etwas Gutes für die Leute und die Klienten sagen: ‚Du kannst mich mal', gibt es Konflikte"* – Unzufriedenheit der KlientInnen mit der Arbeit des ASD

Unter diesem Oberbegriff können drei unterschiedliche Konfliktkonstellationen zusammengefasst werden:

- Eltern haben Vorstellungen von Jugendhilfe-Maßnahmen, die die ASD-Fachkraft nicht teilt: Teilweise werden die Eltern mit ganz bestimmten Maßnahmenvorschlägen bzgl. ihrer Probleme von LehrerInnen oder Ärzten geschickt, die Bedarfsprüfung im ASD ergibt aber etwas anderes (z.B. der

Hilfebedarf reicht für eine halbstationäre Unterbringung in einer Tagesgruppe nicht aus, eine ambulante Hilfe würde reichen).
- Dreiecks-Konstellationen von Konflikten, bei denen sich zwei Beteiligte gegen den Dritten verbünden oder sich zu verbünden versuchen (VII, VIII, IX): z.B. Elternteile versuchen bei Trennungs- und Scheidungsberatungen die ASD-Fachkraft jeweils auf ihre Seite zu ziehen; der ASD bezieht bei einer strittigen Sorgerechtsentscheidung im Gutachten für das Gericht fachliche Position für eine Seite, die benachteiligte Person geht in Beschwerde; bei symbiotischen Eltern-Kind-Beziehungen wird der Versuch des ASD, etwas mehr Distanz in die Beziehung zu bringen, leicht als Versuch verstanden, das Kind aus der Familie zu nehmen und löst teilweise massive Abwehrmaßnahmen aus.
- Elternteile sind mit Vorgehensweisen oder Entscheidungen der ASD-Fachkräfte nicht einverstanden und wehren sich dagegen: Häufige Muster von Konflikten sind: „Eltern, die sich durch den ASD in ihrer Elternrolle kritisiert fühlen, versuchen, den ASD wieder rauszukriegen" (VIII); Massive Konflikte treten auch dann auf, wenn ein Klient denkt, dass ein bestimmter ASD-Mitarbeiter „ihm das Leben schwer machen will" (VIII)

Grundtenor der drei genannten Konstellationen sind gegensätzliche Interessen und Wahrnehmungen zwischen Fachkräften und KlientInnen in bestimmten Situationen und die Folgen:

- Bedürfnisse der KlientInnen können im Bereich der Hilfen zur Erziehung nicht einfach umgesetzt werden, sondern unterliegen einer Bedarfsprüfung nach rechtlichen und fachlichen Kriterien;
- Bei drei beteiligten Konfliktparteien ist es naheliegend, dass zwei Parteien sich gegen die dritte verbünden, um die eigene Position zu stärken;
- Wenn gegen Anliegen bzw. Interessen der KlientInnen (zumal in Angelegenheiten, die den privaten Raum der Familie betreffen) verstoßen wird, ist die Gefahr groß, dass diese das Handeln der ASD-Fachkraft als ungerechtfertigte Einmischung in Privates oder als persönlichen Angriff werten, und entsprechend heftig reagieren: Der Konflikt wird hier leicht von der Sach- auf die Beziehungsebene verschoben und umso schwieriger lösbar.

Auf KlientInnenseite lassen sich drei Muster der Konfliktaustragung unterscheiden:

- Verdeckte Strategien: Eltern sind vordergründig kooperativ, erschweren oder sabotieren aber die Durchführung von Hilfen (I; IV; VIII): z.B. Sie kommen nicht zu Terminen; gemeinsame Absprachen werden unterlaufen; wenn die Nichtkooperation angesprochen wird, wird sie geleugnet; der ASD

3 Fallstudie: Spezifische Konfliktpotenziale und typische Konflikte ...

will nach einem Erstgespräch, einem Hinweis der Polizei etc. in Kontakt bleiben mit KlientInnen, diese entziehen sich aber; „Selbst wenn sie unsere Hilfe annehmen, werden sie alles unternehmen, diese zu sabotieren. Bei jeder Kleinigkeit kommen Sie dann: ‚Sehen Sie ...!'" (I);

- KlientInnen gehen in Beschwerde (bei Vorgesetzten unterschiedlicher Hierarchiestufen, Abgeordneten, Presse etc.), wobei solche Situationen aber höchstens zwei bis drei mal pro Jahr und Dienststelle auftreten (VII, IX);
- KlientInnen wehren sich in aggressiver Weise, teilweise in Form von Drohungen, Telefonterror oder sogar gewalttätigen Übergriffen (VI, VII, VIII, IX): besonders erwähnt wurden in den Interviews gewalttätige Väter (oft Muslime), die nach Trennungen/Scheidungen ihre Kontrolle über Frauen und Kinder behalten wollen und die involvierte ASD-Fachkräfte bedrohen – teilweise bis zu Morddrohungen. Besonders weibliche Fachkräfte sind hier betroffen.

3.4.3 Die Ebene der ‚Organisation': Teamkonflikte, Leitungskonflikte und Konflikte mit KooperationspartnerInnen

3.4.3.1 „Ein Team von Sozialarbeitern ist ein Team von Kuriositäten" – Team- und Leitungskonflikte im ASD

Die unter diesem Aspekt in den Interviews beschriebenen Konfliktkonstellationen lassen sich drei Ebenen zuordnen:

- Individuelle Ebene: Innere Konflikte bei ASD-Fachkräften (1)
- Teamebene: Die Konflikte drehen sich hier stark um die Themen Teamdynamik und Arbeitsbelastung (2)
- Konflikte zwischen Leitungskräften und Team (3)

Auffällig ist allerdings, dass nur wenige Konstellationen auftauchen, die spezifisch für ASDs sind. Die meisten der beschriebenen Konflikte sind ‚Klassiker', die in vielen Arbeitsfeldern bzw. Organisationen der Sozialen Arbeit auftauchen.

1. Innere Konflikte bei ASD-Fachkräften

Das Thema ‚innere Konflikte' wurde von fast allen Befragten angesprochen (I, II, III, IV, V, VI, VIII, XIII), wobei der Schwerpunkt auf dem Bereich Wächteramtfälle und den damit verbundenen Verunsicherungen lag (Abwarten ↔ Eingreifen; Habe ich etwas übersehen? etc.). Auch wenn hier kollegiale Beratungen und das Handeln zu zweit in schwierigen Situationen eine gewisse Entlastung bringen, bleiben Verunsicherungen – auch aus folgendem Grund: „Wenn wir

Kinder herausnehmen, [gibt es] keine Gewähr, ob es letztendlich ein besserer Weg ist" (III).

Potenzial für innere Konflikte steckt – insbesondere bei Fachkräften mit wenig Berufserfahrung – auch im Thema ‚Grenzen setzen' (I, II, IV). Es gibt in der Regel viele, oft komplexe Fälle, aber nur wenige standardisierbare Tätigkeiten im ASD, deshalb gilt: „Man ist jeden Tag dabei, seine eigene Grenze zu definieren: Das tue ich und das nicht" (IV). Dieses Problem ist aber nicht nur abhängig von der Dauer der Berufserfahrung, sondern auch mit unterschiedlichen professionellen Ausfassungen darüber, was gute ASD-Arbeit eigentlich ist. Außerdem dürften bestimmte Persönlichkeitstypen mehr Schwierigkeiten haben, Grenzen zu setzen als andere.

2. Teamkonflikte

Ein großer Teil der in den Interviews beschriebenen Aspekte zu Konflikten auf der Ebene der Fachkräfte kann unter die Begriffe Teamsituation und Teamdynamik subsummiert werden, wobei hier personenbezogene, fachliche und strukturelle Aspekte zu unterscheiden sind:

Personenbezogene Aspekte: In jedem Team treffen unterschiedliche Persönlichkeiten und Arbeitsstile aufeinander, in jedem Team sind bestimmte Rollen zu besetzen und Aufgaben zu verteilen, durch personelle Wechsel und Anforderungen von außen werden immer wieder Dynamik und Veränderung in ein Team getragen, die leicht zu Konflikten führen können.

Von den Befragten wurden folgende Aspekte im Hinblick auf typische Konfliktkonstellationen beschrieben:

- Unterschiedliche Arbeitsstile zwischen ‚kreativem Chaos' und ‚bürokratischer Ordnung';
- Konkurrenz: „Wer ist der bessere Sozialarbeiter?" (II) ist ein Thema dann, wenn mehrere Fachkräfte in einem Fall involviert sind oder mit dem Aspekt von Macht verknüpft ist: „Wer hat wem was zu sagen?";
- Geben und Nehmen: Wer unterstützt wen? Wer engagiert sich wie stark? Wer hält sich heraus?;
- Team- und Konfliktkultur: Teams im ASD haben die Funktion, sich gegenseitig zu unterstützen, abzusichern und kollegial zu beraten. Hierzu ist eine „Kultur der offenen Tür" (VIII) erforderlich. Wenn Fachkräfte sich abschotten, Schwierigkeiten haben mit kollegialer Kritik, entstehen leicht Spaltungen im Team. Und: Solche Fachkräfte scheinen auch vermehrt Konflikte mit KlientInnen zu haben (VIII).

3 Fallstudie: Spezifische Konfliktpotenziale und typische Konflikte ... 101

- Persönlichkeit und Berufswahl: Zwei Befragte äußern sich dazu, dass die Institution ASD bestimmte Persönlichkeitstypen anzieht: ‚Helferpersönlichkeiten' mit Problemen, Grenzen zu setzen (II) bzw. (zumindest früher) Personen, die den Rahmen ‚Amt' mit seinen bürokratischen Regeln, seiner Sicherheit und Stabilität schätzen (XIII).

Fachliche Aspekte: Hier geht es um unterschiedliche fachliche Orientierungen von Fachkräften z.b. die Unterscheidung von „therapeutischer Orientierung" und „Handlungsorientierung" (VIII: d.h. ein Handeln, das eher an schneller Problemlösung und Verwaltungsanforderungen orientiert ist). Divergierende fachliche Orientierungen können auch bei unterschiedlichen Professionen, die an einem Fall beteiligt sind, zum Problem werden.

Strukturelle Aspekte: Unter diesen Aspekt fällt insbesondere das Generationenthema „Langjährige Fachkräfte versus Neu Hinzugekommene", zu dem sich zahlreiche der Befragten geäußert haben (II, III, IV, VI, VIII, XIII). Dieses Thema drückt sich sowohl in bestimmten Konflikten aus (Wer hat im Team das Sagen? Wie werden Arbeiten und Entscheidungen erledigt? Wie viel an Innovation und Veränderung wird zugelassen?) als auch in strukturellen Hintergründen von Konflikten. Zwei der befragten Externen (VIII, XIII) berichten von einem Generationswechsel in den ASDs, mit denen sie zu tun hatten, in den letzten ca. sechs Jahren, die an einem Wechsel bzgl. fachlicher Orientierungen erkennbar wird:

- Früher stärker therapeutische Orientierung, heute stärkere „Handlungsorientierung" (mit stärkeren verwaltungstechnischen und juristischen Bezügen) (VIII);
- Die jüngere Generation ist Dokumentationssystemen, wie sie z.b. im Bereich Qualitätsentwicklung und Evaluation entwickelt werden, sehr aufgeschlossen, die Älteren empfinden diese Methoden häufig als Kontrolle, bzw. etwas, das Konkurrenz schürt (XIII).

Hintergrund des Generationenthemas ist auch eine grundlegende Veränderung in der ASD-Arbeit der letzten Jahre hin zu mehr Teamorientierung, Formen kollegialer Beratung, die zumindest in den hier untersuchten ASDs die fachliche Arbeit stark verändert hat. Mit dem Abschied von ‚Einzelkämpfertum' und den „Bezirksfürsten" (IV), die mehr oder weniger selbstständig schalten und walten konnten, haben insbesondere ältere KollegInnen Probleme, die sich „schwer tun, ihre Insel zu verlassen" (III) .

Arbeits- und Fallbelastung:
Ein anderes, häufig genanntes Konfliktthema ist die Arbeits- und Fallbelastung in und zwischen den Teams (I, III, IV, V, VI, VIII, IX, XIII): Zwischen Teams

steckt ein Konfliktpotenzial in der Frage, nach welchen Kriterien Planstellen zwischen verschiedenen Regionalteams verteilt werden, in den Teams liegen die Tücken im Spannungsfeld zwischen objektivierbaren Größen (Menge bzw. Art der Fälle der einzelnen MitarbeiterInnen) und den subjektiven Belastungswahrnehmungen, die immer wieder zu Unzufriedenheiten und Konflikten führen. Versuche, das Problem auf der sachlichen Ebene zu lösen (z.B. durch Team-Fallstatistiken, Pool-Verfahren bei der Vergabe von Fällen), scheinen nur begrenzt erfolgreich zu sein. Ein Aspekt dieses Themas scheint auch das Spannungsfeld „Pflicht versus Kür in der ASD-Arbeit " zu sein, das zumindest in einem der befragten Teams „lange Zeit ein heißes Thema war" (IX) und bei dem auch unterschiedliche Vorstellungen fachlichen Arbeitens durchschlagen bei Fragen wie: Wie tief steigt man in Beratungsprozesse ein? Wie gründlich wird bei Fällen recherchiert? Um was muss man sich kümmern, wo muss man sich abgrenzen?

Aus externer Sicht wird kritisch angemerkt: „Ich bin jetzt schon lange in ASDs, aber die reden immer davon, dass sie überlastet sind" (XIII). Zwar wird von dieser Person einschränkend konstatiert, dass auch ihrer Erfahrung nach eine Verdichtung der Arbeit in den letzten Jahren eingetreten ist, sie bemerkt aber in ihren Beratungen vielfach eine schlechte Arbeitsorganisation, ineffektive Dokumentationssysteme und Sitzungen, unstrukturiertes und wenig zielorientiertes Arbeiten und mangelnde Fähigkeiten, Grenzen in der Arbeit zu setzen und Zuständigkeiten zu begrenzen.

Die zum Thema Arbeitsbelastung erkennbaren Polaritäten deuten darauf hin, dass dieser Punkt auf Seiten der MitarbeiterInnen vermutlich ein Ventil für ein ganzes Bündel unterschiedlicher Unzufriedenheiten, Belastungen, schwieriger Charakteristika des Arbeitsfeldes, professioneller Selbstbilder ist und deshalb auch keine rein sachorientierten Lösungen wie z.B. Verfahren zur gerechteren Verteilung von Fällen greifen können.

3. Konflikte zwischen MitarbeiterInnen und Leitung

Bei diesem Thema wurden bei der Befragung – wie zu erwarten war – alle Nicht-Leitungskräfte vorsichtig bzw. betonten, dass es im Moment keine Probleme mit ihrer Leitung gäbe. Deshalb gab es zu diesem Thema fast nur Antworten von Leitungspersonen und Externen. Aufgrund dieser Selektivität bei den Antworten soll hier keine auch weitergehende Interpretation der Ergebnisse erfolgen, sondern diese lediglich kurz zusammengefasst werden. Konflikte oder Konfliktpotenziale werden bei folgenden Themen und Aspekten gesehen:

3 Fallstudie: Spezifische Konfliktpotenziale und typische Konflikte ... 103

- „Transparenz": Was tut eigentlich die Leitung? Ist sie in ihrem Handeln transparent? (IV).
- „Wertschätzung" (XIII) und „Fürsorge" (VI, XIII): Steht die Leitung hinter den Fachkräften (z.B. bei Beschwerden von außen)? Kümmert sich die Leitung ausreichend um die MitarbeiterInnen? Erfahren diese genug Wertschätzung für ihre Arbeit? Denn dadurch, dass die ASD-Fachkräfte von KlientInnen oder von Außen meist nur wenig Lob und Anerkennung erfahren, sind sie auf eine Anerkennungskultur im Team bzw. von Seiten der Leitung angewiesen (XIII).
- Unterschiedliche Perspektiven und Interessen (IV): Die Fachkräfte arbeiten direkt mit den KlientInnen und „spüren die Not, die sie haben" (IV), die Leitung muss z.B. stärker darauf achten, dass die Kosten nicht zu sehr steigen.
- Machtgefälle: In der Untersuchung wurde erkennbar, dass die befragten Leitungskräfte den Teamgedanken schätzen und pflegen, und sich bei Entscheidungen nur selten auf ihre Autorität zurückziehen. Deshalb wird das Machtgefälle zwar selten, aber dann besonders deutlich sichtbar, wenn Leitungskräfte Anweisungen an ihre MitarbeiterInnen geben oder etwas von ihnen einfordern (IV, V, VII).

3.4.3.2 „Der Arzt sagt, wo's langgeht" – Konflikte zwischen ASD-Fachkräften und kooperierenden Institutionen

Im Rahmen der fallbezogenen Arbeit mit KlientInnen kommt es häufig zu Situationen, in denen mit anderen Institutionen kooperiert werden muss. Der Trend zur Kooperation hat in jüngerer Zeit deutlich zugenommen, da sich der ASD immer stärker zur Vermittlungs- und Steuerungsinstanz von Hilfeprozessen wandelt, während seine Aufgaben als psychosoziale Beratungs- und Betreuungsinstanz zurückgehen.

Die Befragungsergebnisse zeigen, dass diese Kooperationen bei weitem nicht reibungsfrei verlaufen, sondern bei bestimmten Institutionstypen wiederkehrende Konfliktkonstellationen und -muster auftauchen. Von den Befragten wurden Konflikte vor allem mit sechs Institutionen beschreiben: Schulen; Kinder- und Jugendpsychiatrie; Familiengericht; Kindertageseinrichtungen; Einrichtungen der Erziehungshilfe; Abteilung Wirtschaftliche Kinder- und Jugendhilfe im Jugendamt.

Vor allem in drei institutionellen Kontexten sind ASD-Fachkräfte mit professionellen Statushierarchien konfrontiert: In der Kooperation mit Schulen, der Psychiatrie und den Familiengerichten, zumal die KooperationspartnerInnen hier auch noch in eigenständige, von der Jugendhilfe unabhängige Systeme mit eigener Geschichte, gesetzlichem Auftrag, Methodiken und theoretischen Deutungsmustern von Problemen eingebunden sind. Bei dieser Art von Kooperation treten also im Grunde zwei unabhängige, nach jeweils anderen Regeln funktionierende Systeme in Kommunikation.

Die drei anderen institutionellen Kontexte unterscheiden sich hiervon: Kindertageseinrichtungen, Einrichtungen der Erziehungshilfe und Wirtschaftliche Kinder- und Jugendhilfe sind alle Teil der Jugendhilfe, die Wirtschaftliche Jugendhilfe ist sogar meist Teil der gleichen Institution, des Jugendamtes. In Kindertageseinrichtungen und Erziehungshilfeeinrichtungen sind die KooperationspartnerInnen meist aus pädagogischen Professionen, man spricht also die gleiche ‚fachliche Sprache', was das gegenseitige Verstehen erleichtert. Meist ist die professionelle Hierarchie hier genau umgekehrt wie in den Nicht-Jugendhilfeinstitutionen: In ASDs arbeiten fast ausschließlich HochschulabsolventInnen, im Kindertages- und Erziehungshilfebereich meist ErzieherInnen.

Dieser Status-Unterschied hat nach Ansicht einer der befragten Externen deutliche Auswirkungen auf das Handeln vieler ASD-MitarbeiterInnen, denn bei ihrer Außendarstellung gegenüber gesellschaftlich höherstehenden Professionen wie Ärzten spielen teilweise Selbstzweifel mit, die auch auf Mängeln in der beruflichen Ausbildung beruhen: „Unsere Leute aus der Sozialarbeit sind oft nicht gut genug ausgebildet, sich selbst gut nach außen darzustellen und sich abzugrenzen. Sie fühlen sich in die Ecke gedrängt, haben Selbstzweifel und können nicht mit diesen Ansprüchen umgehen" (VI).

1. ASD und Schulen

Von allen Befragten werden Konflikte zwischen ASD-Fachkräften und LehrerInnen beschrieben, teilweise ist bei den Schilderungen noch die emotionale Betroffenheit der Befragten deutlich spürbar.

Erfahrungen der Fachkräfte mit LehrerInnen: „Lehrer treten hier schon sehr massiv und belehrend uns gegenüber auf : Das braucht das Kind!" (II); „Lehrer, die wissen einfach alles besser" (V); „Rektoren sind manchmal unglaublich selbstherrliche Herrscher, die glauben, wenn sie einmal piep machen, muss das sofort so laufen" (VI); „Die Schule sagt zu Eltern: Rufen sie beim Sozialen Dienst an und beantragen sie Tagesgruppe" (IV); wenn man Lehrer dann auf die Zuständigkeit des ASD für die Bedarfsprüfung im Einzelfall hinweist, „braucht es sehr viel Fingerspitzengefühl, weil sich die dann auf den Schlips getreten fühlen von wegen: wir sprechen ihnen die Kompetenz ab" (IV).

3 Fallstudie: Spezifische Konfliktpotenziale und typische Konflikte ...

Die Befragten sehen verschiedene Gründe, warum LehrerInnen so reagieren:

- LehrerInnen handeln als „Einzelkämpfer" (III), die versuchen, mit schwierigen SchülerInnen relativ lange allein klarzukommen. Erst „wenn der Karren im Dreck steckt, kommen sie auf uns zu" (III), sie kommen aber „mit einer hohen Erwartungshaltung auf uns zu: Der Soziale Dienst muss es jetzt richten – ohne zu wissen, welchen Spielraum wir eigentlich haben" (III); „Wenn die sich melden, ist ihre Leidensgrenze längst überschritten" (V).
- Manche LehrerInnen und RektorInnen können die unterschiedlichen Aufträge von Jugendhilfe und Schule nicht auseinanderhalten und glauben, „ich kenne den Jugendlichen seit acht Jahren und kann genau einschätzen, dass mit dem *jetzt* was geschehen muss" (VI).
- Der ASD wird von LehrerInnen teilweise Jugendlichen oder Eltern gegenüber als „letztes Druckmittel" (X) verwendet: „Wenn ihr jetzt nicht gut tut, dann gehen wir zum ASD" (X). Die ASD-Fachkräfte haben – wie die Befragte ausführt – dann schlechte Ausgangsbedingungen für Unterstützungsprozesse, weil die Betroffenen nicht freiwillig kommen und das Bild im Hintergrund ist: Das Jugendamt nimmt sonst mein Kind weg.

Wie lassen sich diese Erfahrungen und Einschätzungen theoretisch deuten? Welche strukturellen Konfliktpotenziale verbergen sich hier?

Mit der Schaffung der institutionalisierten Jugendhilfe in den 20er Jahren des 20. Jahrhunderts entstanden in Deutschland zwei klar voneinander getrennte institutionelle Bereiche, die sich unabhängig voneinander weiterentwickelt haben. Entsprechend unterschiedlich sind heute die organisatorischen Kontexte: Das ausdifferenzierte, dezentral organisierte, von öffentlichen und freien Trägern gestaltete System der Jugendhilfe mit seinen weitgehend freiwilligen Angeboten einerseits, das homogene, zentral organisierte System der Schule mit Pflichtcharakter. Bis in die 60er Jahre hinein war dieses Nebeneinander von Schule und Jugendhilfe eigentlich kein Thema theoretischer und praktischer Auseinandersetzung.

Die Beziehung zwischen beiden Systemen ist in der öffentlichen Wahrnehmung nicht gleichberechtigt, sondern hierarchisch, denn die Schule ist eine „Regelinstitution und die Jugendhilfe in vielen Bereichen (...) nachgeordnete Spezialinstitution" (Oelerich: 2002: 774).

Trotz dieser Unterschiede gibt es zwei gemeinsame Bezugspunkte, auf die Oelerich (ebd.) hinweist: erstens erfüllen beide Systeme Aufgaben der Bildung, Erziehung und sozialen Integration bei Kindern und Jugendlichen (allerdings in unterschiedlichen Kontexten und mit unterschiedlichen Schwerpunkten); zweitens ist Schule ein zentrales Element der Lebenswelt von Kindern und Jugendlichen und wichtiges Bestimmungselement ihrer Lebenslage. Hier entstehen oder eskalieren Probleme, mit denen auch die Jugendhilfe konfrontiert wird. Diese inhaltlichen Bezüge werden mittlerweile auch gesetzlich kodifiziert, da sowohl im SGB VIII als auch in den Schulgesetzen eine – allerdings recht allgemein gehaltene – Verpflichtung zur Kooperation festgeschrieben wird.

Die oben beschriebenen Situationen, in denen ASD und Schulen in Kontakt kommen, weisen besondere Merkmale auf: Es sind meist eskalierte Konfliktsituationen zwischen LehrerInnen und SchülerInnen mit längerer Vorgeschichte, in denen die LehrerInnen an ihre Grenzen gekommen sind, für sie ein hoher Handlungsdruck besteht und sie meist konkrete Ideen zu Diagnose und erforderlichen Maßnahmen – in der Regel außerhalb der Schule in der Jugendhilfe – mitbringen.[18] Die ASD-Fachkräfte fühlen sich in solchen Situationen entsprechend zu spät informiert, nicht ausreichend mit ihrem eigenständigen gesetzlichen Auftrag und ihrer fachlichen Kompetenz zur Bedarfsprüfung ernstgenommen und funktionalisiert. Damit ist in diese Situation ein gravierendes strukturelles Konfliktpotenzial eingebaut, das durch andere Elemente im Hintergrund der Situation (Statushierarchie; unterschiedliche professionelle Deutungssysteme; Unklarheiten bei den Beteiligten, wer hier die Definitionshoheit hat) noch zusätzliche Dynamik erhält.

2. ASD und Kinder- und Jugendpsychiatrie (KJPSY)

Zwei Drittel der Befragten schildern hier regelmäßige Konflikte – wobei berücksichtigt werden muss, dass es sich bei den meisten Konflikten um solche mit *einer* Institution handelt, die für die gesamte Region, aus der die Befragten kommen, zuständig ist. Deshalb ist es bei den Antworten schwer zu unterscheiden, was in diesem Fall an *allgemeinen* Konfliktpotenzialen hinter diesen Konflikten steckt, und was an *konkreten* Personen und institutionellen Gegebenheiten in diesem konkreten Fall liegt.

Bei den geschilderten Situationen lassen sich folgende Muster finden:

- Sehr unterschiedliche Diagnosen bei Fällen zwischen Ärzten und ASD-Fachkräften, zwischen denen eine Verständigung nicht möglich ist (I, II, III, IV): „Der Arzt sagt, wo's langgeht" (III). Beispiel: Der ASD hat schon länger mit einer Familie gearbeitet und Dinge mit ihr entwickelt, ein Kind

---

[18] Hinzu kommt, dass LehrerInnen kein zeitliches Deputat (und damit auch keinen Auftrag) haben, sich um ‚schwierige' Kinder in ihrem Kontext ausführlicher zu kümmern. Das hier bereits von einzelnen LehrerInnen zusätzlich erbrachte, aber im schulischen Kontext meist nicht gewürdigte, Engagement beeinflusst die Interaktion mit dem ASD.

3 Fallstudie: Spezifische Konfliktpotenziale und typische Konflikte ...

kommt dann mit Problemen in die KJPSY. Hier wird eine Diagnose erstellt, die diametral der Auffassung des ASD entgegensteht.

- Die von den ASD-Fachkräften generell empfundene geringe Wertschätzung für ihre Arbeit wird für einzelne auch in der fallbezogenen Kooperation mit der KJPSY und Ärzten sichtbar, „Professionen, die sich besser abgrenzen können und meinen, sie haben die Weisheit mit Löffeln gefressen" und die den ASD teilweise als „Hilfsarbeiter" (III) (z.b. für Fahrdienste) ansehen.
- Die Rahmenbedingungen in der Kinder- und Jugendpsychiatrie sind für bestimmte ASD-KlientInnen und Probleme nicht geeignet, obwohl der ASD entsprechende Hilfeformen benötigen würde. Beispiele:
Nach der Schilderung von (III) gibt es Jugendliche, die bei bestimmten Krisen durch alle Hilferaster fallen, und für die eine „Auszeit" von 6-8 Wochen wichtig wäre, damit sie zur Ruhe kommen und ohne zeitlichen Druck eine geeignete Anschlusshilfe gefunden werden kann. Die KJPSY nimmt zwar solche Jugendlichen auf, entlässt sie aber rasch wieder, weil in den Augen der Ärzte kein KJPSY-Bedarf erkennbar wird. Die Hypothese des Befragten hierzu ist, dass die unterschiedlichen Bedarfsauffassungen zustande kommen, weil der ASD Jugendliche in ihrer Alltagswelt erlebt, die Ärzte aber im geschützten Rahmen der KJPSY.
„Die haben immer einen Grund zu sagen: Der ist hier nicht richtig" (XII). Als mögliche Gründe werden gesehen: das Freiwilligkeitsprinzip in der KJPSY („Die sagen: sonst bringt's nichts": XI); die anscheinend „fehlende Intelligenz" in einem Fall: (XII) erwähnt einen Fall, bei der die Klientin – eine Hauptschülerin – wieder entlassen wurde, weil anscheinend die Intelligenz und sprachliche Kompetenz nicht ausreichend für die Arbeitsformen in der KJPSY war).

Wie lassen sich diese Erfahrungen und Einschätzungen theoretisch fassen, welche strukturellen Konfliktpotenziale – auch unabhängig von den hier geschilderten Fällen – verbergen sich hier?

Ähnlich wie beim institutionellen Kontext ‚Schule' treten hier zwei eigenständige und voneinander unabhängige (Hilfe)systeme mit eigenen Denk- und Handlungsstrukturen, gesetzlichen Aufgaben, Rechtsgrundlagen, Finanzierungsquellen, Organisationsformen in Interaktion. Allerdings gibt es auch hier einen deutlichen Überschneidungsbereich: „Ein erheblicher Teil der Klientel von Kinder- und Jugendhilfe auf der einen und Kinder- und Jugendpsychiatrie auf der anderen Seite ist in den Charakteristika, die den Hilfebedarf bedingen, oder sogar in persona identisch" (Wehner 2002: 815). Denn eine Vielzahl von Symptomen bei Kindern und Jugendlichen in Lebenskrisen können grundsätzlich sowohl als behandlungsbedürftig im Sinne der Psychiatrie oder als zum erzieherischen Bedarf gehörig im Sinne der Jugendhilfe definiert werden.

„Für die betroffenen jungen Menschen macht es allerdings einen großen Unterschied, ob sie dem einen oder dem anderen System zugeordnet werden, denn die Art der Hilfe, die ihnen dort zuteil wird, unterscheidet sich idealtypischerweise sehr stark. Psychiatrische Hilfe bedeutet in erster Linie Diagnostik und Therapie. In einem personell und materiell verhältnismäßig gut ausgestatteten Schonraum wenden sich die dort tätigen professionellen Helfer/innen den individuellen Störungen und/oder Verhaltensauffälligkeiten ihrer Patient/inn/en zu, suchen nach deren Ursachen und nach Wegen, die Störungen oder Verhaltensauffälligkeiten zu beheben. (...) Zwar existieren in der Kinder- und Jugendpsychiatrie auch systemische Denk- und Handlungsansätze, die sich hauptsächlich in Familientherapien niederschlagen, doch diese beherrschen nicht die Szene. Das tun eher verhaltenstherapeutische und medikamentöse sowie psychoanalytische Verfahren. Die Tendenz geht in der Psychiatrie eindeutig zu individuumsbezogenen Erklärungen und Behandlungen, denn die ‚Jugendpsychiatrie muss (....) als medizinische Disziplin von der Krankheit des einzelnen, ihr zugewiesenen Menschen ausgehen. Auch wenn Krankheit anders und weiter definiert wird, geschieht grundsätzlich Krankheitsbehandlung' (Gintzel 1989: 14)'" (ebd.).

Die *Jugendhilfe* orientiert sich dagegen meist an anderen Paradigmen zur Erklärung von Verhaltensauffälligkeiten und individuellen Störungen: Sie fragt nach Lebensverhältnissen, sozialen Beziehungen, analysiert Lebenswelt und Alltag der Betroffenen, ist häufig auch systemischen Analyse- und Erklärungsmodellen zugeneigt.

Zusammenfassend lässt sich feststellen, dass zwei strukturelle Spannungsfelder zwischen Jugendhilfe und KJPSY anlegt sind, die als Konfliktpotenziale wirken: erstens das Aufeinandertreffen unterschiedlicher Denk- und Handlungslogiken der Professionellen bei Diagnose und Intervention, zweitens die Unklarheiten bzgl. der Fragen: Wo ist angesichts der vielen Überschneidungsbereiche bzgl. der Probleme von KlientInnen eigentlich der richtige Ort für ihre Betreuung, Begleitung oder Behandlung? Wer bestimmt darüber, wo dieser Ort ist?[19]

Ein drittes Spannungsfeld zwischen Jugendhilfe und Psychiatrie ist vor einigen Jahren mit Einführung des § 35 a ins SGB VIII geschaffen worden (Eingliederungshilfe für seelisch behinderte Kinder und Jugendliche). Seitdem gibt es große fachliche Kontroversen sowohl bzgl. des praktischen Umgangs mit diesem

---

[19] Verschiedene Untersuchungen haben sich mit der Frage von Fehlplatzierungen in diesem Kontext beschäftigt (z.B. Gintzel/Schone 1989) und gezeigt, dass Klinikeinweisungen von Einrichtungen der Erziehungshilfe auch als Instrument der Abschiebung von schwierigen Kindern und Jugendlichen benutzt werden.

3 Fallstudie: Spezifische Konfliktpotenziale und typische Konflikte ... 109

Paragrafen als auch bzgl. seiner fachlichen Sinnhaftigkeit. In der Praxis stellen sich vor allem zwei Probleme: erstens wann im konkreten Einzelfall eine seelische Behinderung diagnostiziert werden kann (zumal dies weitreichende Konsequenzen bzgl. der Zuständigkeit, der Finanzierung und der Art der Hilfen nach sich zieht), zweitens besteht nach § 36 Abs. 3 SGB VIII bei Fällen seelischer Behinderung eine Kooperationsverpflichtung zwischen VertreterInnen der Jugendhilfe und der KJPSY, da bei der Aufstellung und Änderung des Hilfeplanes ein Arzt beteiligt werden muss. Allerdings bleibt offen, wie ‚Beteiligung' hier zu verstehen ist und wer hier im Zweifelsfall das Definitionsmonopol hat.

Die in der Befragung genannten Konfliktsituationen haben genau mit diesen Spannungsverhältnissen und Konfliktpotenzialen zu tun: Unterschiedliche Deutungslogiken bei der Diagnose und die Frage, wer bei solchen fachlichen Meinungsverschiedenheiten entscheidet (vor dem Hintergrund der beschriebenen Statushierarchie); Streitigkeiten in Fragen der Zuständigkeit und des geeigneten Settings bei bestimmten Problemen.

3. ASD und Familiengericht

Zwei typische Konflikt-Konstellationen werden hierzu von den Befragten beschrieben:

- Wenn das Familiengericht in einem Wächteramtfall zur Auffassung kommt, dass das belastende Material nicht zu einer Einschränkung der elterlichen Sorge ausreicht, den Antrag des ASD ablehnt „und sagt: ‚Sehen sie zu, dass sie wieder Kontakt kriegen zur Familie'" (V). Folge: Der Konflikt des ASD mit der betreffenden Familie wird in die Länge gezogen; mit dem Gericht in eine Auseinandersetzung zu gehen ist aus der Sicht der Befragten nicht möglich (IV).
- Im Kontext strittiger Sorgerechtsfälle bei Trennungen/Scheidungen haben ASD und Gerichte teilweise divergierende Vorstellungen bzgl. der Rolle und Aufgaben des ASD (VII): Der ASD handelt den zerstrittenen Elternteilen gegenüber meist mit einem Beratungsverständnis (freiwilliges Gespräch und Beratung beider Elternteile als Grundlage eines Berichts an das Gericht mit dem Ziel eines gemeinsam getragenen Ergebnisses; wenn dies nicht möglich ist, erfolgt kein Bericht an das Gericht). Das Gericht dagegen will vom ASD einen ausführlichen Bericht mit klarer Empfehlung bzgl. des Sorgerechts (Zuarbeitsfunktion). Der ASD lehnt diese Art der Zuarbeit oft ab mit der Begründung, dass der ASD später wieder mit den Scheidungseltern zu tun hat und darauf achten muss, dass die Beziehungen nicht belastet werden. Denn eine Parteinahme in einem Bericht gegen eine Seite könnte die künftige Beziehung massiv stören.

Wie sind diese Konstellationen zu erklären? Stehen sie mit strukturellen Konfliktpotenzialen in Zusammenhang?

Jugendamt und Familiengericht sind beide vom Gesetzgeber zur Sicherung des Kindeswohls eingesetzt, allerdings mit unterschiedlichen Aufgaben und unterschiedlicher Kompetenz. Das Jugendamt hat nach § 50 SGB VIII eine Mitwirkungpflicht bei Verfahren vor dem Familiengericht und ist verpflichtet, das Gericht bei Fallkonstellationen, in denen das Wohl des Kindes gefährdet ist, anzurufen. Andererseits gibt es eine Anhörungspflicht des Jugendamts bei entsprechenden familiengerichtlichen Verfahren, die in § 49a FGG festgelegt ist.

Nach § 12 FGG hat das Gericht allerdings einen eigenständigen Ermittlungsauftrag. Hier geht es z.B. darum, ob eine Gefährdung des Kindeswohls und die Voraussetzungen für eine Einschränkung des elterlichen Sorgerechts im Sinne des § 1666 BGB vorliegen. Das Gericht muss entsprechend die fachlichen Einschätzungen des Jugendamts kritisch prüfen, die betroffenen Eltern und Kinder anhören und gegebenenfalls noch GutachterInnen für bestimmte Fragen hinzuziehen. Auf dieser Grundlage entscheidet dann das Familiengericht – für oder gegen den Antrag des Jugendamtes bzw. ASDs, von denen diese Aufgaben übernommen werden.

In der beschriebenen Konstellation sind gleich mehrere Spannungsverhältnisse und Konfliktpotenziale strukturell angelegt – zwischen ASD und Gericht, aber auch zwischen ASD und KlientInnen:

Die Fachkräfte des ASD kommen in eskalierten Situationen auf das Gericht zu, in denen sie mit ihren Möglichkeiten und Zuständigkeiten am Ende sind: Aus der Sicht der Fachkräfte liegt eine gravierende Gefährdungssituation vor, die Personensorgeberechtigten sind nicht kooperationsbereit, meist sind verschiedene Versuche zu gemeinsamem Handeln gescheitert. Durch die Entscheidungssituation und die Entscheidungsmacht des Gerichts werden eine strukturelle Druck- und Konkurrenzsituation sowie eine Gewinner-Verlierer-Konstellation geschaffen:

- Vor Gericht konkurrieren einerseits professionelle Deutungsmuster: Wie sehen die fachlichen und rechtlichen Situationsdeutungen und -bewertungen von Gericht und Jugendhilfe aus? Wo gibt es Gemeinsamkeiten und Unterschiede, wer hat die stärkeren Argumente? Gleichzeitig steht die fachliche Kompetenz der betroffenen ASD-MitarbeiterIn auf dem öffentlichen Prüfstand.
- Eine komplexe Konfliktsituation wird durch die Bearbeitung im Rahmen eines Gerichtsverfahrens in ein duales Bewertungsraster mit weitreichenden Folgen gepresst. Die Entscheidung des Gerichts legt in gewisser Weise

‚GewinnerInnen' und ‚VerliererInnen' fest und entscheidet im normativen Sinn, wer von den Konfliktparteien ‚Recht' und ‚Unrecht' hat. Mit solchen Entscheidungen sind bei den Konfliktparteien häufig starke Gefühle verbunden wie Triumph, Hilflosigkeit, Wut, Unverständnis, Missachtung, Enttäuschung, die meist die weiteren Beziehung nachhaltig prägen.

Ähnliches gilt auch für den beschriebenen Konflikt mit dem Gericht bei Berichten im Kontext strittiger Trennungs- und Scheidungssituationen. Das Jugendamt muss hier ein Interesse daran haben, die künftigen Beziehungen zu den Eltern, die sich trennen, nicht durch unnötige Parteinahme (da ohnehin das Gericht hier entscheidet) zu belasten. Das Gericht hat andererseits angesichts der Vielzahl von Fällen gegensätzliche Interessen: Möglichst wenig eigene Ermittlungsarbeit leisten zu müssen und klare Empfehlungen von fachlich kompetenter Seite zu bekommen.

4. ASD und Kindertageseinrichtungen

Drei der Befragten (II, IV, VI) schildern hier ähnliche Konfliktkonstellationen wie bei Schulen, die allerdings hier deutlich seltener auftreten: ErzieherInnen sind mit bestimmten Kindern und ihren Auffälligkeiten überfordert, versuchen zuvor lange eigene Wege. Irgendwann sind ihre Möglichkeiten und ihre Geduld erschöpft und sie „rufen eine Woche vor den Ferien an und sagen: ‚Da muss man sofort... das ist schon lange so schwierig' ... und wenn man nicht sofort (reagiert) ... dann auch gleich, wie wir zu handeln haben" (IV).

Als Grund für das seltenere Auftreten mit Konflikten ihn diesem Feld wird genannt, dass ErzieherInnen in der Hierarchie der Professionen – anders als LehrerInnen – unter den SozialarbeiterInnen stehen und ErzieherInnen einerseits nicht so fordernd auftreten, andererseits auch die SozialarbeiterInnen selbstbewusster agieren als gegenüber LehrerInnen (VI).

5. ASD und Erziehungshilfe-Einrichtungen

Vier der Befragten schildern hierzu Konfliktkonstellationen mit den Themen:
- Aus der Sicht des ASD: ASD Fachkräfte fühlen sich zu spät bzw. gar nicht über wichtige Entwicklungen in Fällen informiert – allerdings wird einschränkend von einem anderen Befragten erwähnt – angesichts der täglich zu bewältigenden Informationsflut: „Ich will auch nicht über jede Kleinigkeit informiert werden" (IX); Einrichtungen entlassen teilweise Jugendliche ohne fachlich ausreichende Beendigung der Hilfe (IX); der ASD hat zu wenig Einfluss auf das, was in den Einrichtungen passiert (VIII); die Kompe-

tenz bestimmter MitarbeiterInnen in den Jugendhilfeeinrichtungen wird angezweifelt (VIII).
- Aus der Sicht der Einrichtungen: Die ASDs geben Fälle an die Jugendhilfeeinrichtungen ab und kümmern sich dann nicht mehr darum, die aktive Wahrnehmung einer „Gesamtfallverantwortung" wird angemahnt (VIII); aus den ASDs werden unklare Ziele und Erwartungen an die Einrichtungen formuliert (XIII).
- Aus externer Sicht: Es gibt zwar Hilfekonferenzen zur Abstimmung der Arbeit zwischen den Beteiligten, aber letztlich läuft die Arbeit nach der Konzeption der Einrichtung (VIII); Problem ist häufig das „Leidensthema Elternarbeit" (XIII): Die ASDs fordern diese ein, die Einrichtungen machen sie oft nicht in ausreichendem Maß; es gibt in manchen Regionen große und mächtige Träger, bei denen sich die ASD-Fachkräfte nicht trauen, bestimmte Veränderungen einzufordern (XIII).

Strukturelles Kennzeichen der Beziehungen in diesem Feld ist, dass der ASD als Gesamtverantwortlicher für den Jugendhilfefall und Auftraggeber für bestimmte Leistungen der Erziehungshilfe mit einem gesetzlichen Auftrag nach dem SGB VIII im Rücken agiert, und so in der Beziehung zu Jugendhilfeeinrichtungen in einer strukturell stärkeren Position ist.

Die Interessen der ASD-Fachkräfte zielen auf eine hochwertige und effiziente Arbeit mit den KlientInnen sowie eine möglichst weitgehende Entlastung im Einzelfall (angesichts der vielen anderen Fälle, die auf dem Schreibtisch warten), um sich möglichst auf eine Steuerungsfunktion zurückziehen zu können. Die Erziehungshilfeträger haben ein Interesse an möglichst klaren, realisierbaren Arbeitsaufträgen und einer angemessenen finanziellen Honorierung. Dass in dieser Konstellation insbesondere die Themen ‚Informieren über wichtige Veränderungen im Fall' ‚Wahrnehmung der Gesamtverantwortung im Fall' und ‚Elternarbeit' zum Streitpunkt werden, verwundert nicht, denn hier werden Unklarheiten und die unterschiedlichen Interessenskonstellationen der beiden Akteure besonders greifbar:

- *‚Informieren über wichtige Veränderungen'/ ‚Wahrnehmung der Gesamtverantwortung':* Jede der Institutionen hat ein Interesse daran, möglichst ungestört ihre Arbeit zu tun, außerdem bleibt ein breiter Interpretationsspielraum bzgl. dessen, was eigentlich „wichtige Veränderungen" sind, über die informiert werden sollte. Folge dieser Konstellation war in der Vergangenheit in der Praxis häufig, wie die Jule-Studie (1998) zeigt, dass durch Fehler beider Seiten in vielen Jugendhilfe-Fällen eine Art von ‚Leerstelle' entstand, nachdem krisenhafte Zuspitzungen im Fall einsetzten, die eine fachlich geplante Beendigung der Hilfen verhinderten und dazu führten,

3 Fallstudie: Spezifische Konfliktpotenziale und typische Konflikte ...

dass Kinder und Jugendliche in unklare Lebensverhältnisse entlassen wurden.[20] Bei den Jule-Analysen wurde auf Seiten der Jugendämter als Gründe für nicht geplante Hilfeabbrüche die hohe Arbeitsbelastung erkennbar und die Tendenz, sich im Verlauf der Hilfen immer weniger für ihre Gestaltung verantwortlich zu fühlen. Auf Seiten der Einrichtungen zeichneten sich oftmals „belastende Dynamiken in der gemeinsamen Interaktion zwischen den Jugendlichen, der Familie und der Einrichtung ab, die am Ende zu eskalieren drohen. Oder es entwickeln sich krisenhafte und verstrickte Verläufe, so dass einer der Beteiligten schließlich ‚aussteigt' und die Kooperation aufkündigt" (Jule 1998: 160-161).

- *‚Elternarbeit'*: Nach § 37 Abs. 1 SGB VIII muss bei einer Erziehungshilfe außerhalb der Familie auch darauf hingewirkt werden, die Situation in der Herkunftsfamilie möglichst wieder soweit zu verbessern, dass das Kind zurückkehren kann. In der Praxis stellt sich allerdings nicht selten das Problem, dass nicht ausreichend geklärt wird, wer und in welchem Maß eigentlich für die erforderliche Elternarbeit zuständig ist. Dann wird die Verantwortung zwischen ASD und Jugendhilfeeinrichtung hin- und hergeschoben, ganz vergessen oder nur in Ansätzen durchgeführt, was dann zum Konfliktpotenzial in diesem Feld wird.

6. ASD und Wirtschaftliche Kinder- und Jugendhilfe (WKJH)

Die WKJH ist in der Regel eigene Abteilung in Jugendämtern, die für Fragen der Finanzierung von Jugendhilfeleistungen zuständig ist und meist mit Verwaltungsfachkräften besetzt ist. Als typische Konfliktkonstellationen mit dieser Institution werden in der Befragung geschildert: Es gibt momentan mehr und teilweise auch inhaltliche Nachfragen aus der WKJH bei der Bewilligung von Hilfen zur Erziehung nach dem KJHG (III, IV). Folgen für die ASD-Fachkräfte sind: Erstens wird mehr Zeit für die Bearbeitung solcher Fälle gebraucht (III). Zweitens: „Mich ärgern die Nachfragen, denn das ist eine Demontage der eigenen Kompetenz" (IV). Seit vielen Jahren gibt es im befragten Jugendamt den Streitpunkt: Wie viel Mitspracherecht hat die WKJH? Wer trifft die Indikation für eine Hilfe? (IV)

Auch in diesem Feld ist ein strukturelles Konfliktpotenzial angelegt: Die Fachkräfte des ASD müssen bei ihrer Einschätzung des Hilfebedarfs nach § 27 SGB VIII und der Auswahl der geeigneten Hilfe vor allem nach pädagogisch-fachlichen Kriterien urteilen. Die WKJH dagegen ist vor allem für die Überprü-

---

[20] Nach den Aktenanalysen der Jule-Studie geschah dies in fast der Hälfte der untersuchten Fälle (vgl. ebd.: 156-157 und 160-161)

fung der finanziellen Aspekte eines Falles zuständig. Angesichts der aktuellen Kostenzuwächse in der Jugendhilfe in allen Regionen nimmt der finanzielle Druck auf die Akteure nach Einsparungen deutlich zu – nicht nur bei der WKJH, auch im (befragten) ASD: „Da kommt manchmal schon ein rauer Wind von oben" (IX).

Zu diesem Einsparungsdruck kommt hinzu, dass hier unterschiedliche Professionen mit unterschiedlichen Wahrnehmungs- und Handlungslogiken aufeinandertreffen. Es verwundert deshalb nicht, dass eine der befragten ASD-Kräfte die kritischen Nachfragen der Verwaltungskräfte als „Demontage der eigenen Kompetenz" erlebt.

3.4.4 Handlungsmöglichkeiten von Fachkräften in typischen Konfliktsituationen – Beispiele und theoretische Einschätzungen

3.4.4.1 Beispiele aus den Befragungen

In den Befragungen sollte es aus Gründen der Leistbarkeit lediglich um die Erfassung und Analyse des Phänomens ‚typische Konflikte' gehen. Die Handlungsdimension (Wie wird mit solchen Konflikten umgegangen?) sollte erst in einer späteren Studie erkundet werden. Dennoch sprachen einige der Befragten von selbst Beispiele an, in denen gelungene Deeskalationsstrategien und Möglichkeiten der Konfliktprävention sichtbar wurden. Trotz der Vorläufigkeit und Begrenztheit dieser Ergebnisse wird bereits erkennbar, dass auch starke strukturelle Konfliktpotenziale nicht automatisch zu Konflikten führen müssen, sondern den Beteiligten situative wie strukturelle Möglichkeiten zu Deeskalation und Prävention bleiben. Einige prägnante Beispiele sollen im Folgenden geschildert werden, außerdem soll eine erste, vorläufige Interpretation von Mustern und Gemeinsamkeiten erfolgen:

1. Im Kontext der konfliktreichen *Wächteramtsituationen* schildern drei der befragten ASD-MitarbeiterInnen (II, III, VII) erfolgreiche Handlungsstrategien, mit denen sie bisher dramatische Eskalationen (auch im Gegensatz zu anderen KollegInnen) vermeiden konnten. Zu diesen Strategien gehören:

- für sich berücksichtigen, dass es gute Gründe gibt, wenn Eltern in solche Situationen geraten (z.B. eigene schwierige Biografie; Überforderungssituationen);
- den Eltern trotz gegensätzlicher Ansichten mit Wertschätzung gegenübertreten, versuchen, ihnen ihre Würde zu lassen;

3 Fallstudie: Spezifische Konfliktpotenziale und typische Konflikte ... 115

- versuchen, die Klienten in *ihrer* Art anzunehmen, und zu versuchen, eine ihnen *gemäße* Gesprächsebene zu finden;
- schwierige Entscheidungen *mit* den Klienten treffen, Konflikten nicht aus dem Weg gehen, aber Eskalationen vermeiden;
- Die Grenzen des eigenen Auftrags beachten: d.h. Abgeben des Falles an das Familiengericht, wenn die eigenen Einflussmöglichkeiten erschöpft sind (d.h. sich nicht als „Staatsanwälte in Sachen Kinderschutz" verstehen: VII).

2. Im Hinblick auf eine Prävention von Konflikten im Rahmen der Beziehungen zwischen *ASD und Schulen* wurden zwei strukturelle Vorkehrungen beschrieben:

- Schulsozialarbeit als intermediäre Instanz zwischen ASD und Schulen: Alle Befragten, die Erfahrungen mit SchulsozialarbeiterInnen haben, schildern diese als geeignet, die Konfliktpotenziale zwischen LehrerInnen und ASD deutlich zu entschärfen (III, IV, VII, IX-XII): SchulsozialarbeiterInnen können als VermittlerInnen zwischen LehrerInnen und ASD, als ÜbersetzerInnen zwischen den Professionen agieren, und viele Konfliktsituationen in den Schulen klären, bevor es zu ASD-Kontakten kommt. „Schulsozialarbeit ist ein Glück für uns und die Schulen", denn: „sie puffern so viel und gut ab, das ist genial" (VII). Zum gleichen Ergebnis kommt eine aktuelle Studie von Bolay u.a. (2004) über Schulsozialarbeit an Hauptschulen und im BVJ in Baden-Württemberg.
- Kooperation strukturell verankern: Als Präventionsstrategie ist es sinnvoll, von ASD-Seite aktiv Kooperationsbezüge mit Schulen aufzubauen (II), auf die Schulen im Einzugsgebiet zuzugehen, die ASD-Arbeit im Kollegium vorzustellen, damit Kontaktpersonen, Auftrag und Hilfemöglichkeiten klar sind, bevor es zu Konflikten kommt. Ferner wird als sinnvoll beschrieben, persönliche Kontakte und fachliche Bezüge zu LehrerInnen aufzubauen (III, V, VI), bzw. ‚Sozialraumorientierung' als weitergehendes Handlungsprinzip umzusetzen (IV).

Als *Handlungsstrategien in bestehenden Konfliktsituationen* mit LehrerInnen haben sich aus der Sicht der Befragten bewährt:

- Man muss um die unterschiedlichen Handlungslogiken und -anforderungen der Personen und Institutionen wissen, sie anerkennen und im Einzelfall das Notwendige aushandeln (VI);
- „Ich versuche, in einer wertschätzenden Weise den Lehrern zu vermitteln, dass Indikation mein Job ist" (II).

3. Auch in bezug auf das *Konfliktpotenzial mit der Wirtschaftlichen Kinder- und Jugendhilfe* wurde von einer Befragten (XIII) auf Präventionsmöglichkeiten verwiesen: Sie berichtet von positiven Erfahrungen mit einem Qualitätszirkel in

einem Landkreis, in dem MitarbeiterInnen aus ASD und WKJH längerfristig zusammenarbeiten. Über dieses längerfristige gemeinsame Tun konnten Vorurteile abgebaut, die unterschiedlichen Denk- und Handlungslogiken sowie die jeweiligen Handlungszwänge verständlich gemacht werden. Folge war ein konfliktfreierer Umgang.

3.4.4.2 Theoretische Einschätzung

Welche Möglichkeiten für erfolgreiches Handeln lassen sich aus diesen Beispielen ablesen?

Die Beispiele setzen an zwei Ebenen an (vgl. auch Teil E):

- *Personen:* Fachkräfte schildern erfolgreiche Handlungsstrategien bei der Prävention oder De-Eskalation von Konfliktsituationen mit KlientInnen und KooperationspartnerInnen.
- *Strukturen:* Für Situationen, die von den Beteiligten als potentiell konfliktträchtig eingeschätzt, werden von einem oder mehreren Beteiligten präventiv wirkende Verfahren, Institutionen, intermediäre Instanzen oder Projekte installiert.

Die personelle Ebene: Die hier von den Befragten beschriebenen Handlungsweisen werden auch in der einschlägigen Fachliteratur (z.B. Glasl 2000) als Formen konstruktiver Konfliktbearbeitung angesehen. Um Eskalation zu verhindern, werden hier ganz ähnliche Handlungsprinzipien beschrieben wie:

- Keine Personifizierung von Konflikten, Auseinanderhalten von Sach- und Beziehungsebene: Ein wesentlicher Aspekt bei der Eskalation von Konflikten ist, dass sich die Auseinandersetzungen immer mehr vom sachlichen Kern lösen, und gleichzeitig die Person des Gegners zunehmend zum Konfliktgegenstand wird. Damit werden aber auch Lösungen immer schwieriger. Eine der zentralen, von den Befragten beschriebenen, Strategien war, sachliche Differenzen, auch wenn sie gravierend waren, nicht zu persönlichen werden zu lassen, indem versucht wurde, weiterhin wertschätzend und respektvoll mit den KonfliktgegnerInnen (Familien bzw. LehrerInnen) umzugehen. Auch bei Eskalationsversuchen der anderen Seite wurde versucht, diese Linie durchzuhalten.
- Bedürfnisorientierung: Je weiter ein Konflikt eskaliert, desto starrer und unnachgiebiger werden die Forderungen und Positionen der Konfliktbeteiligten. Wichtig ist daher, frühzeitig hinter die Positionen zu blicken, die hier

3 Fallstudie: Spezifische Konfliktpotenziale und typische Konflikte ...

vorhandenen Bedürfnisse und Interessen zu erkennen,[21] mit diesen transparent umzugehen und sein Handeln daran zu orientieren.
- Kommunikation statt vollendete Tatsachen: Zur Eskalation trägt bei, wenn im Konfliktverlauf die Kommunikation zwischen den Beteiligten immer schlechter funktioniert und eine oder mehrere Beteiligte dazu übergehen, einseitig Tatsachen zu schaffen. Die Gegenseite wird solches meist nicht einfach hinnehmen und ebenfalls beginnen, Tatsachen zu schaffen. Deshalb ist es von zentraler Bedeutung, die Kommunikation in Konfliktsituationen aufrechtzuerhalten, und Störungen frühzeitig zu thematisieren.

Die strukturelle Ebene: Die oben beschriebenen Strukturen, Verfahren und Instrumente zielen insgesamt darauf, die Konfliktpotenziale bestimmter Situationen unabhängig von konkreten Personen zu entschärfen: Bei Wächteramtsituationen gab es

- erstens in den letzten Jahren auch überregional eine ausführliche rechtliche und fachliche Auseinandersetzung um die sogenannte Garantenstellung des ASD und seiner einzelnen MitarbeiterInnen bzgl. der Sicherung des Kindeswohls. Dadurch sollen Unsicherheiten und Unklarheiten bei den Fachkräften abgebaut werden durch die rechtliche Klärung des Auftrags und der individuellen Verantwortung;
- zweitens wurden regional und überregional fachliche Standards bzgl. der Diagnostik in Gefährdungssituationen (vgl. z.B. Bayrischer Landesjugendamt 2001 oder der so genannte ‚Stuttgarter Kinderschutzbogen', vgl. Jugendamt Stuttgart 2002) und der Verfahrensabläufe entwickelt (z.B. Arbeit zu zweit in Gefährdungssituationen). Dadurch sollten Transparenz, Berechenbarkeit und Bewertungsklarheit für *alle* Beteiligten geschaffen werden.

Dass solche Instrumente und Verfahren allerdings ihre Tücken haben und keine letztendliche Sicherheit geben, wurde in der Befragung deutlich.

Die strukturelle Verankerung der Kooperationsbezüge (mit Schulen bzw. der Wirtschaftlichen Kinder- und Jugendhilfe) unterstützt dabei, sich in Alltagssitua-

---

[21] Ein Beispiel zur Unterscheidung von Bedürfnissen und Positionen: Im Kontext einer Verdachtssituation auf Kindeswohlgefährdung könnten sich z.B. folgende Positionen gegenüber stehen: Der Familienvater: „Ich lasse das Jugendamt nicht in meine Wohnung". ASD-MitarbeiterIn: „Ich muss die Gefährdungssituation einschätzen, also werde ich mir Zutritt zu Ihrer Wohnung verschaffen, notfalls mit Hilfe der Polizei". In einer derartigen Situation besteht das Risiko einer Eskalation nach dem Motto: „Wer ist hier der Stärkere?". Hinter den Positionen liegende Bedürfnisse bzw. Interessen könnten z.B. sein: ASD-MitarbeiterIn: Ich muss einen Arbeitsauftrag erfüllen, sonst kann ich eventuell selber zur Rechenschaft gezogen werden. Familienvater: Ich möchte meine Ruhe vor dem Jugendamt haben; Ich möchte als Gesprächspartner ernst genommen werden.

tionen (ohne den Handlungsdruck eines Konfliktes) kennen und besser verstehen zu lernen – als Personen und als VertreterInnen unterschiedlicher Professionen und Institutionen (mit unterschiedlichen Denk- und Handlungslogiken, Aufträgen und Sachzwängen des Handelns). Das gemeinsame Tun hilft hier vielleicht sogar dabei, diese Unterschiede produktiv nutzbar zu machen.

Eine intermediäre Instanz (wie hier die Schulsozialarbeit) zwischen potentiellen Konfliktparteien kann Konflikte und Eskalationen abpuffern, Übersetzungshilfe und Vermittlung zwischen den unterschiedlichen Aufgaben und Handlungslogiken der Akteure leisten und so präventiv wirken. Sie kann dies aber nur, wenn sie von den anderen Akteuren auch als derartige Instanz im Feld akzeptiert wird und entsprechende Handlungsspielräume hat. Nicht selten hat Schulsozialarbeit in der Praxis nach meiner Erfahrung allerdings die Funktion, primär als verlängerter Arm der LehrerInnenschaft bzw. des Rektorats innerhalb der Institution zu wirken und hier vor allem Störungen und Reibungsverluste bei schulischen Abläufen zu bearbeiten.

3.4.5 Abschließende Bemerkungen

Die Fallstudie hatte das Ziel, relevante Aspekte struktureller Konfliktpotenziale und ‚typischer' Konflikte in der Sozialen Arbeit am Beispiel des ASD zu sondieren und einige davon näher zu erkunden. Die theoretischen wie empirischen Ergebnisse sind als erste Schlaglichter zu verstehen, die keinen Anspruch auf Vollständigkeit erheben und weiteren Forschungsbedarf erkennbar werden lassen.

Einige der zentralen Ergebnisse der Studie seien abschließend noch einmal hervorgehoben:

1. Als theoretischer Hintergrund wurde ein arbeitsfeldübergreifendes Modell zur Erfassung und Beschreibung wiederkehrender Konfliktkonstellationen und struktureller Konfliktpotenziale in der Sozialen Arbeit entwickelt und auf das Arbeitsfeld des ASD angewendet. Auf dieser Grundlage war es möglich, hier strukturelle Konfliktpotenziale auf der Ebene

- gesellschaftlicher Aufträge und Erwartungen,
- institutioneller Strukturen und Aufträge sowie
- der Rollen- und Interaktionsmuster zwischen Fachkräften, KlientInnen und KooperationspartnerInnen zu identifizieren.

3 Fallstudie: Spezifische Konfliktpotenziale und typische Konflikte... 119

2. In der Studie wurde eine Vielzahl wiederkehrender Konflikt-Konstellationen in der Arbeit von ASDs identifiziert, die die Einschätzung einer befragten Fachkraft („Unsere Arbeit ist der Konflikt!") bestätigen. Solche Konflikte finden sich in vier Bereichen:

- Konflikte, die KlientInnen aus ihren Lebenswelten mitbringen,
- Konflikte zwischen Fachkräften und KlientInnen,
- Konflikte zwischen Fachkäften in Teams,
- Konflikte zwischen Fachkräften und KooperationspartnerInnen.

Außerdem zeigte sich, dass fast alle der empirisch identifizierten ‚typischen Konflikte' in einem Zusammenhang mit arbeitsfeldspezifischen strukturellen Konfliktpotenzialen auf den drei Ebenen des Modells von Hamburger (2003) stehen: der *Interaktion* zwischen Fachkräften und KlientInnen, der *Organisation* und der *Gesellschaft*.

Eine Konfliktkonstellation ist besonders gefürchtet: Die Wahrnehmung von Aufgaben im Kontext des staatlichen Wächteramts für das Kindeswohl. Die Aufgaben und Konfliktpotenziale in dieser Art von Situation sind nicht nur eine Quelle starker innerer Konflikte, Belastungen und Verunsicherungen aufgrund der rechtlichen und fachlichen Verantwortung. Hier ist auch die Gefahr besonders groß, dass massive Interessengegensätze mit KlientInnen auftauchen und Auseinandersetzungen rasch und heftig eskalieren, bzw. sich im Umgang mit solchen Aufgaben zusätzlich noch Differenzen mit KollegInnen oder der Leitung ergeben.

3. Es gibt keine Automatismen, nach denen die latenten Konfliktpotenziale im Feld auch zu manifesten Konflikten werden müssen. Dies lässt sich theoretisch zeigen, aber auch die empirischen Ergebnisse geben Hinweise in diese Richtung: Die bisher beschriebenen positiven Erfahrungen mancher Fachkräfte mit bestimmten Handlungsstrategien in besonders heiklen Konstellationen zeigen, dass auch hier Strategien der Prävention oder Deeskalation erfolgreich sein können, zumindest dann, wenn die Konflikte noch nicht zu weit eskaliert sind. Hier ist aber weiterer Forschungsbedarf im Sinne einer vertiefenden Studie deutlich.

Dieser Zusammenhang ist wichtig für die professionelle Arbeit mit Konflikten im Kontext der Sozialen Arbeit: Professionelle Konfliktarbeit drückt sich einerseits in einem konstruktiven Handeln bei Konflikten mit KlientInnen, KollegInnen, KooperationspartnerInnen etc. aus. Sie erfordert aber auch, strukturelle Konfliktpotenziale innerhalb des eigenen Handlungskontextes frühzeitig zu erkennen und sie reflexiv und aktiv in die eigene Arbeit einzubeziehen.

Teil E
Professionelles Handeln in Konfliktsituationen –
Überlegungen zu einer Methodik konfliktbezogenen Handelns in der Sozialen Arbeit

Der umfangreichste Teil dieses Buches widmet sich dem professionellen Handeln in Konfliktsituationen. Ziel ist es, eine Rahmenkonzeption für methodisches Handeln in Konfliktsituationen zu entwickeln, die bestehende konfliktbezogene Handlungskonzepte und Methoden in der Sozialen Arbeit ergänzt und weiterführt. Hierzu werden im Folgenden wichtige dieser Ansätze und Methoden zusammengefasst und ihre Möglichkeiten und Grenzen verdeutlicht (Kapitel 1).

Zur Erweiterung dieser konfliktbezogenen Zugänge Sozialer Arbeit werden in Kapitel 2 Erkenntnisse aus der aktuellen Fachdiskussion Sozialer Arbeit nutzbar gemacht: Ergebnisse aus der Diskussion um ein angemessenes ‚Fallverstehen' und ‚methodisches Handeln', empirische Ergebnisse und eigene Erfahrungen im Hinblick darauf, wie eine produktive Prozessgestaltung in Konfliktsituationen aussehen sollte, fließen hier zusammen. Als integrierendes Modell für diese Erkenntnisse wird in Kapitel 2.4 vorgeschlagen, professionelle Konfliktarbeit als situative Balance von problem- und verständigungsorientiertem methodischem Handeln zu erfassen, und hierfür das bereits in Teil D vorgestellte Modell von Hubbertz (2002) mit seinen Handlungsmodi ‚Problemlösen' und ‚Verstehen' zu nutzen. Auf dieser Basis wird dann in Kapitel 3 ein Rahmenkonzept methodischen Handelns mit fünf Handlungsbereichen entwickelt.

1 Handlungskonzepte und Methoden Sozialer Arbeit in Konflikten

Betrachtet man die Praxis und Fachdiskussion der letzten Jahrzehnte, so lassen sich mindestens zwei Linien konfliktbezogener Handlungszugänge in der Sozialen Arbeit identifizieren:

- eine *Linie kritisch-politisierender Sozialer Arbeit*, die mit verschiedenen Konzepten von Gemeinwesenarbeit (im Folgenden: GWA) in den 1960er Jahren beginnt. Die GWA hat seit dieser Zeit konzeptionell wie praktisch sehr wechselvolle Zeiten erlebt und hat heute unter Begriffen wie „Community Organisation" oder „Gemeinwesenökonomie" wieder theoretisch wie praktisch neue Bedeutung gewonnen (vgl. zusammenfassend Oelschlägel 2001). In diesen politischen Strang Sozialer Arbeit gehören auch der „konflikttheoretische Ansatz", den Maas 1985 formuliert hat, sowie das Handlungskonzept der „Konfliktorientierung", das Bitzan /Klöck 1993 ausführlich vorgestellt haben und das Maria Bitzan in jüngerer Zeit (2000) als kritische Ergänzung des Konzepts der Lebensweltorientierung weiterentwickelt hat.[22]
- Eine zweite *Linie methodisch orientierter Zugänge* ohne explizit gesellschaftstheoretische bzw. -kritische Begründung mit lösungsorientiertem Fokus: Hier ist in erster Linie die Methode der Mediation zu nennen, die Ende der 1980er Jahre zunehmend in der BRD Fuß fasste, nachdem sie in den USA bereits über eine längere, sehr erfolgreiche Tradition verfügte (vgl. z.B. Besemer 1993). Hierher gehören auch unterschiedliche Formen konfliktbezogener Gesprächsführung oder Klärungshilfe (z.B. Thomann/Schulz von Thun 1988), die aus der Psychologie in die Soziale Arbeit importiert wurden, und – seit kurzem – die kontrovers diskutierten Konzepte ‚konfrontativer Pädagogik', die vor allem bei gewalttätigen Jugendlichen Verwendung finden (vgl. Weidner 2004).

Beide Stränge sollen im Folgenden ausführlicher nachgezeichnet werden.

1.1 Politisch orientierte Soziale Arbeit

Wenn Soziale Arbeit primär als sozialpolitisches Handlungsinstrument verstanden wird, liegt der Zugang über das Thema soziale Konflikte sehr nahe:

> „Soziale Konflikte und deren Verursachungszusammenhänge als Folgen gesellschaftspolitischer Interessengegensätze sind der Stoff der sozialen Arbeit. In ihrer Praxis bezieht sie sich immer auf sie, sei es regulierend, schlichtend, oder auf- und eingreifend im Sinn von Aufklärung und Parteinahme. Politisierende (gemeinwesenorientierte) Arbeit verweist in ihrer Grundrichtung auf das Sichtbarmachen dieser

---

[22] Wichtige Seitenstränge in dieser Linie, auf die aber im Folgenden nicht weiter eingegangen werden kann, sind insbesondere das Konzept einer „kommunalen Sozialarbeitspolitik", das zu Beginn der 80er Jahre formuliert wurde (vgl. z.B. Müller/Olk/Otto 1981) und das Konzept einer „Politik des Sozialen", zu dem aus dem Kreis der Zeitschrift WIDERSPRÜCHE diverse Beiträge formuliert wurden (vgl. z.B. Diemer 1989).

1 Handlungskonzepte und Methoden Sozialer Arbeit in Konflikten 123

Konfliktstrukturen und ist somit geradezu gekennzeichnet durch das Aufdecken von und der Arbeit mit Konflikten" (Bitzan/Klöck 1993: 25).

Allerdings zeigt sich in der GWA, die ab dem Ende der 1960er Jahre als Arbeitsfeld und dritte der ‚klassischen Methoden' (neben der Einzelfallhilfe und Gruppenarbeit) eine kurze Blütezeit in der BRD erlebte, bereits von ihrer Entwicklungsgeschichte her eine widersprüchliche Doppelfunktion, die in Theorie und Praxis für Kontroversen sorgte:

> „Die GWA war von jeher der einzige ‚überfamiliale' strukturelle Ansatz in der sozialen Arbeit, der sich explizit auf die (kommunal)politischen Entstehungsbedingungen sozialer Probleme bezogen hat, und somit Chancen eröffnete für eine Interessenartikulation sozial Benachteiligter und für ein offensives Engagement sozialpolitischer Initiativgruppen. So gesehen beinhaltet die GWA potentiell immer die Chance für einen konfliktorientierten politisierenden Arbeitsansatz. Gleichzeitig – und das macht ihren doppelten Politikbezug aus – wird sie immer auch als Regulations- und Befriedungsinstrument zur Durchsetzung gesellschaftlicher Normierungen und Beschwichtigung in Konflikten gebraucht" (ebd.: 26).

Zielrichtungen und Zugänge von GWA können also je nach Interesse der relevanten Akteure weit auseinandergehen, wie auch die konzeptionellen Kontroversen in den 1970er Jahren zeigten. Galuske (2001) unterscheidet in Anlehnung an Karas/Hinte (1978) vier Konzepte, in denen sich unterschiedliche Umgangsweisen mit der genannten Doppelfunktion widerspiegeln und die sich auf einer Achse mit zwei Polen anordnen lassen.[23]

- Auf der einen Seite des Spektrums steht die so genannte „Wohlfahrtsstaatliche GWA", bei der es weniger um die (politische) Aktivierung von BürgerInnen, sondern um eine bessere Ausstattung von Gemeinwesen mit Dienstleistungsangeboten und eine bessere Koordination von Trägern geht. Hier dürfen BürgerInnen lediglich mitentscheiden, wie ihre sozialstaatliche Versorgung gestaltet werden soll. Soziale Dienstleistungen werden durch die Gemeinwesenarbeit gesteuert, während wichtige Entscheidungen in den Händen der Organisationen liegen. „Unter diesem Aspekt wird Gemeinwesenarbeit zu einem Werkzeug der Anpassung an bestehende gesellschaftliche Bedingungen" (Karas/Hinte 1978: 33).
- Auf der anderen Seite des Spektrums stehen konfliktorientierte Ansätze „Aggressiver GWA". Hier wird davon ausgegangen, dass sich bestimmte Bedürfnisse und Veränderungen der Lebensbedingungen in der kapitalistischen Gesellschaft nur gegen die bestehenden Machtverhältnisse durchset-

---

[23] In dieser Polarität spiegelt sich auch wider, was Böhnisch/Lösch (1973) etwa zeitgleich mit dem Begriff des „doppelten Mandats" als arbeitsfeldübergreifendes, konfliktgenerierendes Strukturmerkmal Sozialer Arbeit kennzeichnen

zen lassen. Es braucht dann die gezielte Organisation von Betroffenen zur Bildung von Gegenmacht, „die ihre Interessen auch mittels politischer Einmischung und Provokation durchzusetzen gewillt sind. (...) Der Gemeinwesenarbeiter regt die Bildung von Bürgerorganisationen an und berät diese beim ‚Kampf' gegen die etablierten Macht- und Herrschaftsstrukturen" (Galuske 2001: 102-103).

Zwischen diesen beiden Polen befinden sich die Konzepte „integrativer GWA", bei der es um eine Verbesserung der Funktionalität des Gemeinwesens geht, und „aktivierender GWA", deren Kern die Initiierung bzw. Stützung von Gruppenselbsthilfe ist. Entsprechend dieser Polarität schwanken in den vier Konzepten *erstens* die Bedeutung von Konflikten zwischen Negation oder Harmonisierung und bewusster, offensiver Inszenierung sowie *zweitens* die professionellen Handlungsstrategien zwischen einer Entwicklung professionellen Handelns in Institutionen und außerinstitutionellen Wegen der Interessenorganisation und Gegenmachtbildung (vgl. Bitzan/Klöck 1993: 79-90).

Ab Ende der 1970er Jahre ist in der Konzeptentwicklung und Praxis der GWA ein deutlicher Bedeutungsrückgang zu beobachten: Dies hing zum einen mit einem veränderten politischen Klima und schwindenden sozialstaatlichen Reformbemühungen zusammen, andererseits gab es ernüchternde Erfahrungen in der Praxis in der Art, „dass sich die hochgesteckten Ziele einer Gesellschaftsveränderung von unten durch Aktivierung der Selbstorganisationspotenziale benachteiligter Bevölkerungsgruppen nur allzu leicht im Dickicht der Alltagsprobleme als unrealistisch erwiesen" (Galuske 2001: 107).

Allerdings blieb als wichtiger Ertrag dieser Blütezeit die Integration neuer methodischer Herangehensweisen in den Kanon Sozialer Arbeit und eine „Erweiterung des ‚sozialpädagogischen Blicks' um die sozialräumliche Dimension als Referenzpunkt für Problemanalyse und professionelle Intervention" (ebd.). Entsprechend erlebte die *GWA als allgemeines, arbeitsfeldübergreifendes Arbeitsprinzip* (Boulet u.a. 1980) der Sozialen Arbeit in der folgenden Zeit eine neue Blüte, Elemente der GWA wie Vernetzung, lokale Orientierung, Betroffenenpartizipation und -aktivierung wurden sukzessive in unterschiedlichste Felder und Kontexte übernommen. Mit dieser Wandlung zum allgemeinen Arbeitsprinzip trat allerdings auch die konfliktbezogene Handlungsdimension in den Hintergrund.

Die Neuorientierung von GWA als Arbeitsprinzip führten ca. ein Jahrzehnt später Bitzan und Klöck in ihrem Konzept der *Konfliktorientierung* (1993) weiter, das sie auf der Basis der wissenschaftlichen Begleitung eines Modellprogramms

1 Handlungskonzepte und Methoden Sozialer Arbeit in Konflikten 125

gemeinwesenorientierter Jugendhilfe in Süddeutschland entwickelten. Ausgangspunkt war eine Kritik bisheriger politischer GWA in dem Sinne, dass hier

- keine Konflikttheorie entwickelt worden war, die auch für das Handeln in der Praxis angemessen war,
- die Kategorie Geschlecht als zentrales Bestimmungsmoment von Gesellschaft und sozialen Konflikten systematisch vernachlässigt wurde,
- neuere Ansätze von Selbsthilfe und alternativer Kultur nicht ausreichend berücksichtigt wurden.

Ihr Konzept von Konfliktorientierung basiert auf der Erkenntnis, dass „kleinräumige, an den Subjekten orientierte Handlungsstrategien (...) in der sozialen Arbeit ein Verständnis der gegebenen Konstellationen als Ergebnisse von (meist verdeckten) Konflikten" verlangen (ebd.: 350). Konfliktorientierung bedeutet dann

- eine Sichtbarmachung und Analyse solcher Konfliktkonstellationen als Ansatzpunkt von Praxis,
- produktive Handlungsstrategien im Umgang mit diesen Konflikten,
- eine Entwicklung der Konfliktbereitschaft und -fähigkeit der Beteiligten.

In Verbindung mit dem Prinzip der Geschlechterdifferenzierung entwickeln sie auf dieser Grundlage ein Modell sozialpolitischer Handlungskompetenz von Fachkräften mit drei Elementen: „Selbstreflexion, Einlassen auf die Bewältigungsmuster der AdressatInnen und auf die Rationalität ihrer Lebenswelt und strategisches konfliktorientiertes Handeln" (ebd.: 352).

Als ausschließlich professionelle Handlungsstrategie führt Konfliktorientierung nach den Erfahrungen der AutorInnen allerdings nicht zum Ziel. Soziale Arbeit ist hier „angewiesen auf die Bezugnahme und die strategische Kooperation mit kritischen außerinstitutionellen Kräften, die in den letzten Jahren vorwiegend in einzelnen Bereichen und Initiativen der neuen sozialen Bewegungen zu erkennen waren" (ebd.).

Maria Bitzan hat dieses Konzept im Jahr 2000 reformuliert und über den Bereich gemeinwesenorientierter Arbeit hinaus erweitert mit Blick auf die Verwässerung und problematische Aneignung prinzipiell kritischer Konzepte wie Partizipation, Lebensweltorientierung, Ganzheitlichkeit etc., die bei ihrer Umsetzung in Praxis zwar gerne als modisches Etikett verwendet, aber inhaltlich reduziert und ihrer kritischen Impulse beraubt werden (als Lebenswelt- oder Subjektorientierung ‚light'). Gründe für diese Form der Rezeption sieht Bitzan neben dem aktuell starken Legitimationsdruck in der Praxis auch „in der Unschärfe der Konzepte, deren politische Brisanz nie wirklich ausbuchstabiert wurde. Die Rezeption war schon immer in alle Richtungen offen" (Bitzan 2000: 336). Ihr Konzept, das bereits in Teil C ausführlicher vorgestellt wurde, sieht in der Lebenswelt der Subjekte, ihren Widersprüchen, Konflikten und Veränderungen im Zuge gesellschaftlicher Modernisierung den zentralen Ansatzpunkt einer kritischen sozialen Arbeit.

Ein Blick auf die Rezeption der hier skizzierten, politisch-konfliktbezogenen Handlungsansätze macht deutlich, dass diese – nach einer kurzen Blüte in einer reformorientierten Gesellschaftsphase – nicht mehr breit theoretisch diskutiert oder in der Praxis umgesetzt wurden. Die Gründe liegen insbesondere darin, dass sie

- unbequeme, den gesellschaftlichen Status Quo kritisierende Modelle sind, die bei einer Umsetzung in der Praxis immer auch Mut, Risikobereitschaft und spezifische konfliktbezogene Handlungskompetenzen der Fachkräfte erfordern;
- immer jenseits des Mainstreams des Fachdiskurses und der thematischen Konjunkturen in der Sozialen Arbeit lagen;
- meist relativ vage blieben im Sinne allgemeiner Grundsätze und Handlungsorientierungen, und nur teilweise im Bereich der Gemeinwesenarbeit ein differenzierteres, mit überschaubarem Aufwand erlernbares Instrumentarium von Methoden und Techniken zur Analyse und Bearbeitung von Konflikten hervorgebracht haben.

Sabine Hering (2005) geht noch einen Schritt weiter und entwickelt aus einer Analyse des Verhältnisses von Sozialpolitik und Sozialer Arbeit während der letzten ca. 120 Jahre die These, dass der Mainstream Sozialer Arbeit im Grunde nie eine wirklich politische und kritische Kraft gegen staatliche Sozialpolitik war:

„Die Identifikation mit dem Staat und den Interessen der Gemeinschaft scheint – von Anfang an bis heute – die Verantwortlichen im Bereich der Sozialpolitik wie der Sozialen Arbeit prägen. (...) Auch unter verschärften sozialpolitischen Rahmenbedingungen richtet sich die Soziale Arbeit darauf ein, als kompensatorische Kraft zu wirken und sich – wie bereits vor 100 Jahren – auf den Bereich der individuellen Hilfen zu konzentrieren, durch welche alle jene aufgefangen werden, die durch die Maschen des sozialen Netzes hindurch gefallen sind. (...) Dass die geforderte ‚Repolitisierung' der Sozialen Arbeit nicht stattfindet, hängt vielleicht nicht zuletzt damit zusammen, dass die Profession aus den dargestellten Gründen niemals in diesem Sinne ‚politisiert' war. Die Forderung nach einer gesellschaftskritischen Positionierung ist immer nur von außen gekommen" (ebd.: 8-9).

Nach dieser kurzen Darstellung politisch orientierter konfliktbezogener Arbeit werden im nächsten Abschnitt verschiedene methodisch orientierte Zugänge zu

1 Handlungskonzepte und Methoden Sozialer Arbeit in Konflikten

Konflikten vorgestellt. Hier steht der konkrete, zwischen den verschiedenen Akteuren ausgetragene sichtbare Konflikt, seine Auswirkungen auf die Beteiligten (Interaktionsdimension) sowie seine Bearbeitung und gegebenenfalls Lösung im Mittelpunkt. Es fehlt aber eine theoretische Rückbindung an die Spezifika und strukturellen Rahmenbedingungen Sozialer Arbeit bzw. der Gesellschaft, in der sie tätig wird (Strukturdimension), wie sie in den geschilderten politischen Ansätzen mehr oder weniger kompetent geleistet wird.

1.2 Methodische Ansätze zur Bearbeitung von Konflikten

1.2.1 Psychologisch orientierte Ansätze konfliktbezogener Gesprächsführung und Klärungshilfe

Friedrich Glasl (1992) hat in seinem Stufenmodell zur Eskalation von Konflikten gezeigt, wie leicht sachliche Meinungsunterschiede und gegensätzliche Interessenkonstellationen zu Konflikten werden können, die weiter eskalieren, wenn die sprachliche Verständigung zwischen den Beteiligten nicht mehr funktioniert und sich die Bilder und Ideen in den Köpfen der Beteiligten übereinander beginnen zu verselbstständigen. Der Mechanismus der „Selbstansteckung" von Konflikten (Glasl 2000) wird dadurch verstärkt, dass bei Konfliktbeteiligten zunehmend Veränderungen im Wahrnehmen, Denken, Fühlen und Wollen einsetzen, die als Ursache und Wirkung zugleich in Richtung einer weiteren Eskalation weisen. Ergänzend hat z.B. Schulz von Thun (1981) nachgewiesen, dass in Kommunikationsprozessen systematische Fehlerquellen zu finden sind, die in Richtung von Missverständnissen oder Unklarheiten wirken, die konfliktgenerierend sind. In der konkreten Interaktion können solche Unklarheiten in Verbindung mit bestimmten subjektiven Vorerfahrungen bzw. Kommunikationsmustern sogar zu Eskalationsspiralen oder „Teufelskreisen" (Schulz von Thun 1989: 28-37) werden, die von den Beteiligten kaum mehr kontrolliert werden können.

Mit diesem kurz skizzierten kommunikationspsychologischen Hintergrund zeichnet sich eine erste Linie von Ansätzen zur Konfliktbearbeitung ab, die auf deeskalierenden *Methoden und Techniken der Gesprächsführung* (z.B. Benien 2003) oder *Formen der Klärungshilfe* in schwierigen Situationen beruhen (z.B. Thomann/Schulz von Thun 1988). Die Mehrzahl solcher Methoden und Techniken wurde in der Psychologie entwickelt, einige davon sind mittlerweile selbstverständlicher Bestandteil der Ausbildung und Praxis Sozialer Arbeit geworden. Da diese Methoden bereits sehr bekannt und verbreitet sind, soll hier nicht vertiefend auf sie eingegangen werden.

1.2.2 Konfrontative Pädagogik

Seit ca. 15 Jahren wird in der BRD ein konfliktbezogener Arbeitsansatz weiterentwickelt und verbreitet, der seit Beginn für Kontroversen sorgt: Die so genannte „Konfrontative Pädagogik", die vor allem in zwei Arten von Trainingsmaßnahmen Ausdruck findet, dem Anti-Aggressivitäts-Training (AAT) und dem Coolness-Training (CT), wobei das AAT vor allem im Kontext der Justiz (Bewährungs- und Jugendgerichtshilfe, Strafvollzug), das CT primär in Jugendhilfe und Schule eingesetzt wird und hier auf einer freiwilligen Teilnahme basiert. Protagonist dieses Ansatzes ist in Deutschland vor allem der Erziehungswissenschaftler und Kriminologe Jens Weidner, der als Professor in Hamburg lehrt.

Zielgruppe der Trainings sind „Menschen, die sich gerne und häufig schlagen und Spaß an der Gewalt zeigen z.b. Hooligans, Skin-Heads, schul- und stadtbekannte ‚Schläger'. Sie müssen kognitiv und sprachlich dem Programm folgen können" (Weidner 2004: 21).

Die Trainings dauern sechs Monate mit einer mehrstündigen Gruppensitzung pro Woche, begleitet von Einzelgesprächen. Die Trainingsinhalte umfassen z.B. „Analyse der Aggressivitätsauslöser und Gewaltrechtfertigungen, Tatkonfrontation und Provokationstests auf dem heißen Stuhl, Opferbriefe, -filme, -aufsätze zur Einmassierung des Opferleids, Distanzierungsbrief an die gewaltverherrlichende Clique" (ebd.).

Methodischer Zugang ist primär ein konfrontativ-provokativer Gesprächsstil. Beide Ansätze basieren auf einem lerntheoretisch-kognitiven Paradigma und orientierten sich an der konfrontativen Therapie Corsinis sowie der provokativen Therapie Farrellys, ein weiterer Bezugspunkt sind die Glen Mills Schools[24] in den USA.

> „Die lerntheoretischen Aspekte konzentrieren sich auf den konkreten Umgang mit Konfliktsituationen, etwa im Rahmen von individuellen Provokationstests oder bei der Analyse von Aggressivitäts-Auslösern (angelehnt an die systematische Desensibilisierung). Die kognitive Perspektive zielt auf eine Einstellungsveränderung der Gewalttätigen insbesondere in bezug auf Opferempathie" (Kilb/Weidner 2002: 298).

Der Ansatz ist nach Aussagen Weidners mittlerweile in über 90 Projekten mit ca. 1000 Probanden jährlich in mehr als 50 Städten in Deutschland und der Schweiz verbreitet. Bis 2004 wurden ca. 200 Fachkräfte Sozialer Arbeit und Psycholog-

---

[24] Es handelt sich hier um kontrovers diskutierte Einrichtungen zwischen Jugendhilfe und Strafvollzug, die straffällig gewordenen Gang-Jugendlichen durch ein höchst stringentes und autoritäres Erziehungsprogramm mit einem straff durchorganisierten Tagesablauf die Chance bieten, ihr Denken und Handeln zu verändern.

1 Handlungskonzepte und Methoden Sozialer Arbeit in Konflikten 129

Innen nach diesem Ansatz ausgebildet und lizensiert. Erste empirische Untersuchungen belegen laut Weidner auch die Wirkungen des Programms, denn „63% der behandelten Gewalttäter (wurden) nicht wieder einschlägig rückfällig" (ebd.: 300). Damit erreicht das Programm ähnliche Werte wie andere Maßnahmen zum Abbau von Gewaltbereitschaft.

Konfrontative Pädagogik ist in der Fachdiskussion recht umstritten, insbesondere Tim Kunstreich und Albert Scherr kritisieren den Ansatz u.a. mit folgenden Argumenten (vgl. z.B. Scherr 2002):

Durch AAT und CT finde eine Dekontextualisierung und Personalisierung von Taten statt:

> „Gewalt (wird) aus ihren sozialen Kontexten herausgelöst und als Ausbruch individueller Aggressionsneigungen dargestellt, selbst die biografische Genese solcher Neigungen findet wenig Aufmerksamkeit. Dieser analytischen Dekontextualisierung korrespondiert ein Interventionskonzept, das individualtherapeutisch ausgerichtet ist" (...) und in dem die gesellschaftlichen „Sozialisations-, Motivbeschaffungs- und Legitimationszusammenhänge solcher Gewalt (insbesondere Männlichkeitsideologien, Gewaltlegitimation, Feindbilder) keine Berücksichtigung finden" (ebd.: 305).

Außerdem sei die Wirkung des Programms fragwürdig:

> „AAT erzielt zwar leicht bessere Ergebnisse als eine Praxis bloßen Einsperrens, aber keine erkennbar besseren Ergebnisse als andere Methoden der pädagogischen bzw. therapeutischen Arbeit mit vergleichbaren Adressaten. (...) Was wirkt, und zwar unabhängig von der spezifischen Methode ist der Aufbau pädagogischer bzw. therapeutischer Beziehungen im Unterschied zu einer Praxis, der allein auf die heilende Wirkung des Strafaktes und sozialer Isolation setzt" (ebd.: 306)

1.2.3 Mediation, Moderation, Supervision

Eine dritte Linie methodischer Ansätze in der Sozialen Arbeit zur Bearbeitung von Konflikten besteht aus Formen der *Mediation, Moderation und Supervision*, Methoden, die wie die Supervision teilweise eine längere Tradition besitzen, teilweise aber auch wie die Mediation (zumindest in Deutschland) erst vor kurzem von der Profession entdeckt wurden. Allen drei ist gemeinsam, dass mit ihnen Reflexions-, Problemlösungs- und Klärungsprozesse sowie Konflikte zwischen zwei und mehr Personen begleitet werden. Je nach Definition und konzeptionellem Zuschnitt der drei Methoden gibt es mehr oder weniger große Überschneidungsbereiche, in der Praxis zeigt sich häufig, dass je nach Art und Komplexität des Konflikts entschieden werden muss, welche dieser Methoden (bzw. welche Kombination davon) fachlich sinnvoll ist (zu Gemeinsamkeiten und

Unterschieden vgl. Irle 2001 und Iser 2005). Spezialisiert auf die Bearbeitung von Konflikten ist allerdings nur die Mediation,[25] die im letzten Jahrzehnt einen regelrechten Boom in der Sozialen Arbeit erlebt hat. Diese Methode soll im Folgenden etwas ausführlicher vorgestellt werden.

Mediation im engeren Sinne wurde vor allem in den USA als Alternative zum klassischen Streitverfahren vor Gericht entwickelt und meint wörtlich übersetzt „Vermittlung". Mediation meint

> „die Vermittlung in Streitfällen durch unparteiische Dritte, die von allen Seiten akzeptiert werden. Die vermittelnden MediatorInnen helfen den Streitenden, eine einvernehmliche Lösung ihrer Probleme zu finden. Aufgabe der MediatorInnen ist es nicht, einen Schiedsspruch oder ein Urteil zu sprechen. Vielmehr liegt es an den Konfliktparteien selbst, eine ihren Interessen optimal entsprechende Problemlösung zu erarbeiten" (Besemer 1993: 14).

Allerdings wird in der Literatur – wie Irle (2003: 7) konstatiert – sehr Unterschiedliches unter dieser allgemeinen Definition gefasst: Es gibt relativ ‚enge' Ansätze, die Mediation lediglich als kurzfristige Interventionen bei verhandelbaren Sach- und Interessenkonflikten fassen (z.b. das Harvard Konzept sachgerechten Verhandelns; vgl. Fisher/Ury 1984). ‚Weite' Ansätze (wie z.B. Wandrey 2004) sehen Mediation tätig zwischen drei Handlungsdimensionen, die je nach Fall- und Konfliktkonstellation methodisch unterschiedlich gefüllt werden müssen:

- „Sach- und ergebnisorientierte Verhandlung: Orientiert an den Interessen der Konfliktparteien soll eine beiderseitige Gewinnmaximierung erzielt werden (...);
- Prozess- und systemorientierte Klärung: Orientiert an den wechselseitig aufeinander bezogenen Bedürfnissen der Konfliktparteien soll eine möglichst umfassende Kommunikations-, Beziehungs- und Rollenklärung erzielt werden (...);
- Individuell personenbezogene Würdigung: Die Betonung liegt hier auf Hilfestellungen für die Betroffenen, um das Geschehene individuell verarbeiten und in ihr Selbstsystem integrieren zu können" (ebd.: 345).

Das *Mediationsverfahren* besteht aus einer Folge von Arbeitsschritten, allerdings ist je nach Autor die Zahl bzw. Bezeichnung der Schritte unterschiedlich. Bei Montada/Kals (2001), die hier zur Illustrierung genutzt werden, hat das Verfahren sechs Schritte:

---

[25] Eine Ausnahme bildet die Konfliktmoderation, die Redlich (1997) entwickelt hat.

1 Handlungskonzepte und Methoden Sozialer Arbeit in Konflikten 131

- *Vorbereitung:* Über die Regeln der Mediation informieren; klären, wer die Konfliktparteien sind und versuchen, evtl. fehlende Parteien zur Teilnahme zu gewinnen; Ziele und Rahmenbedingungen mit den Konfliktparteien klären; Mediationsvertrag abschließen.
- *Probleme erfassen und analysieren:* Anliegen der Parteien und entstandene Probleme werden artikuliert; Bedingungen, die zur Entstehung oder Erhaltung des Problems bzw. Konflikts beitragen, werden grob identifiziert.
- *Konfliktanalyse:* Tiefenstrukturen des Konflikts und seine Entstehungsbedingungen in Gegenwart und Vergangenheit werden genauer analysiert.
- *Konflikte und Probleme bearbeiten:* Lösungsoptionen generieren; wichtige Anliegen bewusst machen; Lösungsoptionen bewerten.
- *Mediationsvereinbarung:* Eine Lösungsoption auswählen; Begleitung und Überprüfung der Lösungsumsetzung vereinbaren und vertraglich fixieren.
- *Evaluation und Follow-Up:* Lösungsumsetzung kurz- und langfristig überprüfen; Evaluation des Prozesses.

Rolle und professionelle Haltung der MediatorInnen können wie folgt skizziert werden (vgl. Besemer 1993: 18-19):

- Die MediatorIn muss das Vertrauen aller Konfliktparteien haben und von allen akzeptiert werden.
- Die MediatorIn sollte kein eigenes Interesse an einem bestimmten Konfliktausgang haben, und in diesem Sinne unparteilich sein. Sie sollte sich aber für die Belange aller Parteien einsetzen. In diesem Sinne agiert sie ‚allparteilich'.
- Die MediatorIn bewertet nicht, sondern nimmt alle Standpunkte, Gefühle, Interessen der Parteien ernst.
- Die MediatorIn ist für den Prozess der Mediation verantwortlich, die Konfliktparteien für die Inhalte. Die Konfliktlösungen werden von ihnen erarbeitet, die MediatorIn achtet aber darauf, dass keine unrealistischen oder unfairen Vereinbarungen getroffen werden.
- Die MediatorIn unterstützt die Parteien, sich über ihre Interessen klar zu werden und sie verständlich zum Ausdruck zu bringen.

Mediation ist keine alleinige Domäne der Sozialen Arbeit, auch wenn sie zur Umsetzung der Vermittlungsaufgabe Sozialer Arbeit zwischen Individuum und Gesellschaft geradezu prädestiniert scheint. In Teil C wurde deutlich, dass sie auch für JuristInnen und PsychologInnen von hohem Interesse ist, sowohl aus inhaltlichen Gründen wie auch als neue professionelle Domäne zur Statussicherung bzw. zur Erweiterung von Kompetenz- und Zuständigkeitsbereichen.

In der Bundesrepublik wurde Mediation als Methode Sozialer Arbeit erst spät (ab Mitte der 1980er Jahre) entdeckt. Zuerst wurde sie im Bereich des Täter-Opfer-Ausgleichs (z.b. Wandrey/Weitekamp 1995) und in Familien bei Trennungs- und Scheidungskonflikten (z.b. Proksch 2003) erfolgreich eingesetzt, mittlerweile hat sie auch eine weite Verbreitung in Schulen (z.b. Schubarth 2003), Offener und Mobiler Jugendarbeit (z.b. Schmauch 2001), im interkulturellen Kontext (z.b. Haumersen/Liebe 1999) oder im Rahmen der Arbeit in sozial belasteten städtischen Quartieren (z.b. Winter 2003) gefunden.

Die große Resonanz in der Sozialen Arbeit lässt sich vor allem auf drei Faktoren zurückführen:

- Mediation ist oberflächlich betrachtet eine pragmatische, lösungsorientierte Methode ohne großen theoretischen Überbau, die Handlungsfähigkeit in schwierigen Alltagssituationen verspricht;
- sie ist leicht und ohne allzu großen Aufwand erlernbar;
- ihre Grundannahmen sind bestimmten Grundsätzen der Sozialen Arbeit sehr nahe (Konflikte als Lernchance; Vermittlung als Unterstützung der Konfliktparteien im Sinne einer Hilfe zur Selbsthilfe; Konfliktbearbeitung als kommunikativer Prozess etc.).

Allerdings wird leicht übersehen, dass Mediation *erstens* eine Methode ist, die nur unter bestimmten *Voraussetzungen* sinnvoll anzuwenden ist. Besemer (1993: 20) erwähnt insbesondere:

- Die Konfliktparteien haben ein Interesse an guten zukünftigen Beziehungen miteinander.
- Eine einvernehmliche Konfliktlösung wird von allen Beteiligten angestrebt.
- Die wichtigsten Konfliktparteien sind vertreten.
- Es gibt keine gravierenden Machtunterschiede zwischen den Beteiligten. Falls doch, müssen entweder die Schwächeren ihre eigene Machtposition verbessern oder die Stärkeren müssen bereit sein, im Rahmen der Mediation auf ihre Machtposition zu verzichten.
- Es gibt genügend Zeit, um eine einvernehmliche Konfliktlösung zu erarbeiten.
- Die KontrahentInnen verfügen über ein Mindestmaß an Ausdrucksvermögen und Selbstbehauptungsfähigkeit. Sie haben keine ausgeprägte psychische Krankheit oder Behinderung, keine starke Sucht und werden nicht missbraucht.
- Die Konfliktparteien nehmen freiwillig an der Mediation teil.

1 Handlungskonzepte und Methoden Sozialer Arbeit in Konflikten 133

- Während der Mediation gilt eine Art Moratorium: Die Konfliktparteien unterlassen während dieser Zeit streitverschärfende Maßnahmen, um das Verfahren nicht zu gefährden.

Zweitens benötigt Mediation ein bestimmtes *Setting*, das in den Kontexten Sozialer Arbeit nur selten ‚in Reinform' herzustellen ist: Fachkräfte in der Sozialen Arbeit können in der Regel nicht als unabhängige, nur dem Auftrag der Konfliktparteien verpflichtete Vermittler agieren, sondern müssen (im Sinne dessen, was in Teil C als ‚doppeltes Mandat' beschrieben wurde) je nach Arbeitsfeld und Situation noch andere Aufträge und Erwartungen in ihrem Handeln berücksichtigen, sie sind mithin selber ‚Partei' mit eigenen Interessen. Wandrey (2004) weist ebenfalls darauf hin, dass Mediation im Rahmen der Sozialen Arbeit unter sehr spezifischen Bedingungen agieren muss und nennt u.a. folgende Merkmale:

- Soziale Arbeit ist oft mit bereits lange andauernden, stark eskalierten (Beziehungs)Konflikten konfrontiert, bei denen von den Beteiligten Verhandlungslösungen kaum noch für möglich erachtet werden bzw. so starke Emotionen, Verletzungen bis hin zu Traumatisierungen vorhanden sind, dass therapeutische Hilfen erforderlich werden;
- Die Konfliktparteien befinden sich teilweise in Multiproblemkonstellationen, so dass vor, neben bzw. nach einer Mediation weitere Unterstützung erforderlich ist;
- Oft bestehen erhebliche Machtunterschiede zwischen den Beteiligten, so dass durch Empowermentstrategien erst einmal die Voraussetzungen für Mediation geschaffen werden müssen;
- KlientInnen kommen oft mit einem undifferenzierten Problemdruck und in Erwartung parteilicher Unterstützung, so dass vor einer Mediation erst eine Aufgaben- und Rollenklärung der Fachkraft erforderlich ist.

Diese Spezifika erfordern für Mediation im Kontext der Sozialen Arbeit

„einerseits klare Falleignungskriterien und andererseits eine große Bandbreite an verschiedenen Settings und methodischen Werkzeugen, über deren Angemessenheit die Fachkräfte jeweils nur fallbezogen entscheiden können. Individuelles Fallverstehen und fachliches Handeln auf der Basis begründeter, nachvollziehbarer Arbeitshypothesen sind daher unabdingbare Voraussetzungen für einen fachgerechten Einsatz in der Sozialen Arbeit" (ebd.: 347).

Die von Wandrey vorgeschlagene Differenzierung ist auf jeden Fall sinnvoll, um Mediation gezielter und besser in der Sozialen Arbeit nutzbar zu machen. Es bleiben aber *strukturelle Grenzen:* Angesichts ihrer vielen Voraussetzungen und ihres spezifischen Settings ist und bleibt Mediation *erstens* nur *ein* methodischer

Zugang zu Konflikten mit spezifischen Stärken und Schwächen[26] neben anderen. „Je nach Konfliktart, Persönlichkeit der Beteiligten oder äußeren Umständen sind andere Lösungsansätze vorzuziehen" (Besemer 1993: 40), wie z.b. gerichtliche Entscheidungen oder eine therapeutische Begleitung.

Zweitens konzentriert sich Mediation bisher stark auf die personale bzw. Interaktionsdimension von Konflikten, während für Klärung und Bearbeitung der Strukturdimension von Konflikten noch zu wenig theoretische und praktische Zugänge zur Verfügung stehen. Ohne ein ausreichendes Deutungs- und Handlungsrepertoire für diese Strukturdimension besteht ein Risiko in der Praxis, unterkomplexe, nicht tragfähige ‚Scheinlösungen' bzw. rein personenbezogene ‚Befriedungsstrategien' für Konflikte zu produzieren und damit – im Sinne Bitzans Konzept der Konfliktorientierung – selber unbewusst an der ‚Verdeckung' bzw. Individualisierung sozialer Konflikte mitzuwirken.

2 Die Erweiterung des konfliktbezogenen Zugangs Sozialer Arbeit: Von der Mediation zum problem- und verständigungsorientierten methodischen Handeln in Konfliktsituationen

Auf der Basis von Erkenntnissen aus bestimmten Themenfeldern der aktuellen Fachdiskussion Sozialer Arbeit und eigenen Erfahrungen soll im Folgenden versucht werden, die erforderliche Erweiterung des zuvor skizzierten bisherigen methodischen Zugangs Sozialer Arbeit zu Konflikten zu erreichen:

- Neue Entwicklungen bei der Konzipierung von Modellen ‚methodischen Handelns' können dabei helfen, den eigenen Ort von Fachkräften und die Möglichkeiten und Grenzen ihres Handelns in Konfliktsituationen besser zu erfassen und zu verstehen. Ferner zielen sie auf eine Erweiterung und Flexibilisierung der Handlungsdimension in Konflikten. Mediation ist hier lediglich *eine* mögliche Methode zur Bearbeitung von Konflikten (neben anderen). Die Auswahl der jeweiligen Methode erfolgt erst nach einer genaueren Analyse des jeweiligen Konflikts und seines Bearbeitungssettings anhand bestimmter Kriterien (Kapitel 2.1).
- Ergebnisse aus der Diskussion zum Thema ‚Fallverstehen' und „Diagnostik" können erweiterte theoretische Bezugspunkte und diagnostische Heran-

---

[26] In Teil C wurden bereits ausführlich juristische, psychologisch-therapeutische, polizeiliche Zugänge zu Konflikten mit dem Zugang Sozialer Arbeit verglichen, ihre Stärken und Schwächen sowie ihre ‚Eignung' bei bestimmten Arten von Konflikten herausgearbeitet.

gehensweisen zu einem besseren Verständnis und zur Erfassung des Phänomens „Konflikt" liefern (Kapitel 2.2).

Neben solch allgemein-methodischen Erweiterungen zur Gestaltung von Prozessen der Konfliktbearbeitung braucht es auch Informationen darüber, *wie* solche Prozesse mit konkreten Konfliktbeteiligten umgesetzt werden können und welche Faktoren zu einer gelingenden Konfliktbearbeitung beitragen. Aus diesem Grund soll auf eigene Erfahrungen als Mediator und Praxisberater, auf Erfahrungen von KollegInnen sowie auf diverse empirische Ergebnisse zurückgegriffen werden (Kapitel 2.3).

Abschließend soll in Kapitel 2.4 ein Modell vorgestellt werden, das die drei genannten Aspekte Fallverstehen, methodisches Handeln und Prozessgestaltung mit Konfliktbeteiligten integriert und so als theoretischer Bezugpunkt für das hier vorgestellte Konzept professioneller Konfliktarbeit dienen wird: Das Modell von Karl-Peter Hubbertz (2002), das berufliches Handeln in der Sozialen Arbeit in einer Doppelstruktur von zweckrationalem und kommunikativem Handeln erfasst, und das bereits in Teil D kurz vorgestellt wurde.

2.1 Der Bezugspunkt ‚Methodisches Handeln'

Über lange Zeit war der wissenschaftliche Diskurs Sozialer Arbeit vor allem von Auseinandersetzungen um Fragen nach der Professionalisierung, Verwissenschaftlichung und Positionierung Sozialer Arbeit im Sozialstaat geprägt. In den letzten zehn Jahren hat sich die Diskussion wieder stärker methodischen Fragen zum beruflichen Handeln im Alltag Sozialer Arbeit zugewandt. Eine ganze Reihe aktueller Publikationen widmet sich mittlerweile den unterschiedlichen Facetten dieses Themas. Exemplarisch seien hier erwähnt (weil sie für das Konfliktthema relevant sind):

- Galuskes Übersicht (2001) zu Rahmenbedingungen methodischen Handelns, historischen Stationen der Methodendiskussion und einer Übersicht über klientInnen- und professionsbezogenen Methoden Sozialer Arbeit, in der auch Mediation und Supervision als konfliktbezogene Methoden ihren Platz haben;
- Praxisbezogene Konkretisierungen allgemeiner Handlungstheorien und -konzepte Sozialer Arbeit, hier insbesondere zum Thema Lebensweltorientierte Soziale Arbeit (Grunwald/Thiersch 2004) und Systemischer Sozialer Arbeit (Ritscher 2002; Staub-Bernasconi 1994; 2005);

- Vorschläge zur theoretischen Fundierung und praktischen Umsetzung methodischen Handelns (Schilling 1993; Heiner u.a.1994; Stimmer 2000; Possehl 2002; von Spiegel 2004).

Besonders das aktuelle Modell methodischen Handelns von Hiltrud von Spiegel, das sie 2004 nach einer Reihe von Vorarbeiten vorgestellt hat, erscheint mir als Bezugspunkt für einen erweiterten methodischen Zugang zu Konflikten in der Sozialen Arbeit geeignet, weil es der Spezifik und Komplexität des Phänomens ‚Konflikt' in der Sozialen Arbeit angemessen ist.

‚Methodisches Handeln' meint hier nicht, übertragbare ‚Rezepte' und Handlungsanweisungen für Konflikte in der Praxis zu geben, sondern ein flexibles, situativ anpassbares „Set aus *Analyse-, Planungs- und Reflexionsstrategien"* zu *konzipieren*, die helfen können, ‚Lesarten' jeweiliger Fallkonstellationen zu entwickeln (...) und den Informationsverarbeitungs- und Deutungsprozess zu strukturieren" (von Spiegel 2004: 119; Herv. i. O.). Es bedeutet,

„die spezifischen Aufgaben und Probleme der Sozialen Arbeit situativ, ekklektisch *und* strukturiert, kriteriengeleitet und reflexiv zu bearbeiten, wobei man sich an den Charakteristika des berufliches Handlungsfeldes sowie am wissenschaftlichen Vorgehens orientieren sollte. Die Auswahl der Interventionen sollte transparent und intersubjektiv und im Hinblick auf die spezifische Aufgabe bzw. das Problem und in Kooperation mit den Adressaten erfolgen. Fachkräfte sollten ihre Handlungen berufsethisch rechtfertigen, bezüglich ihrer fachlichen Plausibilität unter Zuhilfenahme wissenschaftlicher und erfahrungsbezogener Wissensbestände begründen und hinsichtlich ihrer Wirksamkeit bilanzieren" (ebd.: 118).

Anhand der unterschiedlichen Aufgaben in der Sozialen Arbeit können grundsätzlich *drei Ebenen methodischen Handelns* unterschieden werden:

- *Fallebene*, d.h. die Aufgaben im unmittelbaren, individuellen Kontakt mit KlientInnen und AdressatInnen. „Auf der Fallebene arbeiten Fachkräfte allein oder im Team mit Einzelpersonen, Familiensystemen, Gruppen oder größeren Systemen (z.B. Gemeinwesen)" (von Spiegel 2004: 95). Hierbei geht es um die Gestaltung bestimmter Situationen oder Prozessverläufe über einen längeren Zeitraum.
- *Einrichtungs- bzw. Managementebene:* Hier geht es um koordinierende und organisatorische Tätigkeiten, die Voraussetzung oder Folge der Arbeit auf der Fallebene sind (z.B. die Entwicklung von Konzeptionen und Verfahren für die Fallarbeit oder Verfahren des Qualitätsmanagements). Solche Aufgaben fallen meist in die Zuständigkeit von Leitungskräften, „die auf der *Managementebene* die Voraussetzungen dafür schaffen, dass die Fallarbeit effektiv und effizient erledigt werden kann" (ebd.).

2 Die Erweiterung des konfliktbezogenen Zugangs Sozialer Arbeit

- *Sozialraum- bzw. Kommunale Planungsebene:* Hier geht es darum, über verschiedene Formen der Sozialplanung in Kooperation mit EntscheidungsträgerInnen aus Kommunalpolitik und Sozialverwaltungen Handlungsbedarfe im Hinblick auf die soziale Infrastruktur im jeweiligen Planungsgebiet zu erkennen und über Wege der Umsetzung zu verhandeln. Über solche Prozesse wird die Ausgestaltung und finanzielle Ausstattung sozialer Infrastruktur im kommunalen Raum maßgeblich beeinflusst – und damit auch der Rahmen für die Arbeit auf der Fall- und Managementebene zu einem großen Teil abgesteckt. Mit der Umsetzung von Sozialplanungsprozessen sind mittlerweile meist spezialisierte Planungsfachkräfte betraut.

Auf diesen Handlungsebenen unterscheidet von Spiegel jeweils *fünf Bereiche methodischen Handelns:*

- *Analyse der Rahmenbedingungen des Handelns:* „Soziale Arbeit findet in einem gesellschaftspolitischen Zusammenhang, in Institutionen *und* innerhalb eines spezifischen Sozialraums statt. Alle drei Bereiche strukturieren Möglichkeiten der Zusammenarbeit von Fachkraft und Adressatin in einer Weise vor, die im beruflichen Alltag selten explizit reflektiert werden" (ebd.: 146; Herv. i. O.). Hier geht es also für Fachkräfte darum, die jeweiligen Rahmenbedingungen ihres Handelns (gesetzliche und kommunalpolitische Vorgaben, institutionelle Gegebenheiten, sozialräumliches Umfeld, AdressatInnen, Ziele, Ressourcen etc.) von Zeit zu Zeit zu überprüfen. Über solche Analysen ist es möglich, die eigene Zuständigkeit und Rolle sowie Möglichkeiten und Grenzen des Handelns klarer zu bestimmen.
- *Situations- und Problemanalyse:* Sie dient zur Klärung, wie eine bestimmte Handlungssituation beschaffen und zu interpretieren ist. Basis dazu ist eine „kriteriengeleitete und multiperspektivische Sammlung von Informationen über die Wahrnehmung und Bewertung einer Situation oder eines Problems" (ebd.: 147), um zu klären ‚was hier der Fall ist' und Anhaltspunkte für das weitere Vorgehen zu erhalten. Da es hierbei keine einzig richtige, objektive Situationsdeutung geben kann, ist es erforderlich, die verschiedenen subjektiven Wirklichkeitskonstruktionen der jeweils Beteiligten (AdressatInnen, KollegInnen, Vorgesetzte, PolitikerInnen) aufzugreifen und sich mit ihnen über die Situations- oder Problemdefinitionen zu verständigen. „Als Ergebnis einer solchen Analyse erhält man eine ‚Sammlung von Ideen über Fakten' (Staub-Bernasconi 2003), die immer unter dem Vorbehalt der Revision steht" (ebd.).
- *Zielentwicklung:* Ziele beschreiben einen wünschenswerten Zustand in der Zukunft, der auf der Basis von Situations- und Problemanalysen formuliert wird. Um sinnvoll mit Zielen arbeiten zu können, ist es erforderlich, sie

möglichst konkret anhand von beschreib- und beobachtbaren Zuständen zu erfassen (Operationalisierung), sich mit den Betroffenen über sie zu verständigen (Konsensziele) sowie klare Zuständigkeiten und Zeiträume für ihre Umsetzung mit den Beteiligten abzusprechen.
- *Planung:* Hier geht es darum, auf der Grundlage konkreter Ziele sinnvolle Handlungsschritte und Settings zu entwerfen (Räume, Zeiten, personelle und finanzielle Ressourcen etc.), die eine Zielerreichung ermöglichen sollen. Aufgrund des in Teil D erläuterten Technologiedefizits Sozialer Arbeit lassen sich aber keine sicheren Ursache-Wirkungszusammenhänge konzipieren. Deshalb bedeutet Planung hier, auf der Basis von Absprachen sowie Erfahrungs- und wissenschaftlichem Wissen *vorläufige, hypothetische Wirkungszusammenhänge* zu entwerfen, zu erproben und gegebenenfalls zu modifizieren. Solche hypothetischen Konstruktionen dienen dazu, das Vorgehen flexibel zu halten und „die eigenen Konstruktionen transparent und der methodischen und berufsethischen Reflexion zugänglich zu machen" (ebd.: 43).
- *Evaluation:* Diese besteht aus einer systematischen, datenbasierten Beschreibung und Bewertung von Programmen, Prozessen und Projekten. Sie erfolgt „kriteriengeleitet, folglich im Hinblick auf die intendierten Ziele oder mithilfe fachlich legitimierter Maßstäbe (Qualitätskriterien oder -standards). Der Zweck der Evaluation besteht darin, Informationen für die Optimierung der Arbeit zu gewinnen" (ebd.: 147).

Phasenmodelle methodischen Handelns beinhalten üblicherweise auch die Umsetzung des Handlungsplanes (vgl. z.B. die Modelle bei Possehl 2002), Von Spiegels Modell bezieht sich aber nur auf zwei Elemente: die Planung des Handelns (die bei ihr die Bereiche Analyse der Rahmenbedingungen, Situations- oder Problemanalyse, Zielentwicklung und Planung umfasst) und seine Auswertung (Evaluation). Sie klammert das situative Handeln, die Umsetzung von Handlungsplänen bewusst aus, weil es als Interaktionsprozess nur begrenzt vorhersehbar ist und aufgrund struktureller Spezifika einer eigenen Dynamik unterliegt (Stichwort Technologiedefizit; Koproduktion sozialer Dienstleistungen; vgl. ausführlich Teil D).

Von Spiegels Modell hat auf den ersten Blick gewisse Ähnlichkeiten mit dem vorgestellten Modell von Mediation (Vorbereitungsphase, Analyse des Problems/Konflikts; Generierung und Prüfung von Lösungsideen; Evaluation etc.), allerdings ist ihr Modell nicht an ein bestimmtes Setting der Konfliktbearbeitung (freiwilliger Zugang; Neutralität der Fachkraft etc.) und eine bestimmte Form der Intervention (Vermittlung; Unterstützung der Beteiligten bei der Lösungssuche) gebunden. Vielmehr wird das für den jeweiligen Konflikt geeignete Setting und

2 Die Erweiterung des konfliktbezogenen Zugangs Sozialer Arbeit

die geeignete Form der Bearbeitung erst durch die Anwendung der verschiedenen Handlungsbereiche methodischen Handelns gesucht und identifiziert, die konkrete Bearbeitung ist dann erst der nächste Schritt:

Die *‚Analyse der Rahmenbedingungen'* könnte auf Konflikte bezogen bedeuten,

- erstens *fallunabhängig* den ‚eigenen Ort' der jeweiligen Fachkraft bezogen auf die verschiedenen beruflichen Handlungssituationen und Konflikte zu bestimmen, indem die spezifischen Konfliktpotenziale des eigenen Arbeitsfeldes und der eigenen Institution analysiert, gesetzliche und institutionelle Aufträge betrachtet, räumliche, finanzielle und personelle Ressourcen bewertet werden. Auf dieser Grundlage kann dann
- zweitens *fallbezogen* in konkreten Handlungssituationen und Konflikten der eigene Auftrag geklärt, Erwartungen verschiedener Beteiligter ausbalanciert, sowie die Möglichkeiten und Grenzen des eigenen Handelns bestimmt werden. Es ist auch möglich, über die Identifizierung von strukturellen Konfliktpotenzialen im jeweiligen Arbeitsfeld typische Konfliktkonstellationen, in die man als Fachkraft geraten kann, vorherzusehen und präventive Schritte zu unternehmen (vgl. die Fallstudie in Teil D).

‚Situations- oder Problemanalyse' könnte auf Konflikte bezogen bedeuten, die eigene Verwobenheit in die Handlungssituation zu erkennen, den *sichtbaren* Konflikt multiperspektivisch zu erfassen und angemessen zu interpretieren bzw. den ‚Konfliktanteil' oder den *latenten* ‚Konflikt-Subtext' einer komplexen Situation zu verstehen.

‚Zielentwicklung' könnte bedeuten, anhand der Möglichkeiten und Grenzen des eigenen bzw. institutionellen Zugangs realistische Lösungsperspektiven für den Konflikt oder den größeren situativen Kontext mit den Betroffenen zu entwerfen.

‚Planung' hieße, auf der Basis der Konfliktanalyse und der als realistisch eingeschätzten Ziele geeignete Methoden und Techniken der Situations- bzw. Konfliktbearbeitung nach bestimmten Kriterien auszuwählen und sie selber mit den Beteiligten oder in Kooperation mit anderen Institutionen umzusetzen. Hier müsste deshalb in das Modell noch der Schritt der ‚Umsetzung' integriert werden.

‚Evaluation' hieße, immer wieder im Prozess der Konfliktbearbeitung die Passung zwischen Situation, Zielen und Handlungsfolgen zu prüfen, gegebenenfalls Veränderungen vorzunehmen. Am Ende könnte eine bilanzierende Auswertung von Prozess und Ergebnissen stehen, um Anhaltspunkte für eine verbesserte Bearbeitung künftiger Konfliktsituationen zu gewinnen.

2.2 Der Bezugspunkt ‚Fallverstehen'

Begriffe und Konzepte des ‚Fallverstehens' und der ‚Diagnostik' sind, wie die vielen Veröffentlichungen der letzten Jahre zeigen, wichtige und kontrovers diskutierte Themen in der Fachdiskussion geworden. Im Rahmen dieser Arbeit ist es nicht möglich, auf Details oder spezifische Kontroversen einzugehen, vielmehr sollen einige Aspekte und Erkenntnisse aufgegriffen werden, die mir für die Qualifizierung der Erfassung und Analyse der verschiedenen Konfliktdimensionen sozialer Wirklichkeit wichtig erscheinen.[27]

Um in Konfliktsituationen sinnvoll handeln zu können, ist es zuerst erforderlich, kompetente ‚Konflikt-Diagnosen' erstellen zu können, die nicht nur das erfassen, was in Konfliktsituationen unmittelbar sichtbar und drängend ist, sondern auch das Latente, Verdeckte. Hierzu lassen sich aus der Diskussion um ‚Fallverstehen' und ‚Diagnostik' in der Sozialen Arbeit begriffliche Klärungen, theoretische Modelle und Qualitätsstandards für das Vorgehen nutzbar machen, die zu einer Qualifizierung und Systematisierung von Konflikt-Diagnosen beitragen können:

1. Eine sinnvolle Anregung ist, den Begriff des ‚Falles' nicht gleichzusetzen mit einer Einzelperson und ihrem jeweiligen Problem. Bereits solche Konstellationen müssen eigentlich als ‚Fall im Feld' d.h. in ihrem jeweiligen sozialen und institutionellen Kontext erfasst werden. Daneben gibt es so genannte „kollektive Einzelfälle" (Schütze 1993), d.h. komplexere Interaktionskontexte von Familien, Gruppen oder Institutionen oder „Situationen, vor der oder in der der Sozialarbeiter steht, die er bearbeiten muss" (Pantucek 1998: 109). In diesem Sinne ist ein ‚Fall' also ein komplexes Gebilde, das in der Regel mehrere Personen, einen zeitlichen und räumlichen Kontext, eine Vorgeschichte sowie einen institutionellen Kontext umfasst. Fallbearbeitende Fachkräfte sind Teil der Situation und ihrer Dynamik und stehen nicht außerhalb! Auch Konflikte können in diesem Sinne als ‚Fälle' oder als Teil komplexerer Fallkonstellationen verstanden werden.

2. Ader und Schrapper (2002) machen darauf aufmerksam, dass jeder Prozess empirischer Erkenntnisgewinnung, also auch Prozesse der Diagnostik und des Fallverstehens im Kontext von Konflikten, ein *erkenntnislogisches Grundproblem* zu lösen hat:

„Zuerst muss der ‚analytische Blick' erweitert, die *Komplexität erhöht* werden, damit überhaupt etwas Neues gesehen und wahrgenommen werden kann und nicht nur

---

[27] In von Spiegels Modell methodischen Handelns entspricht dies den Handlungsbereichen ‚Analyse der Rahmenbedingungen' und ‚Situations- oder Problemanalyse'.

2 Die Erweiterung des konfliktbezogenen Zugangs Sozialer Arbeit

schon Bekanntes bestätigt wird. Ist auf diese Weise ausreichend Material für erweiternde Erkenntnisse gewonnen, muss der Blick wieder enggeführt werden, um aus der Vielfalt der Wahrnehmungen die für zentral gehaltenen Zusammenhänge herauszuarbeiten. Gelingt diese Reduktion von Komplexität nicht, so verschwinden mögliche Befunde in einer Vielzahl unverbundener und unverstandener Beobachtungen (ebd.: 48; Herv. i. O.).

Bei der Informationsbeschaffung ist zwar die Nutzung systematischer Erhebungs- und Auswertungsmethoden unumgänglich, dennoch lässt sich Diagnostik im Kontext Sozialer Arbeit nicht objektivieren, weil die Wirkung des ‚subjektiven Faktors' des Diagnostizierenden zwar teilweise kontrolliert, aber nicht ausgeschaltet werden kann. Konkreter gesprochen ergeben sich folgende Probleme und Folgen für das Fallverstehen bzw. die Diagnostik:

- *„Der ‚erste Eindruck' lenkt den Blick" (ebd.):* Am Anfang jedes diagnostischen Prozesses steht ein erster Eindruck, eine erste Idee über mögliche Zusammenhänge. Solche Eindrücke sind wichtig, können aber leicht auf falsche Spuren führen, die möglicherweise nicht mehr aufgegeben werden. Wichtig ist deshalb, erste Eindrücke explizit zu machen, sie aber nur im Sinne von ‚Ausgangshypothesen' zu nutzen, sie als eine Sicht der Wirklichkeit unter mehreren möglichen zu betrachten.
- Die Komplexität der Wissensbasis muss zunächst durch gezielte Informationsbeschaffung erhöht werden (Multiperspektivisches Vorgehen). Nach einem Rahmenmodell ‚diagnostischen Fallverstehens' von Heiner und Schrapper (2004: 211) sind Informationen aus drei Perspektiven relevant: (1) Selbstaussagen der Betroffenen zu der Situation bzw. dem Problem, um das es geht (Familienmitglieder, Schlüsselpersonen aus dem sozialen Netzwerk), (2) Daten und Fakten zu Problem und Situation sowie Einschätzungen und Bewertungen relevanter Anderer (z.B. LehrerInnen, andere ExpertInnen), (3) Informationen zum Helfersystem und zur bisherigen ‚Hilfegeschichte' der Betroffenen (Maßnahmen, Wechsel und Übergänge; Diagnosen; Kooperationen und Konflikte; ‚Erfolge und ‚Misserfolge'), um Dynamiken zwischen HelferInnen- und KlientInnensystem zu erkennen und ‚StellvertreterInnen-Konflikten' vorzubeugen.

Zur Informationsbeschaffung können erstens systematisch-hypothesengeleitete Verfahren genutzt werden, über die aus dem verfügbaren theoretischen und empirischen Erkenntnisstand zu einem Thema begründete Hypothesen formuliert werden. Hierzu können Anamnesebögen, Frageraster oder Kategoriensysteme entwickelt und verwendet werden. Zweitens können offene, explorative Strategien genutzt werden z.B. auf der Basis von narrativen Interviews, Beobachtungen etc. „Gesucht wird hier nicht die Bestätigung einer vorgegebenen, vermuteten Zusammenhangsstruktur, sondern nach Anhaltspunkten für immanente Muster, nach einer Eigenlogik und Dynamik" (Ader/Schrapper 2002: 51). Beide Vorgehensweisen haben Stärken und Schwächen und das zentrale Problem ist, das richtige Verhältnis von Quantität und Qualität neuer Informationen zu finden: Das entstehende Bild soll so vielfältig und vollständig wie möglich sein, allerdings darf angesichts dieser Fülle nichts Wesentliches übersehen werden.

- Danach muss die Komplexität der Informationen wieder systematisch auf ein bearbeitbares Maß reduziert und ‚auf den Punkt' gebracht werden. Das Problem dabei ist, welche Verfahren der Informationsverdichtung und Komplexitätsreduktion dabei fachlich sinnvoll und für die Beteiligten legitim sind. Auch hier stehen wieder unterschiedliche quantitative und qualitative Verfahren mit unterschiedlichen Stärken und Schwächen zur Auswahl. Nach der Reduktion müssen die gefundenen Ergebnisse interpretiert werden. Grundproblem solcher Interpretationen bleibt aber trotz aller Bemühungen hinsichtlich methodischer Durchführung und theoretischer Begründung die Subjektivität jeder menschlichen Deutung. Deshalb ist es erforderlich, diesen ‚subjektiven Faktor' zumindest teilweise fassbar und methodisch kontrollierbar zu machen (z.B. durch institutionell geregelte Verfahren der Deutung und Bewertung im Team). Es ist wichtig, die hier entwickelten Deutungen und Beurteilungen auch an die Betroffenen und Beteiligten zurückzugeben. „Verstehen ist erst der Anfang, danach folgt die meist größere Anstrengung der Verständigung und Aushandlung" (Heiner/ Schrapper 2004: 212).
- Da Diagnostik und Fallverstehen im Kontext Sozialer Arbeit kein Selbstzweck sind, *müssen aus den gewonnenen Erkenntnissen Konsequenzen gezogen werden*, d.h. Handlungsoptionen müssen anhand von fachlichen und ethischen Maßstäben begründet und entschieden werden. Auch bei diesem Schritt sind die Betroffenen angemessen zu beteiligen.

Bei der Durchführung von Verfahren diagnostischen Fallverstehens sollten nach Heiner und Schrapper (2004: 214ff.) folgende *Qualitätsstandards* berücksichtigt werden:

- *Partizipative Orientierung:* d.h. dialogisch, aushandlungsorientiert, beteiligungsfördernd;
- *Sozialökologische Orientierung:* d.h. Probleme der KlientInnen werden primär als „situationsabhängige Ergebnisse wechselseitiger Beeinflussung im Interaktionsprozess begriffen" (ebd.: 214) und nicht als ‚stabile Charaktermerkmale'; bei der Problemanalyse wird nicht nur der familiäre Kontext,

2 Die Erweiterung des konfliktbezogenen Zugangs Sozialer Arbeit 143

sondern auch das erweiterte soziale Umfeld und die Funktionsfähigkeit der sozialräumlichen Infrastruktur berücksichtigt;
- *Mehrperspektivische Orientierung:* Das Problem wird im historisch/biografischen Entwicklungskontext und aus der Sicht möglichst vieler Beteiligter analysiert;
- *Reflexive Orientierung:* Das Vorgehen sollte rekursiv sein (Arbeitsschritte werden mehrfach durchlaufen, wenn Ergänzungen oder Korrekturen erforderlich werden); informationsanalystisch (das eigene Vorgehen der Fachkraft im Analyseprozess wird reflektiert), beziehungsanalytisch (auch der jeweilige Charakter der Beziehung zwischen Fachkraft und KlientIn wird in die Überprüfung der eigenen Wahrnehmungen und Urteile einbezogen), falsifikatorisch (zur zentralen These der Diagnose sollen nicht nur bestätigende Informationen gesammelt werden, sondern auch solche, die sie widerlegen können).

Zusammenfassend lassen sich insbesondere folgende Anregungen der Diskussion für die Erfassung und Analyse von Konfliktsituationen nutzen:

- Der erweiterte Begriff des ‚Falles' lässt sich auch bei Konfliktsituationen bzw. Handlungssituationen Sozialer Arbeit mit einem ‚Konfliktanteil' sinnvoll nutzen.
- Kompetentes Handeln in Konfliktsituationen ist nur möglich auf der Grundlage kompetenter Konfliktdiagnosen. Jeder, der solche Diagnosen bereits in der Praxis erstellen musste, kennt allerdings das Problem, dass es nicht *die* alleinige quasi ‚objektiv richtige' Konfliktdeutung gibt, die man als ExpertIn zu finden oder zu entschlüsseln hat. Vielmehr haben die Konfliktbeteiligten jeweils ihre eigenen unterschiedlichen Versionen und ‚subjektiven Wahrheiten' hinsichtlich dessen, was im Konflikt passiert ist, was sie erfahren und erlitten haben und geben diese Versionen auch nicht ohne weiteres auf. Aus diesem Grund scheinen mir die oben genannten Standards und Kriterien diagnostischen Fallverstehens gerade für Konfliktsituationen sinnvoll zu sein: keine ExpertInnendiagnose ist gefordert, sondern ein mehrperspektivisches, partizipatives, sozialökologisches und reflexives Vorgehen, das sich aus mehreren Quellen speist: Daten und Fakten zur Situation, Selbstaussagen der Betroffenen und Einschätzungen anderer relevanter Personen müssen miteinander in Beziehung gesetzt werden.
- Auch Informationen zum Hilfesystem-Kontext sind bei Konflikten in mehrfacher Hinsicht relevant, um den ‚Ort' und den Anteil des Hilfesystems an der Entstehung und Bearbeitung des Konfliktes zu erfassen: Hat das Hilfesystem selber einen Anteil an den *Entstehung* des Konfliktes? Wie ist der *Bearbeitungskontext* des Konfliktes beschaffen? Von welchem ‚Ort' aus und in welcher Rolle handelt die für den Konflikt zuständige Fachkraft? Ist

die zuständige Fachkraft selber in den Konflikt verwickelt? Welche Einschränkungen und Erfordernisse ergeben sich hieraus für die Konfliktbearbeitung?
- Bei der Informationsbeschaffung sollte systematisch vorgegangen werden und je nach Konfliktkonstellation und zur Verfügung stehenden Ressourcen offen-explorative Verfahren (z.B. Formen des Interviews), systematisch-hypothesengeleitete Verfahren (z.B. Michael Wandreys ‚Konfliktwürfel' (2004) oder darstellend-inszenierende Verfahren eingesetzt werden (z.b. Konfliktaufstellungen oder -skulpturen mit Beteiligten oder Spielfiguren).
- Die Einbeziehung der Konfliktbeteiligten sollte in geeigneter Form sowohl bei der Informationsbeschaffung, bei der Deutung und Interpretation wie auch bei der Konzipierung weiterer Handlungsschritte erfolgen.
- Diagnostische Arbeit muss flexibel in ihrem Vorgehen sein, denn: „Sozialpädagogische Arbeitsprozesse der Diagnose, Intervention und Evaluation folgen nicht immer linear aufeinander, sondern sind meist zirkulär aufeinander bezogen" (Schrapper 2005: 193). In bestimmten Konfliktsituationen kann z.B. nach einer ersten ‚Kurzdiagnose' zuerst eine Krisenintervention erforderlich sei, die den Konflikt ‚einfriert' und in seiner Eskalation stoppt, um damit Zeit zu gewinnen für eine ausführlichere Diagnose und Planung des weiteren Handelns.

2.3 Der Bezugspunkt ‚Produktive Prozessgestaltung mit den Konfliktparteien'

Gelingende Konfliktarbeit besteht nicht allein in einer kompetenten Anwendung bestimmter Methoden und Techniken in der jeweiligen Situation. Das zeigen Erfahrungen von Fachkräften, die sich auf die Bearbeitung sozialer Konflikte spezialisiert haben. Im Folgenden sollen einige solcher Erfahrungen und Erkenntnisse zusammengetragen werden, die das ‚wie' gelingender Konfliktbearbeitung greifbarer machen und so einen weiteren Bezugspunkt professioneller Konfliktarbeit bilden. Dann werden Ergebnisse einer aktuellen Untersuchung von Angelika Iser (2005), Ergebnisse aus der Fallstudie in Teil D und eigene Erfahrungen als Praxisberater und Mediator geschildert – ohne Anspruch auf Vollständigkeit der genannten Faktoren.

Hierbei wird unterschieden zwischen Konflikten, in denen Fachkräfte als nicht in den Konflikt involvierte ‚Dritte' tätig werden (1) und Konflikten, in denen Fachkräfte selber in einen Konflikt verwickelt sind (2).

2 Die Erweiterung des konfliktbezogenen Zugangs Sozialer Arbeit

(1) Angelika Iser (2005) hat vor kurzem eine Untersuchung durchgeführt, in der die Vorgehensweisen von MediatorInnen und SupervisorInnnen verschiedener theoretischer und methodischer ‚Schulen' in beruflichen Konflikten empirisch erfasst und verglichen wurden. Teil der Untersuchung war eine detaillierte Analyse abgeschlossener Konfliktbearbeitungsprozesse, die aus der Sicht der Befragten gelungen waren. Besonders interessant an den Ergebnissen ist für unserem Zusammenhang Folgendes: Während die Studie einerseits vielfältige Unterschiede in methodischen Vorgehensweisen, persönlichen Handlungspräferenzen und -stilen zwischen den Befragten sichtbar machte, konnte andererseits eine ganze Reihe von gemeinsamen Überzeugungen und Erfahrungen identifiziert werden, die deutliche Hinweise auf übergreifende Wirkfaktoren bei einer erfolgreichen Bearbeitung beruflicher (und m.e. auch anderer) Konflikte durch ‚Dritte' geben. Die Ergebnisse dieser Untersuchung bestätigen und ergänzen auch viele meiner eigenen Erfahrungen aus der Konfliktarbeit und sollen deshalb ausführlicher beschrieben werden. Die von Iser gefundenen Faktoren können folgenden Dimensionen zugeordnet werden:

Arbeitsschritte methodischen Handelns

Bei allen Befragten spielt die *Auftrags- und Rahmenklärung* zu Beginn des Prozesses eine wichtige Rolle:

> Indem „Erwartungen geklärt und nur realistische Erwartungen zugesagt werden, die Mitarbeit der Beteiligten, ihre Verantwortlichkeiten und Regeln für die Zusammenarbeit vereinbart und damit einklagbar werden, wird mit der Rahmenklärung ein Ankerpunkt geschaffen, auf den bei kritischen Punkten im Verfahren zurückgegriffen werden kann" (Iser 2005: 46).

Bei der *Diagnose* geht es nicht darum, Schuld und Schuldige zu identifizieren, sondern das *Zusammenwirken von strukturellen und personenbezogenen Aspekten bei der Konfliktentstehung* und -eskalation zu rekonstruieren und zu verstehen. Indem die Fachkräfte „die Schuldfrage explizit von den Einzelnen nehmen, entstehen für alle Personen Handlungsspielräume, so dass sie wieder miteinander ins Gespräch kommen können" (ebd.: 44). Alle Befragten beschreiben ferner, dass ein *ganzheitliches Wahrnehmen und Verstehen* dessen, um was es im Konflikt geht, Voraussetzung ist, bevor der Konflikt gelöst werden kann. Angesichts der Komplexität und emotionalen Aufgeladenheit von Konflikten ist nicht nur der Verstand im Verstehensprozess gefordert. Vielmehr beschreiben alle Befragten in unterschiedlichen Worten, „dass sie *sich selbst als Resonanzkörper nutzen* und ihrer Intuition folgen müssen. Um den richtigen Zeitpunkt und die richtige Form zu finden, an dem das zugrunde liegende Problem in einer guten Weise angesprochen werden kann, sind alle ExpertInnen auf sich selbst als Resonanzkörper angewiesen" (ebd. 48; Herv. i. O.). Allen Beschreibungen ist außerdem gemeinsam, *„dass es etwas Wesentliches, Tieferliegendes, Hintergründiges gibt*, das es zu erfassen und zu verstehen gilt, damit überhaupt richtig interveniert kann" (ebd.; Herv. i. O.): Je nach theoretischem bzw. methodischem Hintergrund wird dieses Tieferliegende als das „Unbewusste", „Ungesagte" oder als „Konflikt hinter dem Konflikt" beschrieben (z.b. die Bedürfnisse, Ängste oder Verletzungen der Akteure hinter den kontroversen Positionen und Handlungen, die sichtbar im Vordergrund des Konfliktes stehen). Allen Befragten gemeinsam ist außerdem die Haltung, dass *dieses Tieferliegende angesprochen und benannt werden muss, wenn es erkannt wurde*. „Das Wesentliche in seinem Kern zu benennen schafft Klarheit. Nur wenn es zur Sprache gebracht wird, kann wieder etwas in Bewegung kommen" (ebd.: 49), auch wenn das zur Sprache bringen schmerzhaft sein kann (ein Befragter bezeichnet dies als „die Wahrheit der Situation benennen").

Im Hinblick auf die *Intervention* ist für alle Befragten wichtig, dass die *Verantwortung für die Konfliktlösung bei den Konfliktbetroffenen bleibt* und sich die Fachkräfte nicht oder nur vorsichtig in der Suche nach Lösungen selbst positionieren.

Setting für die Konfliktbearbeitung

Für alle Befragten ist es wichtig, einen *geschützten Raum für die Konfliktklärung zu schaffen*. „Ein geschützter Raum ist zum einen nach innen notwendig, um Vertrauen für den Prozess zu wecken, damit sich die Beteiligten öffnen und einlassen können, auch wenn sie zu Beginn misstrauisch sind und/oder nur unter Druck am Verfahren teilnehmen" (ebd.: 46). Nach außen muss der Raum geschützt werden, damit eine Konfliktklärung nicht zu sehr durch Druck oder Erwartungen aus dem Konfliktumfeld beeinflusst wird.

Ein wichtiger Schritt in Richtung Klärung ist auch, dass *eine am Konflikt unbeteiligte Person von außen kommt*:

> „Teilweise ist das ‚von außen kommen' die zentrale Voraussetzung dafür, dass Personen Vertrauen entgegengebracht wird, weil sie nicht von vorne herein für befangen gehalten werden. Dahinter steckt auch die Hoffnung, dass endlich jemand kommt, der einem Recht gibt und die erlebten Verletzungen vergelten wird. Diesem Wunsch der Konfliktparteien wird mit durchgängiger Allparteilichkeit begegnet, um das Vertrauen *von allen* zu erhalten. Gelingt es, eine Vertrauensbasis aufzubauen, stellt jemand, der von außen kommt, eine Art Schutzraum dar" (ebd.: 46).

2 Die Erweiterung des konfliktbezogenen Zugangs Sozialer Arbeit 147

Kriterien für die Prozessgestaltung

Ein zentrales Kriterium für das Gelingen eines Prozesses ist, ob es gelingt, zwischen den Konfliktbeteiligten und der Fachkraft eine *Vertrauensbasis* zu entwickeln, die auch bei Störungen oder Zuspitzungen im Prozess erhalten werden kann. Eine Voraussetzung hierfür ist, dass sich die Konfliktbeteiligten von der Fachkraft „wirklich verstanden fühlen. Dadurch, dass sie sich verstanden fühlen, können sie sich entspannen, müssen nicht mehr ums Verstandenwerden kämpfen" (ebd.: 49).

Alle Befragten betonen außerdem, dass es zumindest phasenweise erforderlich ist, sich voll und ganz auf den Prozess einzulassen und flexibel auf die Situation zu reagieren. *„Prozessorientiert zu arbeiten*, Störungen den Vorrang zu geben, nicht starr der Planung und der Zielerreichung zu folgen. Das wird als notwendig angesehen, um zum eigentlichen Kern des Problems vorzudringen" (ebd. 48; Herv. i. O.).

In allen Interviews wird deutlich, dass bei allen Beteiligten ein *Perspektivenwechsel* erfolgen muss, damit Probleme geklärt und Konflikte gelöst werden können. Den Fachkräften muss es gelingen, die Perspektiven der Konfliktbeteiligten nachzuvollziehen und zu verstehen, aber auch den Konfliktparteien. Methodisch wird dieser Wechsel z.B. durch aktives Zuhören, Spiegelungen und anderen Übungen zum Rollen- oder Perspektivwechsel gefördert.

Grundhaltungen und allgemeine Handlungsprinzipien der Fachkräfte

Hierzu gehören einerseits die bereits erwähnten Prinzipien, bei der Konfliktklärung zu Beginn eine Auftrags- und Rahmenklärung vorzunehmen, nicht nach Schuld bzw. Schuldigen zu suchen sowie ganzheitlich zu diagnostizieren und hierbei auch die eigene Person als „Resonanzkörper" der Situation zu nutzen. Ein weiteres Prinzip, das von allen Befragten als Voraussetzung für eine erfolgreiche Arbeit genannt wird, ist, *sich selbst im Prozess nicht zu überfordern* und gut für sich zu sorgen. Denn ohne Präsenz und Durchblick über das, was gerade im Prozess passiert, sind die Fachkräfte nicht in der Lage, ihre Prozessverantwortung einzulösen. Die Vermeidung von Überforderungen geschieht z.B. durch Ziel- und Erwartungsklärungen, Erholungspausen während der Sitzungen und kleine Rituale (Lüften des Raumes, Spaziergang etc.) bzw. dadurch, sich auf keine zu schwierigen Fälle einzulassen oder bei komplexen Fällen zu zweit zu arbeiten. Alle Befragten betonen ferner, wie wichtig Kontrollsupervisionen oder Intervisionen für das eigene Lernen bzw. für eigene Klärungen bei Schwierigkeiten im Prozess sind. Alle Befragten heben außerdem die Bedeutung der *Allparteilichkeit* als zentrale Grundhaltung im Prozess hervor.

(2) Wenn *Fachkräfte selber in Konflikte verwickelt sind* und nicht nur am eigentlichen Konflikt unbeteiligte VermittlerInnen, ändern sich Situation und Handlungsanforderungen grundlegend. Im Rahmen der Fallstudie (Teil D) wurde auf Erfahrungen der Befragten mit erfolgreichen Handlungsstrategien in solchen Situationen hingewiesen, die hier noch einmal kurz zusammengefasst und mit einigen theoretischen Überlegungen ergänzt werden sollen.

Die von den Befragten beschriebenen Handlungsweisen werden auch in der einschlägigen Fachliteratur (z.B. Glasl 2000) als Formen konstruktiven Handelns in Konflikten angesehen. Dazu gehören:

- *Keine Personifizierung von Konflikten, Auseinanderhalten von Sach- und Beziehungsebene:* Eine der zentralen, von den Befragten beschriebenen Strategien war, sachliche Differenzen, auch wenn sie gravierend waren, nicht zu persönlichen werden zu lassen, indem versucht wurde, weiterhin wertschätzend und respektvoll mit den KonfliktgegnerInnen umzugehen. Auch bei Eskalationsversuchen der anderen Seite wurde versucht, diese Linie durchzuhalten.
- *Bedürfnisorientierung:* Je weiter ein Konflikt eskaliert, desto starrer und unnachgiebiger werden die Forderungen und Positionen der Konfliktbeteiligten. Wichtig ist daher, frühzeitig hinter die Positionen zu blicken, die hier vorhandenen Bedürfnisse und Interessen zu erkennen, mit diesen transparent umzugehen und sein Handeln daran zu orientieren.
- *Kommunikation statt vollendete Tatsachen:* Zur Eskalation trägt bei, wenn im Konfliktverlauf die Kommunikation zwischen den Beteiligten immer schlechter funktioniert und Beteiligte dazu übergehen, einseitig und unabgesprochen Tatsachen zu schaffen. Deshalb ist es von zentraler Bedeutung, die Kommunikation in Konfliktsituationen aufrechtzuerhalten, und Störungen frühzeitig zu thematisieren.

Solche konstruktiven Strategien haben allerdings Grenzen: Anhand von Giddens Modell der ‚begrenzten Handlungskontrolle' (vgl. Teil D) wurde bereits allgemein auf das Problem nicht intendierter Handlungsfolgen und nicht erkannter Handlungsbedingungen in Interaktionssituationen hingewiesen, das auch für Konflikte gilt. Auch konstruktives Konfliktverhalten kann deshalb problematische Wirkungen hervorrufen oder erfolglos bleiben.

Auf Konflikte bezogen hat Glasl (1992) an seinem neunstufigen Eskalationsmodell bei Konflikten (mit einer Spanne zwischen der „Verhärtung der Standpunkte" (Stufe 1) und „Gemeinsam in den Abgrund" (Stufe 9) gezeigt, dass je nach Eskalationsstufe unterschiedliche Handlungsstrategien zwischen „Selbsthilfe" (Stufe 1-3) und „Externem Machteingriff" (Stufe 7-9) erforderlich sind. Die von

2 Die Erweiterung des konfliktbezogenen Zugangs Sozialer Arbeit 149

den Befragten genannten Strategien können nach Glasl nur auf den Eskalationsstufen 1-3 erfolgreich sein (vgl. auch Kapitel 3). Bei stärker eskalierten Konflikten stößt deeskalierendes Verhalten *von Konfliktparteien* an klare Grenzen:

> „Auch wenn die Konfliktparteien selbst gut geschulte Konfliktberaterinnen, Konfliktbegleiter oder Mediatorinnen sind, ist Selbsthilfe in der Regel nur bis an die Schwelle zur Eskalationsstufe 4 vertretbar. Auf den Eskalationsstufen 4 oder 5 ist jegliche Selbsthilfe wegen der von den Gegnern zumeist direkt unterstellten Interessenverstrickung problematisch" (Glasl 2000: 131).

Spätestens hier wird also externe Unterstützung gebraucht.

Selbsthilfe stößt bei stärker eskalierten Konflikten aber noch an andere Grenzen: Denn mit der Eskalation tritt eine immer stärker werdende Veränderung der Wahrnehmung und des Verhaltens bei Konfliktbeteiligten auf (vgl. Glasl 2000: 26-29): Je stärker die eigene Verwobenheit in eine Konfliktsituation ist, desto größer ist das Risiko von Veränderungen und Verzerrungen in der eigenen Wahrnehmung, im Verhalten, im Gefühlsleben, die professionelles Handeln erschweren, manchmal sogar unmöglich machen.

Auch geschulte Fachkräfte sind als Konfliktbeteiligte keineswegs gefeit vor solchen Verzerrungen, ihre Professionalität sollte sich aber zumindest darin zeigen, ihre eigenen Anteile und Muster reflexiv zu kontrollieren (durch Supervision, kollegiale Beratung, Arbeiten im Tandem etc.) und sich rechtzeitig externe Unterstützung bei der Konfliktbearbeitung holen.

2.4 Das integrierende Modell: Professionelle Konfliktarbeit als situative Balance von problem- und verständigungsorientiertem methodischen Handeln

Im theoretischen Teil der Fallstudie wurde bereits das Modell von Karl-Peter Hubbertz (2002) vorgestellt, das berufliches Handeln in der Sozialen Arbeit allgemein in einer Doppelstruktur von zweckrationalem und kommunikativem Handeln beschreibt (vgl. Teil D). Dieses Modell erscheint mir geeignet, die drei beschriebenen Bezugspunkte ‚methodisches Handeln', ‚Fallverstehen' und ‚produktive Prozessgestaltung mit Konfliktbeteiligten' zu integrieren und somit als Rahmenmodell zur Konzipierung professioneller Konfliktarbeit im Kontext Sozialer Arbeit dienen zu können.

Anhand der Erfahrungen zur Prozessgestaltung mit Konfliktbeteiligten und erfolgreicher Konfliktarbeit im vorigen Abschnitt wird deutlich, das professionelle

Konfliktarbeit weitaus mehr ist als die kompetente Anwendung bestimmter Methoden und Techniken. Vielmehr kommt es im Sinne des Modells von Hubbertz darauf an, zwei unterschiedliche Handlungsmodi situativ immer wieder neu abzuwägen und aufeinander zu beziehen: Den *Modus methodisch-planvollen Vorgehens* bei der Bearbeitung der Konfliktsituation („Problemlösen'), die aber eingebettet werden muss in einen *Modus kommunikativen Handelns* mit den an der Situation beteiligten Akteuren („Verstehen').

Ohne ein Verstehen der relevanten Aspekte der Konfliktsituation, eine Verständigung mit den Akteuren über ihre Versionen des Geschehen, über ihre Bedürfnisse, Ziele, Vorgehensweisen, Beiträge zur Lösung, und ohne die Schaffung einer Vertrauensbasis zwischen den Situationsbeteiligten lässt sich erfolgreiche Konfliktarbeit nicht realisieren. Ein zu stark zielgerichtetes, nach rationalen Kriterien geplantes Vorgehen führt leicht dazu, notwendigen Verständigungsprozessen und Beziehungsarbeit nicht die erforderliche Zeit zu geben, den Kontakt mit der Situation zu verlieren, den ‚Eigensinn' der Beteiligten zu übersehen.

„Klienten spüren die innere Plangeleitetheit sozialarbeiterischen Handelns, wenn sie dominiert. *Weil* ihr Erleben, ihre Zustimmung, ihre Zweifel dann lediglich ‚abgefragt' werden, fühlen sie sich leicht als Anhängsel eines vorgegebenen Verfahrensablaufs. (...) Im schlimmsten Fall entsteht eine Pseudomitarbeit, latenter Widerstand oder eventuell ein halbherziger Hilfeabbruch" (Hubbertz 2002: 95; Herv. i. O.).

Die meisten in Kapitel 2.1 bis 2.3. beschriebenen Bezugspunkte und Faktoren von Konfliktarbeit können idealtypisch diesen beiden Handlungsmodi zugeordnet werden:

Dem *Modus ‚Problemlösen'* entsprechen vor allem die in 2.1 beschriebenen Handlungsbereiche und Schritte methodischen Handelns (Auftrags- und Rahmenklärung; Situations- und Konfliktanalyse; Zielentwicklung; Planung; Intervention; Evaluation) sowie ein vorsichtiges, deeskalierendes Handeln bei eigener Verwicklung in einen Konflikt (2.2).

Dem *Modus ‚Verstehen'* können die in 2.3 beschriebenen Prozesskriterien zugeordnet werden: Die Fachkraft muss sich auch als Person einlassen auf den Konfliktklärungsprozess; die eigene Person wird als Sensorium und ‚Resonanzkörper' für den Zustand des Prozess genutzt; Störungen haben Vorrang; flexibles prozessorientiertes Vorgehen; Schaffung einer Vertrauensbasis mit den Beteiligten und eines geschützten Raumes für die Konfliktbearbeitung; die Prozessbeteiligten müssen sich aufgehoben und verstanden fühlen; bei eigener Verwicklung in einen Konflikt ist ein selbstreflexives Erkennen dieser Verwicklung erforderlich.

2 Die Erweiterung des konfliktbezogenen Zugangs Sozialer Arbeit

Im skizzierten Modell diagnostischen Fallverstehens (Kapitel 2.2) mit seiner partizipativen, mehrperspektivischen und reflexiven Ausrichtung finden sich allerdings Elemente beider Handlungsmodi.

Fasst man diese Befunde zusammen, so wird deutlich, dass erfolgreiche Konfliktarbeit aus einer flexiblen, situationsbezogenen Kombination dieser beiden Handlungsmodi besteht.

Professionelle Handlungskompetenz zeigt sich auch bei Konflikten darin, „zwischen den beiden Handlungsrationalitäten flexibel wechseln zu können und notwendige Übersetzungsleistungen zu erbringen" (ebd.: 105) sowie die jeweiligen Schwerpunktsetzungen situationsspezifisch zu variieren.[28]

> „Es geht darum, arbeitsfeldspezifisch planvoll zu handeln, Verstehen und Verständigung zu üben, Spannungen zwischen beiden Handlungsformen aushalten und sich und andere vor manipulativen Verzerrungen schützen zu können. (...) In *quantitativer* Hinsicht ist eine Arbeit an subjektiven Erlebniswelten und hier lokalisierten ‚Störungen' oft viel umfangreicher als ein vernünftig geplantes Problemlösen auf der Verhaltensebene. Sozialarbeiterisches Handeln hat es nur zu häufig mit sogenannten ‚geschlossenen' oder ‚verstellten' Situationen zu tun, in denen durch Verstehen subjektiven Erlebens und hierauf bezogene Aushandlungsprozesse Chancen für einen Neuanfang zu generieren sind" (ebd.: 104-105).

In der Praxis sind solche Erkenntnisse allerdings nicht einfach umzusetzen. Schwierig für Fachkräfte ist *erstens*, dass diese beiden Handlungsmodi nicht ohne weiteres kombiniert werden können, sondern nach unterschiedlichen Logiken funktionieren: Der Handlungsmodus ‚Problemlösen' zielt auf den objektiv fassbaren Teil einer Situation, ist auf zweckrational-planvolles Handeln gerichtet und funktioniert nach einer linearen, zielorientierten Logik. Der Modus ‚Verstehen' ist dagegen auf die subjektiven Erfahrungswelten der Beteiligten und ein rekonstruktives Verstehen ihres subjektiven Sinns gerichtet und deshalb an einer zirkulären, auf Beziehungen bezogenen Logik ausgerichtet (vgl. die Tabelle in Teil D Kapitel 1).

Zweitens kann der Handlungsmodus des ‚Verstehens' nur begrenzt auf vorgegebene Kategorien und Schritte zurückgreifen, wie dies beim Problemlösungsmodell möglich ist. „Ein solches Verstehen verläuft punktuell und prozesshaft. Je mehr es sich einer leitenden Struktur unterwirft, um so eher läuft es Gefahr, sich seinem eigenen Anliegen zu entfremden" (ebd.: 108). Deshalb ist dieser Modus im Gegensatz zum klar strukturierbaren Modus des ‚Problemlösens' deutlich schwieriger lehr- und lernbar. Trotzdem plädiert Hubbertz richtigerweise dafür,

---

[28] Auch Thiersch (1993) betont in seinem lebensweltorientierten Methodenverständnis diese Notwendigkeit einer jeweils situationsbezogenen Mischung von Offenheit und Strukturierung.

kommunikatives Handeln und Verstehen in der Sozialen Arbeit „nicht bloßer Intuition und gesundem Menschenverstand zu überlassen. Eine solche Einstellung billigte dem instrumentellen Handeln jene wissenschaftliche Begründbarkeit zu, welche sie einer kommunikativen Verständigung abspräche" (ebd.).

Um hier die notwendigen Brücken zu schlagen, braucht es *erstens* Methoden und Kategorien eines *offenen und hermeneutischen Typus des Fallverstehens in Konflikten*, wie sie z.B. von Heiner und Schrapper in ihrem Rahmenmodell vorgeschlagen wurden. Methoden und Kategorien dürfen hier keine „diagnostisch-distanzierende Funktion einnehmen, sondern sollten auf intersubjektive Verständigung und Offenheit ausgereichtet sein (ebd.).

Zweitens ist ein *situationssensibles, flexibles methodisches Vorgehen* erforderlich, das nicht an einer linearen Abfolge von Arbeitsschritten festhält (Anamnese → Diagnose → Intervention → Evaluation o.ä.), sondern eher zirkulär arbeitet.

Drittens brauchen Fachkräfte für diese Art von Konfliktarbeit nicht nur bestimmte methodische Fähigkeiten, sondern auch die *Fähigkeit, die „eigene Person als Werkzeug" kompetent einzusetzen* (von Spiegel 2004: 84). In Konfliktsituationen gehört dazu ein persönliches Sensorium für den Zustand und die relevanten Aspekte von Situationen und Kommunikationsprozessen, verbunden mit der Fähigkeit, den ‚eigenen Ort' und die eigene Verwobenheit in diese Situationen zu erkennen und sensibel damit umzugehen. Ein Teil dieser Art von Wissen, Können und beruflichen Haltungen (v.a. im Bereich des ‚Problemlösens') ist über Bücher wie dieses lern- und erfassbar. Für die Entwicklung des ‚persönlichen Teils' sind aber auch eigene Erfahrungen mit der Arbeit in Konfliktsituationen und ihre Reflexion in Supervision, kollegialer Beratung oder durch Formen der (Selbst)Evaluation unumgänglich.

Im folgenden Kapitel wird das hier skizzierte Rahmenmodell problem- und verständigungsorientierten methodischen Handelns in Konflikten konkretisiert und weiter ausgearbeitet.

3 Methodisches Handeln in Konfliktsituationen – Eine Rahmenkonzeption

In Teil D Kapitel 1 wurde anhand bestimmter Merkmale der Handlungsstruktur begründet, dass professionelles Handeln in der Sozialen Arbeit grundsätzlich ein Handeln unter Unsicherheitsbedingungen ist. Dies gilt für Konfliktsituationen in besonderem Masse, denn diese sind in aller Regel

3 Methodisches Handeln in Konfliktsituationen – Eine Rahmenkonzeption

- *komplex:* sachliche, emotionale, personenbezogene und strukturelle Situationsaspekte wirken zusammen.
- *dynamisch:* Auch ohne Interventionen von außen würden sie sich aufgrund ihrer Eigendynamik verändern und möglicherweise weiter eskalieren.
- *intransparent:* Nur ein Teil der relevanten Aspekte ist zu Beginn der Arbeit erkennbar und die Ursache-Wirkungs-Zusammenhänge sind unklar.

Konflikte sind deshalb für begleitende Fachkräfte wie für Betroffene eine dreifache Herausforderung, wie der Konfliktforscher Glasl beschreibt:

„Wir werden bis zum äußersten gefordert, um die Ereignisse in all ihrer verwirrenden Komplexität zu überblicken und zu durchschauen (...);
Wir sind jederzeit der Gefahr ausgesetzt, durch die Geschehnisse mitgerissen zu werden und jeglichen Boden unter den Füssen zu verlieren, der uns Halt gibt: denn in Konflikten wird unsere ganze Person angesprochen, unser ganzes Denken, Fühlen und Wollen wird ständigen Korrumpierungen ausgesetzt (...);
Wir werden mit all unseren widersprüchlichen Licht- und Schattenseiten konfrontiert, als Konfliktpartei genau so wie als beratende Drittpartei – und wir müssen uns den ungeläuterten Seiten unserer Persönlichkeit, unserer Gruppe oder der Organisation stellen: Konflikte führen uns immer in Grenzsituationen, in denen alles davon abhängt, wie wir uns zu uns selber stellen – und in welchem Menschen- und Weltbild wir uns verankert wissen" (Glasl 1992: 433).

Wie kann unter solchen Bedingungen überhaupt sinnvoll methodisch gehandelt werden?

Die Wirkungen der Handlungen einer Fachkraft können unter den Umständen eines akuten Konfliktes nur schwer abgeschätzt werden, das Risiko unbeabsichtigter ‚Nebenfolgen' ist insbesondere am Anfang einer Konfliktbearbeitung sehr groß.

Meine *These* ist, dass unter solchen Umständen ein systematisches, für die Beteiligten transparentes, aber sehr flexibles Vorgehen erforderlich ist, das ständig danach fragt, welche Ziele, Handlungsschritte oder Methoden zum aktuellen Stand der Konfliktsituation passen. Situationsanalyse, Zielentwicklung, Handlungsplanung, Interventionen und Evaluation als Schritte methodischen Handelns gehen hier Hand in Hand, werden flexibel kombiniert und kurzfristig in Schleifen durchlaufen. Erst wenn eine Konfliktsituation entschärft bzw. stabilisiert ist, sind längerfristige Ziele und Planungen sinnvoll.

Die bearbeitende Fachkraft braucht angesichts der vielen Unsicherheiten in der Handlungssituation rasch für sich selber eine Art von ‚Ortsbestimmung', d.h. eine Bestimmung und gegebenenfalls Klärung der eigenen Verwobenheit in die Konfliktsituation und des Handlungsauftrages. Von diesem reflexiv geklärten

Ort aus kann dann agiert werden, allerdings muss auch dieser im Lauf der Konfliktbearbeitung regelmäßig überprüft und gegebenenfalls verändert werden. Was diese beiden Aspekte im Detail bedeuten, wird in den folgenden Abschnitten weiter ausgearbeitet.

Ein weiteres Problem für eine Rahmenkonzeption methodischen Handelns in Konfliktsituationen ist das Faktum einer *großen Vielfalt von Konfliktformen in der Sozialen Arbeit*. Auf der Basis der Ausführungen in den anderen Teilen des Buches lassen sich vor allem folgende Kriterien angeben, nach denen sich diese Konfliktformen ausdifferenzieren:

1. Sichtbarkeit des Konflikts:

Es gibt *sichtbare Konflikte*, die zwischen konkreten Akteuren ausgetragen werden und *verdeckte bzw. latente Konflikte*, die (noch) nicht oder nicht mehr (z.B. ‚kalte' Konflikte) ausgetragen werden, aber als Unvereinbarkeiten, Beeinträchtigungen, Widersprüche, Rollenkonflikte im Sinne von Konfliktpotenzialen in oder zwischen Akteuren wirken, und ihre Lebensbewältigung beeinträchtigen (vgl. die Konfliktdefinition in Teil A).

2. Akteure im Rahmen des Konflikts:

Konflikte im Kontext der Sozialen Arbeit können sich – wie die Fallstudie in Teil D zeigt – ereignen

- *innerhalb von Personen*: als Rollenkonflikte bei KlientInnen (z.B. bei widersprüchlichen Anforderungen in Familie und Beruf) oder Fachkräften (z.B. beim Finden der richtigen Balance zwischen Nähe und Distanz in der Arbeit mit KlientInnen)
- *zwischen Personen*, wobei insbesondere zu unterscheiden sind:
Konflikte zwischen AdressatInnen/KlientInnen, die Fachkräfte zu bearbeiten haben (z.B. zwischen Jugendcliquen im Kontext der Jugendarbeit; zwischen Erziehungsberechtigten im Kontext der Trennungs- und Scheidungsberatung im ASD);
Konflikte zwischen Fachkräften und KlientInnen (z.B. wenn KlientInnen nicht mit Diagnosen oder Hilfeangeboten einverstanden sind);
Konflikte zwischen Fachkräften im Team (z.B. bzgl. der Fallverteilung) *oder mit Vorgesetzten* (z.B. bzgl. der Einhaltung von Standards bei der Fallbearbeitung);
Konflikte zwischen Fachkräften und KooperationspartnerInnen im fachlichen Kontext (z.B. bei der Frage, wer die letztliche Entscheidungskompetenz im Fall hat) oder im politischen Kontext (z.B. bei der Frage, für welche

3 Methodisches Handeln in Konfliktsituationen – Eine Rahmenkonzeption 155

Jugendlichen eine Einrichtung offener Jugendarbeit eigentlich zuständig ist).

3. Eskalationsdynamik des Konflikts:

Fachkräfte Sozialer Arbeit sind einerseits mit komplexen Konflikten in ihrer Arbeit konfrontiert, die eine lange Vor- und Eskalationsgeschichte haben, und die ein sorgfältig geplantes und abgestimmtes Vorgehen erfordern, andererseits ergeben sich im alltäglichen Umgang mit KlientInnen auch ad-hoc Eskalationen (z.B. bei Provokationen), die rasches Handeln erfordern und keine ausführlichen Analysen und Reflexionen erlauben.

4. Ort der Fachkraft im Konflikt:

Es ist sehr wichtig zu beachten, von welchem Ort aus die Fachkraft in der Konfliktsituation agiert und auf welche Art sie darin verwoben ist, denn hieraus ergeben sich unterschiedliche Möglichkeiten und Grenzen des Handelns. Drei Arten des ‚*Verwobenseins*' sind vor allem zu unterscheiden (vgl. ausführlich Kapitel 3.1.2). Die Fachkraft ist

- *direkt am Konflikt beteiligt* (d.h. sie hat einen Konflikt mit KollegInnen, mit KlientInnen, mit KooperationspartnerInnen). Sie ist dann selber ‚Partei' mit eigenen Interessen und damit auch betroffen von bestimmten subjektiven Veränderungen durch den Konflikt.
- *indirekt beteiligt* (sie ist in eine Situation involviert, in dem andere, aber für sie relevante Personen einen Konflikt haben z.B. in ihrem Team) oder
- *am eigentlichen Konflikt unbeteiligt*, aber als Fachkraft mit der Konfliktbearbeitung befasst (z.B. als VermittlerIn oder BeraterIn bei Konflikten zwischen KlientInnen). Hierbei muss noch unterschieden werden, von wem der Auftrag für die Konfliktbearbeitung ausgeht und
  ob die Fachkraft noch eigene bzw. fremde inhaltliche Positionen oder Aufträge im Konflikt zu vertreten hat oder
  ob sie unparteilich agieren und sich ganz auf die Bedürfnisse der Konfliktparteien konzentrieren kann.

5. ‚Mischungsverhältnis' zwischen personenbezogenen und kontext- bzw. strukturbezogenen Konfliktaspekten:

In jedem Konflikt treffen konkrete Personen mit bestimmten Zielen, Erwartungen, Kommunikationsmustern, biografischen Prägungen aufeinander, die in Interaktion treten. Diese Personen handeln aber nicht im ‚luftleeren Raum', sondern befinden sich in einem bestimmten raum-zeitlichen Kontext, der ihnen

Regeln oder Ressourcen für ihr Handeln zur Verfügung stellt (z.b. in Form von Rollen, Handlungsspielräumen), ihnen aber auch Hindernisse und Grenzen setzt (z.b. in Form von Hierarchien, beschränkten materiellen und sozialen Ressourcen) und so ihr Handeln stark beeinflusst. Allerdings sind die personenbezogenen Aspekte in Konflikten meist viel sichtbarer und drängender (Streit, Beschuldigungen, heftige Emotionen etc.) als die kontextbezogenen, deren Auswirkungen für die Beteiligten teilweise verdeckt oder nicht nachvollziehbar sind.

Für die kompetente Diagnose eines Konfliktes und die Konzipierung geeigneter Interventionen ist es unbedingt erforderlich, das Zusammenwirken personaler und kontextbezogener Aspekte im jeweiligen Konflikt zu verstehen.

Geltungsbereich des Konfliktzugangs ‚Methodisches Handeln':

Angesichts der Vielfalt von Konfliktformen sind unterschiedlichste Analyse- und Interventionsmethoden erforderlich. Der in den folgenden Abschnitten dargestellte Zugang ‚methodischen Handelns' in Konfliktsituationen ist zwar offener, flexibler und umfassender als Zugänge wie Mediation, Gemeinwesenarbeit oder Konfrontative Pädagogik, er ist aber nicht für alle Arten von Konflikten im Kontext Sozialer Arbeit und alle ihrer konfliktbezogenen Handlungsfelder (vgl. Teil C) geeignet.

Grenzen des Zugangs ‚methodisches Handeln' zeigen sich vor allem bei:

- *ad-hoc Konflikten:* Diese sind nur mit dem Zugang ‚methodisches Handeln' bearbeitbar, wenn nicht sofort reagiert werden muss, sondern eine Art von ‚Moratorium' zur genaueren Analyse und Reflexion der Situation und der eigenen Verwobenheit der Fachkraft möglich ist.
- Bei der *„Unterstützung von Subjekten bei der Entwicklung persönlicher Konfliktfähigkeit"* geht es primär um die *Prävention von* bzw. *Selbsthilfe in* Konflikten. Methodisches Handeln heißt hier vor allem die Gestaltung und Durchführung von Bildungsprogrammen oder Projekten, in denen soziales Lernen ermöglicht und soziale Kompetenzen erworben werden können. Auf diese Art von methodischem Handeln soll hier nicht eingegangen werden.

3 Methodisches Handeln in Konfliktsituationen – Eine Rahmenkonzeption

3.1 Bereiche methodischen Handelns in Konfliktsituationen

Was bedeutet nach diesen Vorbemerkungen und Eingrenzungen nun der Zugang ‚methodisches Handeln' für Konfliktsituationen? Zur Erinnerung noch einmal die Definition von Hiltrud von Spiegel (2004: 118):[29]

„Methodisches Handeln bedeutet, die spezifischen Aufgaben und Probleme der Sozialen Arbeit situativ, eklektisch *und* strukturiert, kriteriengeleitet und reflexiv zu bearbeiten, wobei man sich an Charakteristika des beruflichen Handlungsfeldes sowie am wissenschaftlichen Vorgehen orientieren sollte":[30]

3.1.1 Analyse der Rahmenbedingungen des eigenen beruflichen Handelns: Identifizierung von Konfliktpotenzialen in Arbeitsfeld, Organisation und eigener Person

In Teil D wurde am Beispiel des Allgemeinen Sozialen Dienstes gezeigt, wie schnell Konflikte aus strukturellen Konfliktpotenzialen in Arbeitsfeld, Institution und Team entstehen. Unabhängig von *konkreten* Konfliktsituationen ist deshalb für jede Fachkraft wichtig, den Kontext des eigenen beruflichen Handelns von Zeit zu Zeit nach Handlungsspielräumen und strukturellen Konfliktpotenzialen zu untersuchen, um zu erkennen, wie diese die eigene Arbeit beeinflussen. Fachkräfte brauchen solche Informationen, „um ihre Zuständigkeit zu klären, ihre eigene Rolle zu definieren und Ansatzpunkte für ihre Interventionen zu finden" (von Spiegel 2004: 121), aber auch um zu vermeiden, dass strukturelle Konfliktpotenziale unerkannt, quasi ‚hinter ihrem Rücken', ihre Wirkungen im beruflichen Alltag entfalten.

---

[29] Eine Anmerkung zur Darstellung: Im Folgenden wird eine Bündelung und Weiterführung vieler Aspekte, die zuvor bereits behandelt wurden, vorgenommen. Insbesondere die Kapitel 1 und 2 bilden den theoretischen Rahmen des hier entwickelten Modells. Mit Blick auf eine bessere Lesbarkeit und Verständlichkeit habe ich mich dafür entschieden, einige wichtige Bezüge nicht allein durch Verweise zu kennzeichnen, sondern bestimmte Erkenntnisse aus anderen Teilen des Buches noch einmal stichwortartig einfließen zu lassen. Dadurch kann allerdings bei LeserInnen, die das Buch systematisch durchgearbeitet haben, vereinzelt der Eindruck von Redundanzen in der Darstellung entstehen.

[30] Hiltrud von Spiegel (2004) unterscheidet drei Ebenen methodischen Handelns bei der Bearbeitung von Situationen im Kontext Sozialer Arbeit (Fallebene; Einrichtungs- bzw. Managementebene; Sozialraum- bzw. Kommunale Planungsebene), eine Unterscheidung, die grundsätzlich auch für Konflikte nützlich ist. Es wäre genug Material für ein weiteres Buch, die Spezifika methodischen Handelns für alle Ebenen auszuarbeiten. Aus Gründen der Leistbarkeit soll deshalb für die folgenden Ausführungen eine Eingrenzung vorgenommen und der *Fokus auf Konflikte auf der Fallebene* gerichtet werden, wobei Fall hier im Sinne der erweiterten Definition aus Kapitel 2.2 verstanden werden soll.

Das Prinzip einer Reflexivität professionellen Handelns bezieht sich nicht nur auf *äußere Konfliktpotenziale* im Handlungsfeld, vielmehr muss es auch die Person der Fachkraft (ihre beruflichen Erwartungen, Ziele und Handlungsgrundsätze sowie das eigene Verhalten in Konflikten) im Sinne einer Bestimmung ‚*innerer' Konfliktpotenziale* miteinbeziehen. Erst dadurch wird ein „reflektierter Einsatz der eigenen ‚Person als Werkzeug'" (ebd.: 119) möglich.

Mit diesem Wissen ist es dann auch möglich, präventive Maßnahmen umzusetzen, die eine Entwicklung bestimmter beruflicher Konflikte verhindern.

Anhand des in Teil D vorgestellten Modells „beruflichen Handelns und seines Rahmens" können für eine derartige Analyse *vier Ebenen* und eine Reihe von Einflussfaktoren benannt werden, die auf Unvereinbarkeiten, Ambivalenzen oder Widersprüche, ‚äußere' und ‚innere' Konfliktpotenziale untersucht werden sollen.[31] Es geht darum, auf diesen Ebenen

- Informationen zu vorgegebenen Arbeitsaufträgen, Erwartungen relevanter Akteure, strukturellen Spezifika, vorhandenen Ressourcen und Problemen zu sammeln,
- diese Informationen untereinander und mit den eigenen beruflichen Erwartungen und Vorstellungen zu vergleichen,
- Konsense und Dissense zwischen Erwartungen, Rahmenbedingungen und eigenen Vorstellungen festzustellen,
- Handlungsstrategien und Prioritätensetzungen zu entwickeln, um festgestellte Diskrepanzen zu bearbeiten. Hier ist zu beachten, auf *welcher Analyseebene* und in *wessen Verantwortung* die festgestellten Diskrepanzen und Konfliktpotenziale liegen und ob bzw. wie man diese beeinflussen kann.

Im Folgenden werden diese vier Ebenen beruflichen Handelns und die jeweils zentralen Aspekte vorgestellt. Dazu werden jeweils Leitfragen zur Veranschaulichung der Zusammenhänge formuliert.

Analyseebene 1 „Gesellschaft"

Soziale Arbeit ist tätig als vermittelnde Instanz zwischen Individuum und Gesellschaft mit dem Ziel, Menschen einen gelingenderen Alltag und eine autono-

---

[31] Auf den zwei Ebenen der „Gesellschaft" und „Organisation" gibt es viele Verbindungslinien zu Hiltrud von Spiegels „Analyse der Rahmenbedingungen" als Handlungsbereich methodischen Handelns (vgl. ebd.: 126-132). In unserem Modell kommen aber noch zwei weitere Ebenen hinzu, die sich auf die Interaktionen zwischen Fachkraft und KlientInnen sowie die eigene Person/Persönlichkeit der jeweiligen Fachkraft (und damit auf die Identifizierung ‚innerer' Konfliktpotenziale) beziehen.

3 Methodisches Handeln in Konfliktsituationen – Eine Rahmenkonzeption

me Lebensführung durch Hilfe zur Selbsthilfe zu ermöglichen (vgl. Teil B). Sie tut dies als Teil des Sozialstaates und ist so in ihren Möglichkeiten zum einen vom jeweiligen sozialpolitischen Kontext und den finanziellen Rahmenbedingungen des Staates abhängig, zum anderen mit teilweise widersprüchlichen Erwartungen und Aufträgen aus Lebenswelten und Gesellschaft konfrontiert. Folgende Aspekte sind auf dieser Ebene im Hinblick auf mögliche Konfliktpotenziale für das berufliche Handeln besonders wichtig.

Gesetzliche Aufgaben: Sozialer Arbeit basiert auf gesetzlichen Vorgaben, die berufliche Zuständigkeiten für bestimmte Aufgaben und Probleme sowie Ansprüche auf sozialstaatliche Leistungen begründen. Nicht immer sind diese Vorgaben klar und eindeutig (vgl. die Fallstudie in Teil D). Ferner zeigen sich in der Praxis immer wieder Probleme und Bedarfe, die (noch) nicht durch gesetzliche Regelungen abgedeckt (und damit auch nicht finanziert) werden.

Leitfragen: Welche gesetzlichen Vorschriften sind für das beruflichen Handeln relevant? Wie klar bzw. widersprüchlich ist der gesetzliche Auftrag? Werden damit alle in der Praxis wahrgenommenen wichtigen Handlungsnotwendigkeiten abgedeckt? Welche Ermessensspielräume lassen die gesetzlichen Vorgaben für berufliches Handeln? Sind diese ausreichend?

Aktuelle sozialpolitische Trends im Arbeitsfeld bzw. Einzugsgebiet der Einrichtung: Aufträge und Mittel für berufliches Handeln werden häufig nicht nur durch Bedarf und fachliche Notwendigkeiten gesteuert, sondern auch durch die aktuelle politische und öffentliche ‚Konjunktur' eines Themas oder Arbeitsfeldes:

> „War heute die Heimerziehung eine akzeptable und häufig genutzte Möglichkeit der ‚öffentlichen' Erziehung, werden morgen Kinder (ungeachtet ihrer Probleme) aus finanziellen Erwägungen überwiegend in Pflegefamilien untergebracht. Galt die offene Jugendarbeit lange Zeit als jugendkulturelles Experimentierfeld für die Einübung gesellschaftlich wichtiger Fähigkeiten, steht sie morgen infolge der Umorientierung der Prioritäten als eigenständiges Arbeitsfeld zur Disposition" (von Spiegel 2004: 128).

Leitfragen: Welche Bedeutung hat das Arbeitsfeld und seine Aufgabe bzw. sein Handlungsgegenstand in der aktuellen öffentlichen Diskussion (lokal/überregional)? Was wird durch diesen aktuellen Zustand gefördert bzw. behindert? Wie passen diese äußeren Positionen zu meinen eigenen fachlichen Einschätzungen?

Gesellschaftliche Zuschreibungen zu Problemen und Bedürfnissen der KlientInnen/NutzerInnen im Arbeitsfeld:

> „Gesellschaftliche Zuschreibungen beeinflussen Fachkräfte *und* Adressatinnen und wirken auch auf die favorisierten Methoden der Bearbeitung von Problemen. (...)

Arbeitslose können zum Beispiel als ‚Drückeberger' oder ‚Betroffene industrieller Konzentrationsprozesse' oder etwa als ‚Opfer der aktuellen wirtschaftlichen Rezession' betrachtet werden. Häufig sind diese Deutungen ‚objektiv' falsch. Dies ist auch daran zu erkennen, dass sich diese Zuschreibungen im Laufe der Zeit mehrfach geändert haben" (ebd.: 128; Herv. i. O.).

Leitfragen: Wie werden die Ursachen der wichtigsten Probleme, Bedürfnisse und Konflikte der KlientInnen im Arbeitsfeld im Moment gesellschaftlich gedeutet? Werden die gesellschaftlichen Ursachen dieser Probleme erkannt oder werden sie individualisiert? Wie passen meine eigenen Problemdeutungen zu den in der Gesellschaft vorherrschenden?

Analyseebene 2 „Organisation" : Die Institution in ihrem Einzugsgebiet

Soziale Arbeit wird als gesellschaftlich organisierte Hilfe in Organisationen erbracht:

„Der doppelte Bezug auf den lebensweltlichen Kontext der Adressatinnen und den administrativen Handlungskontext ist konstitutiv. Die Organisation einer Einrichtung ist der Dreh- und Angelpunkt für die Realisierung der individuellen Kompetenzen. Sie hat großen Einfluss auf das berufliche Auftreten der Fachkräfte, und sie stellt die Ressourcen für die Arbeit zur Verfügung. Ideelle und materielle Hilfen, politische und öffentlichkeitswirksame Wege stünden Einzelnen ohne institutionelle Macht nicht zur Verfügung" (von Spiegel 2004: 129).

Auch Müller (2002) weist in diesem Zusammenhang darauf hin, dass individuelle Professionalität im Kontext Sozialer Arbeit nur innerhalb eines funktionierenden Organisationszusammenhanges realisiert werden kann.

Eine „offene, ‚sozialpädagogische' Art der Professionalität [ist] für isolierte Einzelkämpfer kaum durchhaltbar. Gerade sie ist auf organisatorisch-praktische Bedingungen angewiesen, welche die erwünschte professionelle Haltung stabilisieren und im Normalfall (nicht nur bei heroischen Idealisten, ausgewählten Klienten und besonders günstigen organisatorischen und finanziellen Konstellationen) erwartbar machen. (...) Soll eine Organisation Sozialer Arbeit im skizzierten Sinne ‚professionell' sein, so sind z.B. Supervision und andere Formen der kollektiven Stützung einer selbstkritischen, partizipativen, lebensweltorientierten Praxis wichtige Merkmale. Noch wichtiger ist allerdings eine entsprechende ‚praktische Ideologie' der Organisation" (Müller 2002: 738).

Ein zweiter Aspekt: Eine Organisation steht nicht für sich allein, sondern ist in ein sozialräumliches Umfeld eingebettet und damit erstens Teil eines vielfältigen Systems von Institutionen, die kooperieren, aber auch konkurrieren. In diesem Umfeld ist sie mit Akteuren und Erwartungen an ihre Arbeit konfrontiert, die

3 Methodisches Handeln in Konfliktsituationen – Eine Rahmenkonzeption

teilweise widersprüchlich sind und die auch die materielle Grundlage der Institution massiv beeinflussen können. Wichtige Aspekte auf dieser Ebene sind:

Die „praktische Ideologie" (Klatetzki 1998) der Institution:

„Die Inhalte der praktischen Ideologie stammen aus der ‚Umwelt' der Einrichtung (Erwartungen, konkretisiert durch Gesetze, Träger, Zuwendungsgeber, soziales Umfeld, (...). Ihre *Funktion* ‚nach innen' ist die Sinnstiftung; sie bildet den Deutungshorizont für das Begreifen sozialer Situationen. Institutionelle Deutungsmuster entlasten Fachkräfte in komplizierten Situationen mit hoher persönlicher Verantwortung, sie schaffen Gemeinsinn durch die Bildung einer gemeinsamen Weltsicht; sie blenden aber auch kollektiv die Wahrnehmung schwieriger Problemkonstellationen oder Zusammenhänge aus" (von Spiegel 2004: 129).

Leitfragen: Welche Ziele strebt die Institution an? Welche Vorgehensweisen und Methoden dominieren? Welche Erwartungen an das Verhalten der Fachkräfte gibt es? Gibt es ein gemeinsam getragenes Set von Normen und Werten, das die Fachkräfte verbindet? Wie passen meine eigenen Ziele, Werte und methodischen Vorstellungen zu denen der Institution?

Teamsituation: In den meisten Institutionen Sozialer Arbeit ist es erforderlich, Aufgaben, Arbeit und Kompetenzen mehrerer Fachkräfte immer wieder aufeinander abzustimmen und in ein produktives Miteinander zu bringen. Hierbei kommt es immer wieder zu Meinungsverschiedenheiten und Konfliktsituationen. Wichtig dabei ist, welcher ‚Grundstil' der Kommunikation und des Umgangs mit Unterschieden sich in einer Institution etabliert und ob dieser produktiv oder destruktiv ist. Ein funktionierendes Team braucht eine Balance von ‚Vielfalt' und ‚Einheitlichkeit'.

Leitfragen: Wie viele Fachkräfte mit welchen (unterschiedlichen) Qualifikationen arbeiten in der Institution? Welche Unterschiede bzgl. professionellen Deutungs- und Handlungsmustern tauchen auf (z.B. zwischen Fachkräften Sozialer Arbeit, Verwaltungskräften, PsychologInnen)? Wie wird damit umgegangen? Wie (gut) wird in der Institution miteinander kommuniziert? Wie würde ich meinen eigenen Ort und kollegialen Umgangsstil in dieser Institution beschreiben? Wie gut passt er in die Institution? Womit ‚ecke' ich an?

Macht und Hierarchie: In jeder Institution gibt es formelle Hierarchien und Leitungspositionen, meist existieren auch informelle, weniger sichtbare Machtkonstellationen im Hintergrund, die Strukturen und Prozesse nachhaltig prägen. Beide Formen von Macht und Hierarchie „prägen die praktische Ideologie und das organisationskulturelle Klima entscheidend. Von ihnen hängt es ab, ob die Organisation eher ‚organisch' oder aber ‚mechanisch' arbeitet" (ebd.)

Leitfragen: Welche formellen und informellen ‚MachtinhaberInnen' gibt es in der Institution und wie setzen sie ihre Macht ein? Wie sind Zuständigkeiten und Entscheidungsbefugnisse zwischen ihnen verteilt? Wie würde ich meine eigene Position und Rolle in diesem Geflecht beschreiben? Welche Spielräume und Grenzen für mein Handeln entstehen dadurch?

Sozialräumlicher Kontext der Institution: Für die Beurteilung von Handlungsspielräumen, Grenzen und Konfliktpotenzialen einer Institution ist auch eine Einschätzung ihres Ortes im sozialräumlichen Kontext erforderlich: Die Lage einer Institution in ihrem Einzugsgebiet gibt Aufschluss über ihre Erreichbarkeit und mögliche Zugangsschwellen. Die Erwartungen aus der Bevölkerung und ein positiver oder negativer Ruf beeinflussen das Organisationsklima und die Möglichkeit der Fachkräfte, Aktionssysteme und soziale Netzwerke in der Lebenswelt der AdressatInnen aufzubauen. „Letztere hegen in Kenntnis dieser Themen und des Rufes ein Vorschussvertrauen (oder –misstrauen), das sie auch in die Gestaltung der Arbeitsbeziehung einbringen" (ebd.: 131). Und schließlich gibt es im sozialräumlichen Kontext einer Institution in der Regel auch andere Institutionen, die vergleichbare Leistungen anbieten, und zu denen die eigene Institution in Kooperation bzw. Konkurrenz steht.

„Auf der Managementebene sind Kenntnisse des professionellen Netzwerkes und eine Auslotung des Verhältnisses von Kooperation und Konkurrenz eine Voraussetzung für das finanzielle ‚Überleben' einer Einrichtung. Auf der Fallebene benötigt man sie für eine ressourcenorientierte und autonomiefördernde Arbeit. Fachkräfte können ihren Adressatinnen schaden, wenn sie ihnen aus Unkenntnis oder Konkurrenz Informationen vorenthalten oder sie im institutionellen ‚Dschungel' allein lassen" (ebd.: 132).

Leitfragen: Wo und in welchem Umfeld ist die Institution verortet (Wohnumfeld, Verkehrslage, Bevölkerungsstruktur etc.)? Welche Erwartungen bestehen gegenüber der Einrichtung (a) von Seiten ihrer AdressatInnen (b) von Seiten ihrer Zuwendungsgeber? Welchen Ruf hat sie? Welche Institutionen im Umfeld bieten vergleichbare Leistungen? Wie sehen die Beziehungen zu diesen Institutionen aus? Wo gibt es Konkurrenz bzw. konflikthafte Beziehungen?

Analyseebene 3: ‚Interaktion' zwischen Fachkräften und KlientInnen

Die Interaktionen zwischen Fachkräften und KlientInnen einer Institution haben eine ‚offene' Dimension (die ganz von der jeweiligen Situation und den konkreten Personen, die daran beteiligt sind, bestimmt wird). Diese Interaktionen sind aber eingebettet in einen strukturellen Kontext, der durch die auf Ebene 1 und 2 genannten Aspekte (gesetzlicher Auftrag, praktische Ideologie, Verortung der Institution im sozialräumlichen Umfeld etc.) bestimmt wird und der den Rahmen

3 Methodisches Handeln in Konfliktsituationen – Eine Rahmenkonzeption 163

absteckt, in dem die ‚offene' Komponente ihre Spielräume und ihren spezifischen Ausdruck findet. Drei fallübergreifende Aspekte sind auf dieser Analyseebene von besonderem Interesse:

- Die Art der *KlientInnen* mit ihren sozialstrukturellen Spezifika (Alter, Geschlecht, Nationalität, etc.), typischen Erwartungen und Befürchtungen an die Institution, ihren Bedürfnisse und Problemen;
- Die *Fachkräfte* der Institution mit ihrer Arbeitsbelastung, ihrem professionelles Selbstverständnis, ihrer beruflichen Motivation, ihren Strategien professionellen Handelns und
- Die allgemeinen *Charakteristika der Beziehungen* zwischen Fachkräften und KlientInnen: Grad der Freiwilligkeit der Interaktion; Wie stark sind Aufgaben und Rollen vordefiniert?; Grad der Partizipation von KlientInnen an der Hilfegestaltung.

In Teil D wurden einige *allgemeine, arbeitsfeldübergreifende Konfliktpotenziale* genannt, die auf der Interaktionsebene wirksam werden und bei denen es sich lohnt zu überprüfen, in welcher Form sie in der untersuchten Institution *fallübergreifend* vorliegen, und was daran problematisch für das berufliche Handeln ist. Dazu gehören:

- Das Spannungsfeld zwischen eigenen bzw. fremden Erwartungen im Hinblick auf ein zielorientiertes professionelles Handeln und der gleichzeitig begrenzten Plan- und Steuerbarkeit dieses Handelns (Stichwort: ‚Technologiedefizit' Sozialer Arbeit; Prinzip der ‚Ko-Produktion' bei der Herstellung sozialer Dienstleistungen);
- Das Problem, widersprüchliche Modi und Logiken des Handelns in der konkreten Arbeit immer wieder situativ ausbalancieren zu müssen (‚Problemlösen' versus ‚Verstehen') sowie
- bestimmte „Paradoxien" professionellen Handelns (Schütze), die vor allem in Institutionen wirksam werden, in denen auf der Basis von ‚Fällen' (im klassischen Sinn) diagnostisch, prognostisch und intervenierend gearbeitet wird.

Leitfragen: Welche typischen Merkmale finden sich bei den KlientInnen/NutzerInnen der Institution (sozialstrukturelle Spezifika, Erwartungen, Probleme, subjektive Bilder von der Institution etc.)? Mit welchen Ressourcen und auf welche Art gestalten die Fachkräfte ihre Beziehungen zu KlientInnen (Arbeitsbelastung, berufliche Motivation und professionelles Selbstverständnis im Team)? Welche Polaritäten und Probleme finden es hierbei im Team? Wie passt dies alles zu den Merkmalen und Erwartungen, die die KlientInnen üblicherweise mitbringen? Wie kommen die KlientInnen in Kontakt mit der Institution (Grad der Freiwilligkeit, Art des Zugangs)? Wie egalitär bzw. hierarchisch sind die Beziehungen zwischen Fachkräften und KlientInnen? Welche Spielräume haben beide Seiten bei der Auftrags- und Beziehungsgestaltung? In welcher Form finden sich bestimmte allgemeine Konfliktpotenziale Sozialer Arbeit in meinen Beziehungen zu KlientInnen wieder? Wie gravierend schätze ich ihre Wirkungen ein?

Analyseebene 4: Die ‚eigene Person' der Fachkraft:

Auf dieser Ebene steht die ‚eigene Person' der Fachkraft, die die Analyse durchführt, im Mittelpunkt. Die auf den vorigen Ebenen festgestellten Strukturen und Rahmenbedingungen von Arbeitsfeld und Institution werden an ihren eigenen Fähigkeiten, beruflichen Erwartungen und Zielen, biografischen Prägungen und ihrem professionellen Selbstverständnis gebrochen und in Handeln umgesetzt. Auf dieser subjektiven Ebene werden auch die Aspekte wirksam, die in Teil B als ‚innere Konflikthaftigkeit des Menschen' beschrieben wurden. Hier werden aus strukturellen Konfliktpotenzialen manchmal reale Konflikte, manchmal auch nicht.

Mit Reflexionen und Analysen auf dieser Ebene soll deutlich werden, wo neben den Konfliktpotenzialen einer Institution die empfindlichen Persönlichkeitsaspekte der jeweiligen Fachkraft liegen und wo diese ein besonderes Augenmerk auf ihr Deuten und Handeln richten sollte.

Leitfragen: Wie sieht meine berufliche Motivation aus und woraus speist sie sich? An welchen Werten und fachlichen Standards orientiere ich mein Handeln? Wie passen diese eigenen Orientierungspunkte in mein Team und die Institution? Wie sieht meine eigene ‚Konfliktbiografie' aus (wichtige biografische Erfahrungen mit Konflikten)? Welche grundlegende Einstellung habe ich zu Konflikten (Konflikte als Lernchance oder Bedrohung)? Welche typischen Handlungsmuster habe ich in Konflikten? Wo liegen meine eigenen Empfindlichkeiten, Stärken und Schwächen in Konflikten? Wie gehe ich mit Belastungen, Krisen, offenen oder ambivalenten Situationen im beruflichen Alltag um? Wo habe ich hier Stärken und Schwächen?

Als Bezugspunkte solcher Reflexionen eigenen sich insbesondere konkrete biografische und berufliche ‚Schlüsselsituationen und -erfahrungen' (Konfliktsituationen, persönlichen Krisen, Erfahrungen mit Handlungsdilemmata, aber auch Situationen, in denen besonders erfolgreich gehandelt wurde oder schwierige Probleme gelöst wurden). Sinnvoll ist ferner, vertraute KollegInnen nach ihren Wahrnehmungen zu befragen, um das eigene Selbstbild und ‚blinde Flecken' der Wahrnehmung durch Ergänzungen von außen (Fremdbilder) ergänzen oder korrigieren zu können.

3 Methodisches Handeln in Konfliktsituationen – Eine Rahmenkonzeption

Quer zu den vier Analyseebenen liegende Konfliktpotenziale

Es gibt neben den genannten Aspekten noch einzelne *allgemeine arbeitsfeldübergreifende Konfliktpotenziale*, die auf mehreren Analyseebenen wirksam werden können bzw. quer zu diesen liegen (vgl. Teil D). Auch diese sollten bei einer Analyse nicht vergessen werden:

- Das Spannungsfeld zwischen Erwartungen, Aufgaben und Zuständigkeiten an Institution und Fachkräfte und den hierfür zur Verfügung stehenden Ressourcen
- Das Spannungsfeld zwischen unterschiedlichen, oft widersprüchlichen Erwartungen und Aufträgen an die Fachkräfte von Seiten der Kostenträger, der eigenen Institution, KlientInnen, Geldgebern und anderen relevanten Akteuren (z.B. Eltern, Nachbarn).

3.1.2 Erfassung und Analyse einer Konfliktsituation

Mit diesem Handlungsbereich beginnt üblicherweise die Arbeit an einem konkreten Konflikt. Aufgabe ist es, offene bzw. verdeckte Konflikte als spezifischen Typus von Situationen zu ‚lesen' und zu verstehen, in denen Subjektiv-Persönliches mit Objektiv-Strukturellem verwoben ist. Auf dieser Grundlage können dann Ziele und weitergehende Handlungsschritte geplant und umgesetzt werden. Zur Erfassung und Analyse einer Konfliktsituation sind insbesondere drei Arbeitsschritte erforderlich:

- Die Sammlung von Informationen zur Konfliktsituation;
- Die Bestimmung des ‚eigenen Ortes' und der eigenen ‚Verwobenheit' in die Konfliktsituation;
- Die Analyse und Interpretation dieser Informationen unter einer Nutzung von Theorien und anderen fachlichen Wissensbeständen sowie die Bildung von Hypothesen.

Ergebnis dieser Schritte sollte eine begründete und kompetente Einschätzung der Konfliktsituation sein, die sich allerdings meist nur langsam herauskristallisiert, „indem man mögliche und durchaus widersprüchliche Erklärungen und Deutungen produziert und sich in einen dialogisch angelegten Verständigungsprozess mit den Beteiligten über differente Wahrnehmungen und Sinnkonstruktionen begibt" (von Spiegel 2004: 134).

In der Praxis zeigt sich allerdings, dass das Ergebnis dieser Arbeit, wenn man sie als dialogischen Prozess *mit* den Konfliktbeteiligten durchführt, *mehr als nur eine Konfliktanalyse ist*. Oft klären sich im gemeinsamen, teilweise mühsamen

Prozess der Erhebung und Rekonstruktion von Konfliktaspekten und -verläufen bereits Missverständnisse oder falsche Bilder in den Köpfen der Beteiligten, so dass sich die Konfliktsituation während der Erhebung/Analyse bereits verändert oder gar entspannt. D.h. Konfliktanalyse und -bearbeitung (Intervention) lassen sich in solchen (gemeinsamen) Prozessen im Grunde gar nicht streng voneinander trennen.

In der Praxis ist es ferner nicht selten erforderlich, vor dem Einstieg in eine ausführlichere Konfliktanalyse zuerst eine Art *vorläufiger und unvollständiger ‚Kurzanalyse'* durchzuführen, um beispielsweise ein akutes Gefährdungs- und Risikopotenzial in der Konfliktsituation abschätzen zu können oder zu prüfen, ob man hier als Fachkraft überhaupt zuständig, ausreichend kompetent bzw. handlungsfähig ist und ein ausreichendes Mandat für das Handeln hat. Erst auf dieser Basis kann über weitere Handlungsschritte entschieden werden, z.B. darüber, ob und wie eine vertiefende Konfliktanalyse durchgeführt werden kann oder ob zuerst einmal eine Mandatsklärung erforderlich ist.

Eine vertiefende Konfliktanalyse braucht in der Regel Zeit und mehrere Arbeitsschritte. Den Weg dorthin kann man sich methodologisch als eine Art „hermeneutischer Spirale" (vgl. Mayring 2002: 30) vorstellen, indem man sich über mehrere Stufen der Informationssammlung, Interpretation und Hypothesenbildung ein immer differenzierteres Verständnis der Konfliktsituation erwirbt (vgl. Abbildung 8).

Wie dieses Modell und auch die Ausführungen zum ‚Fallverstehen' in Kapitel 2 deutlich machen, kommt es methodologisch darauf an, für eine kompetente Analyse zuerst einmal die Komplexität der eigenen Wissensbasis über die Konfliktsituation durch systematische Informationsbeschaffung sukzessive zu erhöhen, um ein vielfältiges Bild der Konfliktsituation zu gewinnen. Später muss diese Komplexität angesichts des Handlungsdrucks und der begrenzten Ressourcen in der Praxis wieder auf ein bearbeitbares Maß reduziert werden.

Um diese Komplexitätserhöhung und -reduktion in einer professionellen Weise (d.h. begründet und systematisch) vornehmen zu können, ist die Nutzung von wissenschaftlichen Theorien und anderen fachlichen Wissensbeständen zur Entstehung, Eskalation und anderen Aspekten von Konflikten unumgänglich. Denn erst solche Theorien und Modelle erlauben es, Unterscheidungskriterien für die Wahrnehmung und Strukturierung der fast unendlichen Zahl von Informationen in der sozialen Wirklichkeit zu entwickeln, hierin etwas Bestimmtes, etwas Relevantes zu identifizieren, Wichtiges von Unwichtigem zu unterscheiden, und so Komplexität sinnvoll zu begrenzen (im Sinne des Satzes von Kant: „Gedanken ohne Inhalt sind leer, Anschauungen ohne Begriffe sind blind"). Jede Person verfügt

3 Methodisches Handeln in Konfliktsituationen – Eine Rahmenkonzeption 167

zwar aus Sozialisation, Erfahrungen etc. ohnehin über ein bestimmtes, allerdings begrenztes Vorverständnis, über Alltagstheorien, die ihre Wahrnehmung und Interpretation der Welt prägen. Wissenschaftliche Theorien und Modelle sind aber erforderlich, um das eigene Denken und Handeln im beruflichen Kontext bewusster und systematischer zu machen, Zufälligkeiten und Begrenztheiten der eigenen Sichtweisen zu überwinden, Orientierung in komplexen Situationen zu geben, Deuten und Handeln begründen und legitimieren zu können – kurz: Das berufliche Handeln wirklich professionell zu machen.

Abbildung 8: Die hermeneutische Spirale des Konfliktverstehens

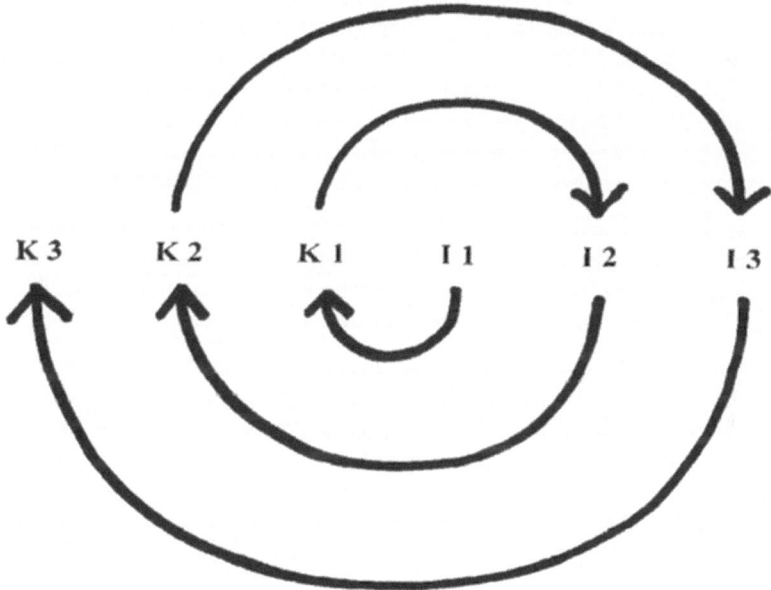

Legende:

I 1: Erste Informationssammlung zur Konfliktsituation
I 2: Zweite Informationssammlung zur Konfliktsituation
I 3: Dritte Informationssammlung zur Konfliktsituation

K 1: Erstes Verständnis der Konfliktsituation (mit Hypothesenbildung)
K 2: Zweites, erweitertes Verständnis der Konfliktsituation (mit Hypothesenbildung)
K 3: Drittes, erweitertes Verständnis der Konfliktsituation (mit Hypothesenbildung)

Allerdings hat auch die Unterstützung bei der Konfliktanalyse durch wissenschaftliches Wissen Grenzen, denn eine Theorie oder ein theoretisches Modell liefern

- erstens nur eine (wenn auch systematische und begründete) Sichtweise zu einem komplexen Phänomenbereich unter vielen möglichen; eine 'objektiv richtige' Interpretation zu sozialen Phänomenen kann es gar nicht geben.
- Zweitens fokussiert jede Theorie bzw. jedes Modell bestimmte Aspekte der Realität, verbindet sie miteinander, nimmt aber andere Aspekte weniger wichtig oder blendet sie sogar aus. Die BenutzerIn steht dabei in der Gefahr, zu meinen, das mit Hilfe der Theorie/des Modells Wahrgenommene wäre schon alles oder gar die ‚Wahrheit' über das Phänomen.[32]
- Wissenschaftliche Begriffe, Kategorien etc. sind notwendig allgemein und abstrakt, Konfliktsituationen konkret, vielschichtig und vieldeutig. Bei der Anwendung allgemeinen Fachwissens auf konkrete Fallsituationen gibt es deshalb ständig Erkennungs- und Entscheidungsschwierigkeiten, denn es ist nie *ohne weiteres* klar, welche allgemeinen Merkmale der Einzelfall aufweist (vgl. die Paradoxien professionellen Handelns von Schütze in Teil D).

Trotz dieser Grenzen und Unsicherheiten gibt es keine Alternative zur Nutzung wissenschaftlicher Theorien oder Modelle bei der Konflikterfassung und -analyse, denn ohne eine sinnvolle und begründete Reduktion von Komplexität in einer Konfliktsituation ist die Gefahr groß, handlungsunfähig zu werden.

Klar ist aber auch: Wissenschaftliche Theorien liefern keine Patentrezepte oder Normen, die sagen, was PraktikerInnen tun sollen, sondern Hilfen zur Reflexion und Selbstreflexion, die unentbehrlich sind, wenn Praxis wissende und lernende Praxis sein will. Die ‚Übersetzungsarbeit' auf den konkreten Fall muss jede Fachkraft selbst übernehmen, und damit auch ein Urteil treffen, welche Theorien bzw. Erklärungsmodelle für welche Konfliktsituationen besser oder schlechter anwendbar sind.[33]

---

[32] Wer also z.B. nur mit personenbezogenen Theorien und Modellen zu Konflikten arbeitet, wird sich auf das Spiel der Interessen, Emotionen, Kommunikationsmuster, Persönlichkeitsmerkmale etc. der Konfliktbeteiligten konzentrieren, und damit leicht einen ‚blinden Fleck' in Richtung der Struktur- und Kontextmerkmale der Konfliktsituation entwickeln, und wird auch wahrscheinlich nur mit personenbezogenen Interventionen arbeiten.

[33] Wissenschaftliche Theorien und ihr Nutzen für das praktische Handeln können gut mit dem Bild der ‚Landkarte' verglichen werden: „Eine Landkarte gibt uns eine Vorstellung von dem Gebiet, in welchen wir uns bewegen; sie zeigt uns – sofern wir imstande sind, sie richtig zu lesen – Höhenzüge, Hindernisse, Wege und Ortschaften an, befreit uns aber nicht von der Entscheidung darüber, welche Route wir schließlich wählen (...). Die Eigentümlichkeiten der Strassen, die Details der Landschaft, und schließlich die Sinnlichkeit der Reise müssen wir (...)

3 Methodisches Handeln in Konfliktsituationen – Eine Rahmenkonzeption 169

Weitere Erkenntnisse, *wie* die Arbeitsschritte einer Konfliktanalyse fachlich angemessen umgesetzt werden sollten, wurden bereits in Kapitel 2 genannt, von denen die Wichtigsten noch einmal kurz und stichwortartig zusammengefasst werden sollen.

- *Bezugspunkt „Fallverstehen"*: Verständnis eines Konflikt als Fallsituation; keine ExpertInnendiagnose, sondern mehrperspektivisches, dialogisches Vorgehen unter Einbeziehung der Konfliktakteure und gegebenenfalls anderer Betroffener; Bestimmung des ‚Ortes' der beteiligten Fachkraft bzw. -kräfte im Konflikt, sowohl bezogen auf den Entstehungs- wie auch den Bearbeitungskontext; Flexibilität im Vorgehen;
- *Bezugspunkt „Methodisches Handeln"*: Erkennen des eigenen Orts und der eigenen Verwobenheit der bearbeitenden Fachkraft in den Konflikt; Erfassen und Verstehen des sichtbaren *und* des unsichtbaren Konfliktanteils;
- *Bezugspunkt „Prozessgestaltung"*: Das Zusammenwirken von strukturellen und personenbezogenen Anteilen des Konfliktes verstehen; ganzheitliches Wahrnehmen (vgl. das Bild von der eigenen Person als „Resonanzkörper" in Kapitel 2.3); Schaffung eines geschützten Raumes für die Konfliktbearbeitung; Prozessorientierung und Flexibilität im Vorgehen; Beachtung seiner Grenzen und eigener Verwicklungen als bearbeitende Fachkraft; Haltung der Allparteilichkeit;
- *Bezugspunkt ‚Problemlösen' und ‚Verstehen'*: auf die situative Balance der beiden Handlungsmodi achten.

3.1.2.1 Die Bestimmung des ‚Ortes' und der ‚eigenen Verwobenheit' der Fachkraft

Ganzheitliches Wahrnehmen als Schritt professioneller Konfliktbearbeitung bedeutet eine Haltung im Sinne ‚offen sein, sich einlassen, zu Beginn so viel wie möglich wahrnehmen – ohne gleich zu interpretieren'. Dies bedeutet, nicht nur ‚im Außen', bei Konfliktbeteiligten und dem Kontext des Konflikts nach Sachinformationen, emotionalen Befindlichkeiten, Erwartungen/Aufträgen, Situationsdeutungen zu suchen, sondern auch bei sich selbst zwei Arten der ‚Verwobenheit' in den Konflikt zu untersuchen, einer äußeren und einer inneren:

---

selbst erfahren" (Winkler 1988: 87). Hamburger geht mit dieser Landkartenmetapher noch einen Schritt weiter: „Es gibt Landkarten für Piloten, Radfahrer, Fußgänger usw. Die Produzenten von Landkarten können nicht entscheiden, wer ihre Landkarte tatsächlich verwendet; diese Entscheidung kann nur der Wanderer, Radfahrer usw. [also die NutzerIn] selber entscheiden" (Hamburger 2003: 100).

1. ‚Äußere Verwobenheit' und ‚eigener Ort' in der Konfliktsituation. Eine Fachkraft ist entweder

- *direkt am Konflikt beteiligt* (d.h. sie hat einen Konflikt mit z.B. KollegInnen, KlientInnen oder KooperationspartnerInnen). Sie ist dann selber ‚Partei' mit eigenen Interessen und damit auch betroffen von subjektiven Veränderungen und Verzerrungen in der Wahrnehmung, im Wollen und im Handeln durch den Konflikt. Diese subjektiven Verzerrungen und Beeinträchtigungen werden umso stärker, je höher der Konflikt eskaliert ist. Auch die Möglichkeiten zur Selbsthilfe sind hier begrenzt (vgl. unten).
- *indirekt beteiligt* (sie ist in eine Situation involviert, in dem andere, aber für sie relevante Personen einen Konflikt haben z.B. in ihrem Team). Damit ist sie meist auch betroffen von den Auswirkungen des Konfliktes bzw. parteilich für bestimmte Positionen/Akteure.
- *am eigentlichen Konflikt unbeteiligt*, aber als Fachkraft mit der Konfliktbearbeitung befasst (z.B. als MediatorIn, VermittlerIn oder BeraterIn bei Konflikten zwischen KlientInnen). Hierbei muss noch unterschieden werden, von wem der Auftrag für die Konfliktbearbeitung ausgeht und
  ob die Fachkraft eigene bzw. fremde inhaltliche Positionen/Interessen im Konflikt zu vertreten hat (z.B. das ‚Wohl des Kindes' als ASD-MitarbeiterIn bei einer Beratung im Kontext von Trennung/Scheidung oder die Durchsetzung der Hausordnung als MitarbeiterIn in der Offenen Jugendarbeit bzw. einer stationären Einrichtung) oder
  unparteilich agieren und sich ganz auf die Bedürfnisse der Konfliktparteien konzentrieren kann.

Verbunden mit diesem Aspekt ist die Frage nach dem *Auftrag bzw. Mandat* der Fachkraft in der konkreten Konfliktsituation. Denn ohne einen klaren, tragfähigen Auftrag ist ein Handeln in Konflikten weder sinnvoll noch vermutlich erfolgreich. Was ist ein Auftrag/Mandat für professionelles Handeln und wie erwirbt man es sich als Fachkraft?

Nützlich für die Bestimmung bzw. Klärung eines Mandates in Konflikten ist ein Modell, das Burkhard Müller im Kontext seiner multiperspektivischen Fallarbeit vorgeschlagen hat und das zwischen zwei Typen von Mandaten[34] unterscheidet (vgl. Müller 1993: 95-99): den Typus ‚konstitutiver' Mandate, die zentral für die Qualität Sozialer Arbeit sind, und den Typus ‚nicht-konstitutive' Mandate, die in

---

[34] Unter einem Mandat versteht Müller „die Summe aller positiven Erwartungen, also aller Ansprüche und Hoffnungen an die Fallbearbeitung, und zwar zunächst unabhängig davon, ob diese Erwartungen klar artikuliert oder nur indirekt erkennbar werden, ob sie realistisch oder unrealistisch, ob sie in sich stimmig oder widersprüchlich sind" (ebd.: 97)

3 Methodisches Handeln in Konfliktsituationen – Eine Rahmenkonzeption 171

der Arbeit zwar zu berücksichtigen, aber den konstitutiven grundsätzlich nachgeordnet sind.

Konstitutive Mandate im Kontext Sozialer Arbeit sind:

- die Ansprüche und Bedürfnisse der KlientInnen,
- gesetzliche Vorgaben und die Ermessensspielräume, die sie lassen,
- das eigene fachliche Urteil und die professionelle Verantwortung, die vorhandenen Ermessensspielräume auszufüllen.

Diese Formen von Mandaten können im konkreten Fall durchaus im Widerspruch zueinander stehen. Dann wird „das Ausloten der wechselseitigen Vermittelbarkeit jener konstitutiven Mandate entscheidendes Qualitätsmerkmal sozialpädagogischer Fallbearbeitung" (ebd.: 99).

Hiervon zu unterscheiden sind *nicht-konstitutive Mandate,* die vor allem aus Erwartungen Dritter bestehen: Diese wahrzunehmen und zu berücksichtigen,

> „kann zwar praktisch sehr wichtig sein; denn erstens können die ja recht haben und zweitens geschieht Sozialpädagogik nicht in einem geschützten Raum, sondern muss andere Realitäten (und vor allem Machtverhältnisse) berücksichtigen. Aber ob Polizei, Lehrerin, Justiz etc. am Ende mit dem zufrieden sind, was SozialpädagogInnen tun, hat *für sich genommen keinerlei Bedeutung* für die Beurteilung der Qualität sozialpädagogischer Arbeit. Darüber entscheidet allein die (...) eigene Fachlichkeit" (ebd.; Herv. i. O.).

Zentral für professionelles Handeln sind also zuallererst die drei Arten von konstitutiven Mandaten, die in einer Konfliktsituation überprüft werden sollten. Je nach Ergebnis kann vor einem weiteren Einstieg in die Konfliktbearbeitung zuerst eine Mandatsklärung erforderlich sein.

Leitfragen zur Bestimmung bzw. Klärung der äußeren Verwobenheit, dem eigenem Ort und Mandat der Fachkraft in einer Konfliktsituation sind z.B.:

- Auf welche Art bin ich in die Konfliktsituation verwoben, welche Rolle habe ich inne (direkte oder indirekte Beteiligung; BeraterIn/VermittlerIn bei Konflikten zwischen anderen)?
- Wer hat welche Erwartungen, Wünsche etc. an mich? Gibt es Aufträge und Zuständigkeiten meiner eigenen oder fremder Institutionen, die ich berücksichtigen muss (z.B. Räumliche, sachliche oder gesetzliche Zuständigkeit für die Konfliktsituation)? Gibt es Gegensätze und Unvereinbarkeiten?
- Welches Mandat bzw. welche Mandate (im Sinne Burkhard Müllers) fordern mich hier zum Handeln auf? Passen ‚äußere Erwartungen und Mandate' und meine eigene fachliche Einschätzung zusammen? Wenn nein: Wie

lassen sich die Gegensätze verringern/aufheben? Was muss ich im Sinne einer Mandatsklärung tun?
- Wer ist nach diesen Abwägungen meine KlientIn bzw. AuftraggeberIn? Habe ich bereits ein ausreichendes Mandat zum Handeln? Was brauche in noch?
- Welche Möglichkeiten des Handelns habe ich hier überhaupt, wo sehe ich Grenzen (aufgrund mangelnder Ressourcen, Fähigkeiten oder meines beruflichen Auftrages)?

2. *‚Innere Verwobenheit'* in die Konfliktsituation: Der ‚eigene Ort' im Konflikt wirkt sich auch auf den inneren Bezüge und Resonanzen einer Fachkraft zum Konflikt und seinen Akteuren aus. Die Erfassung und Klärung dieser ‚inneren Verwobenheit' fordert vor allem ein Einlassen auf die und Auseinandersetzen mit den

- eigenen Emotionen, die die Situation auslöst (Anziehung/Ablehnung; Parteilichkeiten für bestimmte Seiten; Ärger; etc.). Es ist wichtig, diesen Emotionen nachzugehen (Was hat dieser Konflikt mit mir zu tun? Warum reagiere ich so? Was tritt hier bei mir in Resonanz?)
- eigenen Bedürfnissen, Interessen, Befürchtungen und Positionen bezogen auf den Konflikt
- Bilder/Assoziationen (An was erinnert mich das?)
- Ideen/erste Hypothesen (Was könnte hier los sein? Was könnte das Problem sein? Was könnte der nächste Schritt sein?).

Je stärker die eigene Verwobenheit in die Konfliktsituation ist, desto größer ist auch das Risiko von Veränderungen und Verzerrungen in der eigenen Wahrnehmung, im Verhalten, im Gefühlsleben, die professionelles Handeln erschweren, ab einer bestimmten Eskalationsstufe des Konfliktes sogar unmöglich machen. Glasl (2000) weist auf Folgendes hin:

„In Konflikten tritt mehr und mehr eine Beeinträchtigung der Wahrnehmungsfähigkeit auf (...): Die Aufmerksamkeit wird selektiv (...). Bedrohliches wird deutlicher gesehen – anderes wird übersehen. (...) Es wird nur noch gesehen, was der eigenen Meinung – und dem eingeschliffenen Denkmuster entspricht (...). Es entstehen Schwarz-Weiß-Bilder sowie polarisierte Begriffe und Vorstellungen. (...) Im Lauf der Zeit schieben sich zwischen die Streitenden immer mehr die Bilder, die sie sich voneinander gemacht haben und *verstellen den Blick auf die wahre Person*" (ebd.: 26-27; Herv. i. O.).

Im *emotionalen Bereich* nimmt zu Beginn „die Empfindlichkeit zu und steigert Unsicherheit und Misstrauen, später wird ein Panzer der Unempfindlichkeit

3 Methodisches Handeln in Konfliktsituationen – Eine Rahmenkonzeption 173

angelegt" (ebd.: 27). Die Betroffenen kapseln sich emotional immer mehr voneinander ab und „werden zu Gefangenen der eigenen Gemütsverfassung" (ebd.). Auch im *Wollen* kommt es bei zunehmender Eskalation zur Erstarrung: Die Konfliktparteien „versteifen sich auf einige wenige Ziele, sie beharren darauf und wollen sie um jeden Preis durchsetzen" (ebd.).

Im *Verhalten* tritt bei zunehmender Eskalation der Effekt auf, dass die Handlungskontrolle der Beteiligten abnimmt und so ungewollte Nebenwirkungen des Handelns zunehmen.

„Es entstehen dadurch gefährliche *‚dämonisierte Zonen':* Mein Gegner erlebt von mir Unangenehmes, das ich so nicht gewollt habe. Er schlägt zurück und löst bei mir wiederum vieles aus, das auch er so nicht gewollt hat. Die Wirkungen sind aber auf beiden Seiten da, gleichgültig ob sie gewollt waren oder nicht" (ebd.: 28; Herv. i. O.).

Hilfreiche Werkzeuge im Kontext der Erfassung und Klärung innerer Verwobenheiten in Konfliktsituationen sind z.B.:

- Die Methode des *„Focusing"* (Gendlin 1978), bei der man in einer Art inneren Dialog mit den eigenen Emotionen tritt;
- Die Überprüfung eigener emotionaler Resonanzen mit den vier *„Gesetzen des Spiegels"* (Thomann 1998: 258-259);
- Der *„Persönlichkeitstheoretische Wegweiser"* von Thomann/Schulz von Thun (1988) oder das Modell der *acht Kommunikationsstile* von Schulz von Thun (1989) bzw. das *Enneagramm*, das neun Wahrnehmungs-, Denk-, Fühl- und Handlungsmuster unterscheidet (vgl. z.B. Gallen/Neidhardt 1994). Alle drei Modelle können dabei helfen, eigene (oder fremde) Wahrnehmungs-, Handlungs- und Selbst'verstrickungs'muster sichtbar zu machen sowie
- Unterstützung von außen durch Formen *kollegialer Beratung, Supervision oder Mediation*, denn Selbsthilfe stößt bei einer eigenen Beteiligung in Konflikten ab einem gewissen Eskalationsgrad an ihre Grenzen (vgl. Kapitel 1).

3.1.2.2 Sammlung von Informationen zur Konfliktsituation

Welche Informationen zum Verstehen einer Konfliktsituation braucht eine Fachkraft Sozialer Arbeit? *Zentrales Problem* in diesem Arbeitsschritt ist es, das *richtige Erhebungsverfahren* sowie das *richtige Verhältnis von Quantität und Qualität bei der Informationsbeschaffung* zu finden: „Einerseits sollen so viele neue Informationen wie möglich einbezogen werden, das Bild soll so vollständig und vielfältig wie möglich sein. Andererseits soll gewährleistet werden, dass alle relevanten Informationen erfasst werden können, in der möglichen Fülle nichts ‚Wesentliches' übersehen wird" (Ader/Schrapper 2002: 50-51). Drittens ist zu beachten, welche zeitlichen und personellen Ressourcen bei der Erhebung überhaupt zur Verfügung stehen.

Ein Blick in die Fachliteratur zeigt, dass hier unterschiedlichste Modelle zur Erfassung von Konflikten vorgeschlagen werden, auf deren Basis die AutorInnen dann jeweils konkrete Instrumente zur Analyse von Konflikten entwickeln. Eine Synopse dieser Klassifizierungsmodelle und Analyseverfahren und -instrumente würde angesichts der Vielzahl kursierender Vorschläge den Rahmen dieses Buches sprengen.[35] Deshalb hier nur einige Bemerkungen zur groben Orientierung:

Grundsätzlich lassen sich *drei Typen von Erhebungsverfahren und -instrumenten zur Informationssammlung* in der Fachdiskussion unterscheiden: offen-explorative, inszenierend-darstellende und systematisch-hypothesengeleitete, wobei sich die meisten AutorInnen auf letztere konzentrieren. Jeder Typus, aber auch jedes Verfahren innerhalb eines Typus hat einen anderen Fokus der Wahrnehmung, deshalb hat auch jedes Verfahren bestimmte Stärken und Schwächen.

Offen-explorative Verfahren (insbesondere offene Formen des Interviews oder der Beobachtung): Möglichst vielfältige, durch die bearbeitende Fachkraft wenig beeinflusste Informationen sollen hier gesammelt werden.

„Gesucht wird nicht die Bestätigung einer vorgegebenen, vermuteten Zusammenhangsstruktur, sondern nach Anhaltspunkten für immanente Muster, nach einer Eigenlogik und Dynamik. Die Erhebungsmethoden dieser Strategie wollen möglichst offen sein, Beobachtungen und Selbstauskünfte so wenig wie möglich durch die Untersuchung selbst beeinflussen" (ebd.: 51).

Stärke dieses Typus ist seine Offenheit und Zugänglichkeit für jede Art von Information, allerdings ist dies zugleich auch seine *Schwäche*: In der Vielfalt und der Widersprüchlichkeit der Informationen ist nur schwer zu erkennen, was wirklich wichtig ist und auf grundlegende Zusammenhänge der Konfliktsituation verweist. Solche Verfahren sind in der Regel zeitaufwendig, erfordern Offenheit und Geduld von den Beteiligten und werden angesichts des meist vorhandenen Handlungsdrucks in Konfliktsituationen nur selten eingesetzt.

Inszenierend-darstellende Verfahren: Im Sinne einer ganzheitlichen, multiperspektivischen Wahrnehmung von Konfliktsituationen nehmen diese Verfahren einen besonderen Stellenwert ein.

---

[35] Friedrich Glasl (1992: 47-53) hat den Versuch einer derartigen Systematisierung gemacht.

3 Methodisches Handeln in Konfliktsituationen – Eine Rahmenkonzeption

„Bei den darstellenden Methoden tritt das Wort zugunsten anderer Symbole in den Hintergrund. Es ist vor allem die Visualisierung ermöglichende Sprache der Bilder und Töne, die hier im Vordergrund steht. Mit den darstellenden Methoden betreten wir den Bereich der analogen Kommunikation. Da geht es um die Verdichtung von Bedeutungen in Bildern und Tönen und damit um eine Mehrdeutigkeit, die erst durch den parallelen oder nachträglichen Gebrauch der Worte wieder eingerahmt und reduziert wird" (Ritscher 2002: 289).

Viele dieser darstellenden Verfahren kommen aus dem Psychodrama und der systemischen Psychologie und können mit unterschiedlichem Fokus eingesetzt werden (vgl. ausführlich die Darstellungen in Ritscher 2002: 290-306). Für die Analyse von Konfliktsituationen können insbesondere wichtig sein die Fokusse *„Zeit"* (z.B. der ‚Zeitstrahl' als Instrument zum Ordnen des Konfliktverlaufs bei länger dauernden Konflikten), *„Beziehungen und Strukturen im sozialen Raum"* (z.B. die „Konfliktskulptur', bei der ein Konflikt oder bestimmte Aspekte daraus durch reale Personen oder mit Spielfiguren dargestellt wird), *„System-Umwelt-Beziehungen"* (z.B. „ökosoziales Systembild" zur Darstellung der Austauschbeziehungen zwischen den an einem Konflikt beteiligten Personen bzw. Systemen).

Stärken dieser Verfahren sind, dass sie auch nicht-sprachliche Formen der Wahrnehmung einbeziehen sowie Strukturen und Kräftekonstellationen bei den Beteiligten teilweise wirklich körperlich spürbar und erfahrbar machen. Ein *Problem in der Praxis* ist allerdings, dass sich Konfliktbeteiligte oft schwer tun, auf solche Methoden einzulassen (und deshalb Widerstände gegen ‚solche Spielchen' entwickeln). Deshalb müssen Fachkräfte, die solche Verfahren einsetzen möchten, Gespür und Kompetenz dafür haben, wann und wie diese eingesetzt werden können.

Systematisch-hypothesengeleitete Verfahren: Diese versuchen, aus dem verfügbaren Erkenntnisstrand der Forschung und Theoriebildung begründete Hypothesen zu formulieren. „Aus diesen Hypothesen sollen dann relevante Untersuchungsmerkmale abgeleitet werden. So wird sichergestellt, dass alle für wesentlich gehaltenen Aspekte auch tatsächlich in den Blick genommen werden" (Ader/Schrapper 2002: 51). Die überwiegende Zahl der in der Konfliktarbeit genutzten Verfahren und Instrumente lassen sich diesem Typus zuordnen. Es gibt Instrumente, die versuchen, die Konfliktsituation in der Vielfalt ihrer Aspekte zu erfassen (Fokus ‚Breite'). Ein für die Soziale Arbeit sehr geeignetes Instrument dieser Art ist beispielsweise der so genannte *„Konfliktwürfel"* von Wandrey, mit dem Konfliktaspekte anhand von Leitfragen in vier Dimensionen erfasst werden können (Inhalt, Ausmaß, Gestalt, Umfeld) (Wandrey 2004 und 2005) bzw. das *„Situationsmodell"* von Schulz von Thun (1998: 279-288) zur Erfassung des Kontexts, in dem ein Konflikt stattfindet.

Andere Instrumente wählen sich gezielt einen Konfliktaspekt aus und gehen hier in die „Tiefe": Dazu gehören z.b. das Modell von Pat Patfoord zur Analyse von *Machtstrukturen in Konflikten* (Besemer 1999); das neunstufige *Eskalationsmodell* von Friedrich Glasl (1992) zur Feststellung des Grades und der Dynamik der Eskalation des Konfliktes (vgl. Kapitel 3.1.4).

Stärken dieser Verfahren und Instrumente sind der zeitsparende, strukturierte und eingegrenzte Blick auf das, was von der jeweiligen AutorIn, die das Verfahren entwickelt hat, für wesentlich erachtet wird. „Dies ist aber auch gleichzeitig die Schwäche, wenn der Stand der Theoriebildung keine sicheren Aussagen über das, was wesentlich ist, zulässt" (Ader/Schrapper 2002: 51).

Angesichts der beschriebenen Unterschiede bei Fokussierungen, Voraussetzungen, Stärken und Schwächen bei jedem der genannten Zugänge und Instrumente für Erhebungen muss je nach Konflikt, Art der Beteiligten und aktuellem Stand im Bearbeitungsprozess von der Fachkraft entschieden werden, welche der Verfahren und Instrumente zur Konfliktanalyse gerade am geeignetsten sind. *Situationsübergreifend* ist aber wichtig, nicht nur die – meist unmittelbar sichtbare und drängende – personale Ebene des Konfliktes in den Blick zu nehmen, sondern auch seine strukturelle Seite, d.h. den Konflikt in seinem sozialen und räumlichen Kontext, zu erfassen. Für ein professionelles Handeln in Konfliktsituationen ist deshalb eine Kenntnis mehrerer Erhebungsinstrumente erforderlich (sowohl für den Fokus „Breite" als auch für die „Vertiefung" einzelner Aspekte; sowohl personenbezogene wie auch struktur- bzw. kontextbezogene Instrumente). Diese werden aber vermutlich je nach Arbeitsfeld und Aufgabenzuschnitt der einzelnen Fachkraft unterschiedlich sein.

3.1.2.3 Analyse und Interpretation der Informationen unter Nutzung von Theorien und anderen fachlichen Wissensbeständen

Nach der Informationsbeschaffung und der hier erfolgten Erhöhung von Komplexität muss im nächsten Arbeitsschritt diese Komplexität wieder auf eine begründete und fachlich angemessene Art reduziert werden, so dass eine Konzentration auf ‚das Wesentliche' erfolgen kann. Je nachdem, mit welcher Art von Verfahren im vorigen Schritt gearbeitet wurde, gibt es hierzu verschiedene Vorgehensweisen und Hilfsmittel. Wichtig ist aber – unabhängig vom Verfahren, dass hier im Sinne methodischen Handelns systematisch und methodisch kontrolliert gearbeitet wird. Wurde – wie meistens in der Praxis – mit systematisch-hypothesengeleiteten Verfahren gearbeitet, so stehen in der Regel hier auch Begriffe, Theorien und Modelle zur Verfügung, anhand derer gezielt nach Zusammenhängen in den erhobenen Informationen gesucht werden kann, Muster er-

3 Methodisches Handeln in Konfliktsituationen – Eine Rahmenkonzeption 177

kannt und daraufhin Hypothesen und Interpretationen zur Konfliktsituation gebildet werden können.
Neben den bereits genannten Modellen von Glasl, Schulz von Thun oder Wandrey sind nach meinen Erfahrungen für die Soziale Arbeit auch folgende Theorien und Modelle von Nutzen:

- Die Erkenntnisse zu dynamisierenden Faktoren bei der Konflikteskalation und ihren Wirkungen auf die Wahrnehmung und das Verhalten der Konfliktbeteiligten (Glasl 2000: 83-91);
- Das „*Wertequadrat*" (1989: 38-53) und das Modell zu zirkulären, eskalationsfördernden „*Teufelskreisen*" in Kommunikationssituationen (1989: 28-37) von Friedmann Schulz von Thun;
- Das „*Persönlichkeitsmodell*" von Thomann/Schulz von Thun (1988:149-174) zur groben Erfassung der Persönlichkeits- und Kommunikationsmuster der Konfliktakteure. Dieses Grundmodell kann in abgewandelter Form auch zur Analyse von Konfliktkonstellationen in Organisationen benutzt werden (vgl. Glasl 1992);
- Die Theorien von Lothar Böhnisch (1982, 2001) zu *Lebenslagen und Formen biografischer Lebensbewältigung* von Menschen, um die Zusammenhänge zwischen Handlungsspielräumen und ihren Begrenzungen (Lebenslagendimensionen) sowie dem (manchmal aggressiven oder destruktiven) Bewältigungshandeln der Subjekte nachvollziehbar zu machen. Auch die Einflüsse struktureller Benachteiligungen, sozialer Ungleichheit oder sozialräumlicher Begrenzungen auf das Handeln der Konfliktparteien können damit sichtbar gemacht werden.
- Die Theorie des „*Kampfes um Anerkennung*" von Axel Honneth (1992), nach der subjektive Erfahrungen von Missachtung bzw. verwehrter Anerkennung als wichtige Gründe für die Entstehung sozialer Konflikte angesehen werden können (vgl. auch Köhler 2002).
- Bourdieus Konflikttheorie als „*Theorie symbolischer Kämpfe*" (Janning 2002), die sich auf zwei Elemente stützt: Erstens seine Theorie des ‚Habitus' zur Erklärung von Konflikten in face-to-face Beziehungen, zweitens die Theorie sozialer Felder (Bourdieu 1985), um Konflikte in komplexen Sozialsystemen zu interpretieren. Bourdieus Feldtheorie baut auf seiner Kapitaltheorie auf, die vier Kapitalsorten als Ressourcen zur Umsetzung von menschlichen Bedürfnissen und Interessen unterscheidet: ökonomisches (Geld, Vermögen), kulturelles (Bildung, Ausbildungstitel), soziales (soziale Herkunft, Einbindung in soziale Netzwerke) und symbolisches Kapital (Lebensstil und -führung).

Da in der Sozialen Arbeit Formen sozialer Ungleichheit eine wichtige Rolle spielen, sind die drei letztgenannten Theorien besonders geeignet, menschliches Handeln unter schwierigen Lebensbedingungen erfassbar und verstehbar zu machen, weil sie den Blick auf die Verbindungen zwischen Merkmalen konkreter Personen und ihren lebensweltlichen Kontexten richten („der Konflikt im Kontext'). Sie können auch dabei unterstützen, latente oder verdeckte Konflikte bzw. Konfliktpotenziale im Alltag oder den Lebenswelten von Subjekten erkennbar zu machen.

Ein Problem bei der beschriebenen Reduktion von Komplexität und Interpretation von Informationen bleibt aber „trotz aller methodischen Ausgewiesenheit und theoretischen Begründung die Subjektivität jeder menschlichen Deutung" (Ader/Schrapper 2002: 54). Bei der Bearbeitung von Konfliktsituationen in der Praxis ist diese Subjektivität allerdings – im Gegensatz zu wissenschaftlichen Fall- oder Situationsanalysen – kein zentrales Problem. Denn hier geht es nicht um eine Annäherung an eine möglichst ‚objektivierende' Deutung der Situation, sondern um die Schaffung einer Grundlage für das Handeln mit den Betroffenen. Nicht ‚Wahrheit' bzw. ‚Widerspruchsfreiheit', sondern ‚Nützlichkeit' bzw. ‚Wirksamkeit' sind hier die relevanten Qualitätskriterien für die Interpretation der Situation. Deshalb müssen Fachkräfte ihre Deutungen und Interpretationen von Konflikten an diese Betroffenen und Beteiligten zurückgeben, sie abstimmen, gegebenenfalls erweitern oder korrigieren, damit sie als Grundlage für das gemeinsame weitere Handeln dienen können.

3.1.3 Zielbestimmung und Mandatsklärung

In der Einführung dieses Kapitels wurde bereits darauf hingewiesen, dass Konflikte (zumindest in der Anfangsphase der Bearbeitung) komplexe, dynamische und intransparente Situationen sind. Auch vorsichtige, überlegte Interventionen von Fachkräften können gravierende unbeabsichtigte ‚Nebenfolgen' auslösen, die die Situation stark verändern können. Angesichts dieser Bedingungen ist eine Arbeit mit Zielen und Planungen nicht einfach, weil sie eine Offenheit und Flexibilität erfordert, dennoch aber wichtig.

„Methodisches Handeln zeichnet sich gegenüber dem Alltagshandeln durch seine *Zielbezogenheit* aus. Nur auf diesem Wege werden Reflexionen über die fachliche und moralische Angemessenheit des Wirkungszusammenhanges von Ausgangslage, gewünschtem Zustand und Interventionen möglich" (von Spiegel 2004: 135; Herv. i. O.).

3 Methodisches Handeln in Konfliktsituationen – Eine Rahmenkonzeption

Hiltrud von Spiegel hat in ihrem Konzept methodischen Handelns eine Reihe von Kriterien für die Zielentwicklung formuliert, die teilweise auch für die Arbeit in Konflikten wichtig sind. Einige sollen im Folgenden kurz zusammengefasst werden:

- Angesichts des ‚Technologiedefizits' Sozialer Arbeit und des Prinzips der ‚Ko-Produktion' bei der Gestaltung sozialer Dienstleistungen (vgl. Teil D) müssen Ziele hinsichtlich der Veränderung einer Situation *gemeinsam mit den Beteiligten entwickelt und ausgehandelt* werden. „Niemand begibt sich auf den Weg zu Zielen, die nicht die eigenen sind" (ebd.: 136). In der Sozialen Arbeit gibt es allerdings (wie z.B. in der ASD-Fallstudie deutlich wurde) nicht selten Situationen, in denen Fachkräfte auch Kontrollaufträge ausführen müssen bzw. mit unfreiwilligen oder nicht-motivierten KlientInnen kooperieren müssen. Dann wird professionelles Handeln besonders anspruchsvoll, vor allem dann, wenn gegen den Willen von KlientInnen gehandelt werden muss[36]. Denn Fachkräfte „können mithilfe ihrer strukturell begründeten Macht (...) zumindest vordergründig definieren, was ‚Verbesserungen' sind. Sie können überdies versuchen, die Adressatinnen möglichst ‚effektiv' und ‚effizient' in Richtung der für sie gesetzten Ziele zu lenken (...). Ethische und fachliche Postulate der Profession verbieten jedoch eine solche ‚Manipulation'" (ebd.: 135).
- Grundsätzlich ist es wichtig, Ziele so konkret wie möglich zu formulieren, „denn Adressatinnen müssen wissen ‚wohin die Reise geht', was sie in diesem Prozess erwartet, welchen Beitrag sie selbst einbringen sollen und wollen oder etwa wie lange die Hilfe dauert. (...) Fachkräfte stehen folglich vor der Herausforderung, konkrete und tragfähige Ziele zu erarbeiten im gleichzeitigen Wissen, dass dieser Akt relativ ist, da sich Situations- und Problemdeutungen, Ziele und Interventionen immer wieder verändern können" (ebd.).

Übliche *Schritte bei der Zielentwicklung* sind (vgl. ausführlich zu diesen Schritten von Spiegel 2004: 135-140):

- *Erfassung und Analyse der Konfliktsituation:* Sinnvoll ist hier – wie oben formuliert – eine mit den KlientInnen geteilte Einschätzung der Konfliktsituation. Wo diese nicht möglich ist, sollte man an einzelnen Aspekten der Situation bzw. Hypothesen ansetzen, und hier versuchen, eine Klärung herbeizuführen.

---

[36] Burkhard Müller (1993: 110-114) hat in seinem Konzept der ‚Multiperspektivischen Fallarbeit' eine Reihe von sehr hilfreichen Arbeitsregeln, Kriterien und Reflexionshilfen formuliert, die bei der Bewältigung solcher ‚Eingriff'-Situationen unterstützen können.

- *Herausarbeitung einer Änderungsperspektive:* Diese bezeichnet die grobe Richtung der angestrebten Veränderung, die ausgehandelt werden muss. „Diese Frage muss ebenfalls multiperspektivisch bearbeitet werden, denn zumeist existieren differente Vorstellungen darüber, wer oder was sich ändern soll. Die Individuen erwarten in der Regel Veränderungen von ihrem Umfeld oder von anderen Personen anstatt von sich selbst. Das gilt auch für Fachkräfte, die selbstverständlich erwarten, dass sich die Adressaten ändern sollen" (ebd.: 137). Mit dieser Änderungsperspektive ergibt sich auch der Ansatzpunkt für den nächsten Handlungsbereich, die Handlungsplanung und Intervention. Grundsätzlich lassen sich hier vor allem zwei Interventionsschwerpunkte unterscheiden: die Akteure des Konfliktes (personenbezogene Interventionen) bzw. der Kontext und die Strukturen, innerhalb derer der Konflikt stattfindet (strukturbezogene Interventionen).
- *Bildung von Konsenszielen:* Um herauszufinden, wo Handeln beginnen sollte, muss die Änderungsperspektive konkretisiert sowie erkundet und festgehalten werden, welche Ziele allen Beteiligten wichtig sind und bei welchen Dissens besteht. Bei der Formulierung und schriftlichen Fixierung von Zielen sollte darauf geachtet werden, sie möglichst konkret und für alle verständlich zu machen, die Zuständigkeit und den gewünschten Zeitraum für die Umsetzung von Handlungszielen festzulegen. Außerdem sollten Ziele, bevor man sie angeht, auf ihre Realisierbarkeit hin überprüft werden. In akuten Konfliktsituationen ist die Findung konkreter Konsensziele oft sehr schwierig, und kann einige Zeit dauern.

Jenseits der spezifischen Ziele bei der Bearbeitung einer konkreten Konfliktsituation gibt es ein *allgemeines Ziel*, um überhaupt die unabdingbare Basis für jedes methodischen Handeln in Konfliktsituationen zu schaffen: Die *Festlegung bzw. Klärung des eigenen Ortes bzw. Auftrages der Fachkraft für die Bearbeitung der Konfliktsituation.* Hierzu wurden bereits im vorigen Abschnitt einige Hinweise gegeben, wie man diese bestimmt und welche Widersprüche dabei auftauchen können. Im Rahmen der ‚Zielentwicklung' geht es darum, die Änderungsrichtung bzgl. von Unklarheiten oder Widersprüchen bei Mandat oder anderen eigenen ‚Verwobenheiten' in die Konfliktsituation zu bestimmen sowie den Auftrag und Rahmen für die weitere Konfliktbearbeitung mit den Beteiligten abzustimmen. Mandat und Zielentwicklung sind zumindest teilweise miteinander verknüpft, denn je nach Zielrichtung einer Konfliktbearbeitung brauche ich als Fachkraft auch ein unterschiedliches Mandat für mein Handeln.

In der Mediation ist es üblich, bereits vor Beginn der konfliktbezogenen Arbeit Klärungen und Verhandlungen über bestimmte Rahmenbedingungen herbei zu führen (Ziele der Beteiligten; Geeignetheit von Mediation für den Konflikt; Verhaltensregeln für den Umgang miteinander; Ort, Zeit, beabsichtigte Dauer des Verfahrens, Kostenregelungen etc.) und auf dieser Grundlage einen schriftlichen Kontrakt zwischen den Beteiligten zu schließen (vgl. Montada/Kals 2001: 179-187), der auch den Auftrag und Handlungsrahmen der MediatorIn absteckt. So wird angesichts der vielen Unklarheiten und Dynamiken in einer Konfliktsituation versucht, nicht nur für die MediatorIn einen klaren Ort und eine Arbeitsgrundlage für ihren Einstieg in die weitere Bearbeitung des Konfliktes zu etablieren, sondern auch den Konfliktparteien einen geschützten Raum und eine gewisse Klarheit und Orientierung für den weiteren Prozess zu schaffen. Natürlich ist diese schriftliche Vereinbarung revidierbar und muss gegebenenfalls neuen Entwicklungen angepasst werden. Eine wichtige Aufgabe der MediatorIn ist, diesen gemeinsam definierten ‚geschützten' Raum im weiteren Verfahren, das phasenweise sehr turbulent werden kann, zu sichern und erforderlichenfalls zu verändern (Prozessverantwortung).

Da MediatorInnen ihren Auftrag in der Regel von den Konfliktparteien bekommen und meist auch von ihnen bezahlt werden, ist die Mandatslage hier grundsätzlich klar, auch wenn sich die Verhandlungen um einen Mediationsvertrag in der Praxis teilweise sehr kompliziert gestalten können. In der Sozialen Arbeit ist die Frage des Mandats oft diffuser: Es gilt, nicht nur die Wünsche der KlientInnen zu beachten, oft sind noch andere konstitutive oder nicht-konstitutive Mandate vorhanden, außerdem bezahlen KlientInnen nur selten für die Konfliktbearbeitung. *Deshalb ist hier eine Mandatsklärung unumgänglich, bevor ausführlicher in die konkrete Arbeit eingestiegen wird.* Hierzu gehört, eigene Grenzen bzgl. von Zuständigkeit, andere relevante Mandate, Handlungsmöglichkeiten oder aktuelle bzw. mögliche Rollenkonflikte – soweit hier bereits absehbar – zu erkennen, diese gegenüber den anderen Beteiligten transparent zu machen und gemeinsam zu überlegen, wie vor diesem Hintergrund der Beitrag der Fachkraft zur Konfliktbearbeitung aussehen kann und wie ein sinnvoller, gemeinsam getragener Auftrag aussehen könnte. Es ist sehr sinnvoll, die auf dieser Basis getroffenen Absprachen ähnlich wie in der Mediation schriftlich zu fixieren und von den relevanten Beteiligten unterzeichnen zu lassen bzw. sie gegebenenfalls relevanten Anderen zur Kenntnis zu geben.

Ist eine Fachkraft selbst stärker in den Konflikt verwickelt, sollte auf jeden Fall geprüft werden, ob eine weitere Bearbeitung durch sie überhaupt sinnvoll ist und der Fall möglicherweise ganz abgegeben wird oder eine andere Fachkraft mit hinzugezogen werden soll.

3.1.4 Handlungsplanung und Intervention

Wie können im Kontext Sozialer Arbeit Interventionen in Konfliktsituationen gestaltet, wie kann Handeln auf der Grundlage einer Konfliktanalyse und eines geklärten Mandates angemessen geplant werden?

Im Folgenden soll versucht werden, diese Frage im Hinblick auf allgemeine, den einzelnen Konflikt übergreifende Zusammenhänge, Handlungsalternativen und -grenzen Sozialer Arbeit zu beantworten. Hierbei ist eine Ausdifferenzierung nach drei Fragen sinnvoll:

- Was kann die Fachkraft selber tun, wofür sind die Konfliktbeteiligten zuständig, wann muss mit anderen Institutionen und Professionen kooperiert werden?
- Wo liegt der Fokus des Handelns in Konfliktsituationen?
- Welche Strategien, Methoden und Techniken der Sozialen Arbeit sind in Konfliktsituationen sinnvoll?

3.1.4.1 Zuständigkeit Sozialer Arbeit und Kooperation:

Wie in Teil C erläutert, kann der *generelle Konfliktzugang Sozialer Arbeit* als alltagsnah, ganzheitlich, methodisch offen und flexibel charakterisiert werden. Er ist auf Hilfe, Unterstützung und Vermittlung bezogen und versucht, Konflikte als Lern- und Entwicklungspotenzial zusehen und gestalten. Dieser Zugang hat aber *Grenzen,* die sich vor allem bei stark eskalierten Konflikten, die Machteingriffe erfordern, zeigen, weil die Sanktionsmacht Sozialer Arbeit gering ist. Grenzen zeigen sich auch bei strafrechtlich relevanten Konflikten, Konflikten mit justitiablen Ansprüchen der Beteiligten sowie dann, wenn bei Konfliktparteien starke psychische oder emotionale Beeinträchtigungen vorhanden sind, die therapeutische Hilfen erfordern. Hier sind andere professionelle oder institutionelle Zugänge besser geeignet und eine Kooperation oder Weiterleitung des Konfliktfalles erforderlich.

Bei der Klärung dieses Zusammenhanges in einer konkreten Konfliktsituationen kann ein Modell als Reflexionshilfe nützlich sein, das drei Perspektiven auf Fallsituationen unterscheidet, die Burkhard Müller „Fall von ...", „Fall für ..." und „Fall mit ..." nennt (vgl. ebd. 1993: 28-49 und 2004):

Die Perspektive *„Fall von"* verweist darauf, dass Soziale Arbeit immer,

„‚Sach-Bearbeitung' (ist), so dass man im konkreten Fall fragen kann und muss, Fall ‚von was' (welcher Sache, welchem Problem) ist das eigentlich? Die Schwierigkeit dabei ist, dass nur bei Beschränkung auf Bearbeitung nach ‚Schema F' (z.B. das bü-

3 Methodisches Handeln in Konfliktsituationen – Eine Rahmenkonzeption

rokratisch korrekte Errechnen eines Sozialhilfeanspruchs) die ‚Sache' eindeutig vorgegeben ist" (ebd. 2004: 55).

Unter dieser Fall-Perspektive geht es also um die Analyse und Interpretation der Konfliktsituation, wobei diese unter Nutzung wissenschaftlichen Wissens als "Beispiel für ein anerkanntes Allgemeines" (ebd. 1993: 32) reformuliert wird (d.h. z.B. als „Fall von Gewalthandeln aufgrund verwehrter Anerkennung" oder als „Fall von Gefährdung des Kindeswohls nach § 1666 BGB").

Die Perspektive „*Fall für*" verweist darauf, dass Soziale Arbeit im Regelfall nicht allein für die jeweilige Konflikt- oder Problembearbeitung zuständig ist, sondern immer wieder von fremden Instanzen und Zuständigkeiten abhängig ist. Hier geht es darum,

> „die Gründe zu kennen, die ihre KlientInnen zugleich zum Fall für jene anderen Instanzen machen; die Folgen zu verstehen, die dies für die Betroffenen selbst wie für den eigenen Umgang mit diesen KlientInnen hat; und die Bedingungen zu kennen, unter denen es darauf ankommt, auf kompetente Weise an diese anderen Instanzen zu verweisen" (ebd.: 31) bzw. mit ihnen zu kooperieren.

Die Perspektive „*Fall mit*" verweist schließlich auf die Art und Weise der Zusammenarbeit mit den konkreten KlientInnen, die pädagogische Dimension der Arbeit im eigentlichen Sinne. Soziale Arbeit ist „immer Beziehungsarbeit, d.h. man kann oder muss immer fragen, Kooperation ‚mit wem'? ist diese Arbeit eigentlich? (ebd. 2004: 56).

Nach Müller ist es wichtig zu beachten,

> „dass es nicht nur um *inhaltlich* unterscheidbare Dimensionen eines praktischen Erkenntnisprozesses handelt – nämlich der Lösung eines Falles oder wenigstens seiner Etappen – sondern dass die drei Perspektiven auch auf *unterschiedliche Kommunikationszusammenhänge* verweisen, in denen jene ‚Lösung' gefunden werden muss. Dass der ‚Fall mit ...' primär auf Kommunikation mit Klienten verweist, ist ebenso offenkundig, wie klar ist, dass Arbeit am ‚Fall für ...' Verhandlungen über die Zuständigkeiten, Einmischungsbedingungen und Beiträge jener Instanzen zur Lösbarkeit des jeweiligen Falles erfordert" (ebd. 2004: 57).

Auch die Perspektive „Fall von ..." verweist – wie in Kapitel 2 bereits beschrieben – auf einen Kommunikationszusammenhang und die Notwendigkeit, die Konfliktbeteiligten und andere relevante Akteure bei der Erhebung und Analyse einer Konfliktsituation angemessen mit einzubeziehen.

Konkret gesprochen geht es also darum, zuerst einmal auf der Basis einer Konfliktanalyse herauszufinden, was ‚hier der Fall ist' (Fall von). Unter Erkennen und Abwägen der eigenen Verwobenheit in die Situation und der eigenen Möglichkeiten und Grenzen des Handelns als Fachkraft Sozialer Arbeit kann dann in Abstimmung mit den Konfliktbeteiligten geklärt werden, was die Fachkraft und die Beteiligten von den erforderlichen Handlungsschritten selber übernehmen können (Fall mit) und was davon in Kooperation oder sogar ganz von anderen Institutionen getan werden muss (Fall für).

3.1.4.2 Fokus der Konfliktbearbeitung

In Teil C wurde bereits herausgearbeitet, dass Soziale Arbeit grundsätzlich einen *dreifachen Handlungsbezug* aufweist, der je nach Situation bestimmt werden muss: Das Subjekt, seinen (unmittelbaren) lebensweltlichen Kontext und einen erweiterten Kontext im Sinne der Infrastruktur und der politischen Akteure im kommunalen Raum. In der konkreten Konfliktsituation muss deshalb herausgefunden werden, welcher Handlungsbezug bzw. welcher ‚Mix' sinnvoll ist.

Um hier eine Orientierung zu finden, sind zwei Unterscheidungen aus der Fachliteratur zur Konfliktbearbeitung besonders hilfreich. Hier wird (1) zwischen *personenbezogenen* und *strukturbezogenen* Interventionen und (2) nach *vier Grundrichtungen von Interventionen* unterschieden.

Personenbezogene Interventionen richten sich vor allem auf Klärungsprozesse *in* und *zwischen* Subjekten. Wandrey (2004: 344) hat hierzu den Vorschlag gemacht, zwischen drei Handlungsformen mit jeweils unterschiedlichen Methoden und Techniken zu unterscheiden und diese je nach Konflikt zu kombinieren:

- *Sach- und ergebnisbezogene Verhandlung:* Hier geht es primär um die sachlichen Interessen der Konfliktparteien mit dem Ziel einer Gewinnmaximierung bei allen Konfliktbeteiligten. Schwerpunkt des Handelns ist hier die Beurteilung und Eingrenzung von Problemstellungen mit den Parteien sowie die Entwicklung und Beurteilung von Handlungsoptionen. Methoden und Techniken hierzu bieten z.B. das Harvard Konzept ‚Sachgerechten Verhandelns' (Fisher/Ury 1984) oder Glasls ‚Konfliktmanagement' (1992).
- *Prozess- und systemorientierte Klärung:* Hier geht es primär um problematische Kommunikations-, Rollen- und Beziehungsmuster zwischen den Konfliktparteien mit dem Ziel einer Verbesserung der zwischenmenschlichen Beziehungen. Der Schwerpunkt liegt hier in der Übersetzungs- und Verständigungsarbeit zwischen den Konfliktparteien. Methoden und Techniken hierzu bieten z.B. das Konzept der ‚Klärungshilfe' von Thomann/ Schulz von Thun (1988) oder das Modell des ‚Inneren Teams' von Schulz von Thun (1998)

3 Methodisches Handeln in Konfliktsituationen – Eine Rahmenkonzeption

- *Individuell personenorientierte Würdigung:* Es kommt in Konflikten oft bei den Beteiligten zu Verletzungen, die nicht mehr ungeschehen gemacht werden können (körperliche oder seelische Verletzungen, irreparable Schädigungen bzw. Verluste, vergebliche Anstrengungen). Schwerpunkt des Handelns ist hier eine Hilfestellung für Betroffene, das Geschehene individuell verarbeiten und in ihr Selbst integrieren zu können. In diesem Feld kommt Soziale Arbeit mit ihren Zugängen häufig an die Grenzen ihrer Fähigkeiten und Möglichkeiten, hier kann weitergehende therapeutische Hilfe erforderlich werden.

Strukturbezogene Interventionen zielen dagegen auf den räumlichen und sozialen Kontext, in dem der Konflikt stattfindet, auf die Gestaltung der Handlungsregeln, -spielräume und -grenzen für die Akteure sowie die Verteilung von Ressourcen. Ziel ist eine Verbesserung der Handlungsmöglichkeiten für die Konfliktbeteiligten z.b. durch eine Verbesserung ihrer Ressourcenlage bzw. eine Beseitigung von strukturellen Konfliktpotenzialen in ihren Handlungskontexten (z.b. in Institutionen, Lebenswelten und Alltag) durch Methoden und Techniken wie: Vermittlung sozialstaatlicher Ressourcen, Verbesserung sozialer Netzwerke, Sozialplanung, Aktivierung von Betroffenen, ‚Einmischung' in politische Entscheidungsprozesse.

In der Praxis der Konfliktbearbeitung treten diese Art von Interventionen leicht in den Hintergrund bzw. werden sogar ganz vergessen, weil erstens die personale Dimension eines Konfliktes mit ihren oft lautstarken Auseinandersetzungen, Tränen, Drohungen, Anklagen etc. viel auffälliger ist und sich eine Fachkraft hier unter besonderen Handlungsdruck gesetzt fühlt. Zweitens wird die strukturelle Dimension nur ausreichend erkannt, wenn die Fachkraft über geeignete Analyseinstrumente zu ihrer Erfassung verfügt bzw. eine Sensibilität für die Bedeutung dieser strukturellen Dimension auf das Verhalten der Konfliktbeteiligten hat.

Geeignete Hilfsmittel zur Erfassung der strukturellen Dimension sozialer Konflikte und zur Gestaltung geeigneter Interventionen aus dem Kontext Sozialer Arbeit sind z.b. die Modelle von Lothar Böhnisch zu Lebenslage/biografischer Lebensbewältigung von Subjekten (1982; 2001) sowie das Modell zur Erfassung und Bearbeitung sozialer Probleme von Silvia Staub-Bernasconi (1994), das nach Ausstattungs-, Austausch-, Macht- und Kriterienproblemen unterscheidet. Beide Modelle richten ihre Aufmerksamkeit auf das Wechselspiel von individuellem Verhalten und strukturellen Faktoren im Lebensfeld der Subjekte und sind deshalb auch als theoretischer Hintergrund für die Gestaltung strukturbezogener Interventionen geeignet.

Neben der Unterscheidung von personen- und strukturbezogenen Interventionen ist Unterscheidung von *vier Interventionsrichtungen* sinnvoll, die Glasl (1992: 289-292) vorschlägt:

Präventive Interventionen: Mit ihnen soll verhindert werden, dass es zum Ausbruch eines Konfliktes kommt. Grundlage dieses Interventionstyps ist die Untersuchung von Institutionen, Kontexten, sozialen Konstellationen nach Konfliktpotenzialen (vgl. Kapitel 3.1.1). Präventivmassnahmen auf dieser Grundlage können sich beziehen auf:

- Strukturen: z.b. Klärung von Zuständigkeiten; Entwicklung von Regeln für Kommunikation und Kooperation;
- Personen: z.b. Schulungen in Kommunikation, im Umgehen mit Druck, Stress oder Konflikten.

Präventionsmaßnahmen können sich aber auch darauf beziehen, den Schaden in einem Konfliktfall zu begrenzen.

Kurative Interventionen: Mit diesen soll ein bereits bestehender Konflikt gelöst, begrenzt, kontrolliert oder geregelt werden. Mit einer Konfliktanalyse werden Akteure, Streitpunkte, Interessensgegensätze, emotionale Verwicklungen etc. erhoben und der Konfliktverlauf rekonstruiert und geklärt. Auf dieser Grundlage können dann kurative Interventionen konzipiert werden, mit denen wieder eine konstruktive Zusammenarbeit der bisherigen Konfliktparteien ermöglicht werden soll. Diese Interventionen können sich je nach Konfliktart aber in zwei verschiedene Richtungen bewegen:

De-eskalierende Interventionen:

„Wenn wir Faktoren und Mechanismen kennen, die zur Eskalation von Konflikten führen, dann sind wir auch in der Lage, diese Kenntnis für das Reduzieren der Eskalation (...) zu nutzen. Dies ist z.b. möglich, wenn wir die gerade beobachtbaren Eskalationsmechanismen den Parteien zu Bewusstsein bringen oder wenn wir mit ihnen die nicht gewünschten Wirkungen ihres Handelns untersuchen und mit den eigenen Intentionen vergleichen. Oder wenn wir verzerrte Perzeptionen des gegenseitigen Verhaltens überprüfen und korrigieren. Bestenfalls wird dies zu einer Minderung der Spannung führen" (ebd.: 290).

Vor allem bei akuten, ‚heißen' Konflikten sind diese Art von Interventionen geeignet.

Eskalierende Interventionen: Es gibt nicht nur explosive, offen ausgetragene, akute, kurz: ‚heiße' Konflikte, sondern auch so genannte ‚kalte' Konflikte, die nicht weniger destruktiv, teilweise sogar noch gefährlicher als heiße Konflikte

3 Methodisches Handeln in Konfliktsituationen – Eine Rahmenkonzeption

sind. Denn sie sind schwerer erkennbar und greifbar, werden oft sogar von den Konfliktparteien geleugnet. ‚Kalte' Konflikte sind ‚implosiv', die Kommunikation zwischen den Konfliktparteien kommt zum Erliegen, sie erfinden Prozeduren des Vermeidens, des Verhinderns und Blockierens. Kalte Konflikte beginnen in aller Regel ‚heiß', ab einer bestimmten Eskalationsstufe können sie je nach sozialer Konstellation heiß oder kalt weitergehen. Kalte Konflikte sind jedoch keine latenten Konflikte. „Es kommt vielmehr zu einem regen Austausch feindseligen, destruktiven Verhaltens wie in heißen Konfliktsituationen. Die Methoden sind nur anders: sie sind weniger offen sichtbar, viel mehr indirekt, versteckt und unangreifbar" (ebd.: 76).

Unter solchen Bedingungen kann es nützlich sein, einen kalten Konflikt zur weiteren Bearbeitung erst einmal wieder ‚aufzutauen', d.h. ihn durch eskalierende Mechanismen wieder sichtbar zu machen. Eine Strategie kann z.B. sein, dass „die gegenseitigen Behinderungen und Störungen verstärkt werden, um sie so unerträglich zu machen, dass sich die Parteien zu einer wirklichen Bearbeitung ihrer Beziehungsprobleme entschließen" (ebd.: 291).

Glasl macht darauf aufmerksam, dass diese Art von Interventionen in Teilen der Sozialen Arbeit und Gemeinwesenarbeit der 60er und 70er Jahre stark propagiert wurde, um gesellschaftliche Veränderungen anzustoßen. „Die so genannte ‚offenlegende Konfliktstrategie' wurde der so genannten ‚zudeckenden Harmonisierungsstrategie' gegenübergestellt" (ebd.). Auch Bitzans Konzept der ‚Konfliktorientierung' im Rahmen Sozialer Arbeit (vgl. Kapitel 1.1) ist im Grunde die weiterentwickelte Form einer ‚offenlegenden Konfliktstrategie'.

Zusammengefasst lassen sich die vier Interventionsrichtungen in folgender Tabelle darstellen.

Abbildung 9: Vier prinzipielle Interventionsrichtungen in Konflikten

	De-Eskalierend	Eskalierend
Präventiv	Um Kommunikationsproblemen vorzubeugen, werden Zuständigkeiten, Regeln etc. vereinbart	In Anwesenheit einer BeraterIn werden Sorgen, Ängste, Unterstellungen gezielt angesprochen
	Training in Kommunikationsmethoden	Konfrontierende Interventionen, um zu vermeiden, dass ein beginnender Konflikt ‚kalt' gemacht wird
Kurativ	Der Konfliktverlauf wird rekonstruiert und geklärt	Bestehende ‚kalte' Konflikte werden durch Rollenspiele dramatisiert und wieder ‚heiß' gemacht
	Die Konfliktparteien klären ihre unterschiedlichen Wahrnehmungen und Interessen zum Konflikt	Eine InteressenvertreterIn ermutigt die KlientInnen, sich klar für ihre Standpunkte einzusetzen

Quelle: Glasl 1992: S. 292

3.1.4.3 Methoden, Techniken und Strategien der Konfliktbearbeitung

Wie bereits in Kapitel 1 deutlich geworden ist, gibt es zahlreiche, auf Konflikte spezialisierte Methoden aus dem Kontext Sozialer Arbeit und anderer Professionen, die jeweils unterschiedliche Sets von Techniken für die Fachkraft bereitstellen. Dazu gehören z.B.:

- Mediation (z.b. Besemer 1993; Montada/Kals 2001);
- Moderation, Prozessbegleitung, Schiedsverfahren, Machteingriff (Glasl 1992);
- Klärungshilfe (Thomann/Schulz von Thun 1988);
- Konfliktmoderation (Redlich 1997);
- Supervision (z.B. Belardi 1996);
- Sachgerechtes Verhandeln nach dem Harvard Konzept (Fisher/Ury 1984).

Im vorigen Abschnitt wurden anhand von möglichen Interventionsrichtungen bereits einige Kriterien für die Auswahl von Methoden und Techniken der Intervention bei konkreten Konflikten vorgestellt. Es gibt allerdings in der Fachliteratur noch zahlreiche weitere Vorschläge (vgl. z.B. Glasl 1992: 289-350); hier sollen drei Modelle exemplarisch vorgestellt werden, die für die Soziale Arbeit nützlich sind:

3 Methodisches Handeln in Konfliktsituationen – Eine Rahmenkonzeption 189

1. Michael Galuske (2001: 28) hat einen Vorschlag zu allgemeinen Kriterien für den Einsatz von Methoden in der Sozialen Arbeit gemacht, der auch in Konfliktsituationen als Orientierung genutzt werden kann: Methoden sind für ihn jene Aspekte von Konzepten Sozialer Arbeit, „die auf eine planvolle, nachvollziehbare, und damit kontrollierbare Gestaltung von Hilfeprozessen abzielen und die dahingehend zu überprüfen sind, inwieweit sie dem Gegenstand, den gesellschaftlichen Rahmenbedingungen, den Interventionszielen, den Erfordernissen des Arbeitsfeldes, der Institutionen der Situation sowie den beteiligten Personen gerecht wird". Aus dieser Definition ergeben sich sieben Kriterien, die im Hinblick auf eine Methodenreflexion in der Sozialen Arbeit zu beachten sind, und die für Konflikte so konkretisiert werden könnten:

- Sachorientierung (Wird die Methode der Konfliktsituation gerecht?): Geht es also z.B. eher um Verhandlung, Klärung oder Würdigung?
- Zielorientierung (Lassen sich die abgesprochenen Ziele der Konfliktbearbeitung mit der Methode erreichen?);
- Personenorientierung (Wird die Methode den Konfliktparteien gerecht?);
- Arbeitsfeld- bzw. Institutionenorientierung (Ist die Methode innerhalb des Bearbeitungskontexts für den Konflikt sinnvoll anwendbar?);
- Situationsorientierung (Ist die Methode unter den gegebenen situativen Rahmenbedingungen anwendbar?);
- Planbarkeit (Erlaubt die Methode eine angemessene Planung des Konfliktbearbeitungsprozesses?);
- Überprüfbarkeit (Lassen sich am Ende Aussagen darüber treffen, ob und wie die Methode gewirkt hat?).

2. Friedrich Glasl (1992; 2000) hat einen Vorschlag für die Wahl von Methoden und Techniken der Konfliktintervention vorgestellt, der sich an der jeweiligen Eskalationsstufe des Konfliktes orientiert, und hierzu Rollenbeschreibungen und Handlungsstrategien für eine Drittpartei, die den Konflikt bearbeitet, entwickelt. Er formuliert hierzu ein Eskalationsmodell mit neun Stufen in drei Bereichen:

In der ersten Hauptphase der Eskalation (bis Stufe drei) stehen die Sachthemen eines Konflikts im Mittelpunkt und bemühen sich die Konfliktparteien noch, Spannungen und Gegensätze auf rationale Weise zu bearbeiten. Trotz Irritationen und zunehmendem Misstrauen halten die Konfliktparteien den Konflikt noch grundsätzlich für produktiv lösbar (*win-win-Bereich*).

In der zweiten Hauptphase der Eskalation (Stufe vier bis sechs) werden die Sachthemen weniger wichtig und rücken die subjektiven Faktoren der Konfliktparteien (Persönlichkeit, Beziehungen) als Probleme in den Vordergrund. Die Parteien meinen hier, dass sie den Konflikt nicht mehr miteinander, sondern nur noch

gegeneinander lösen können. Es geht hier nur noch um Gewinnen oder Verlieren, die Mittel der Auseinandersetzung werden härter (*win-lose-Bereich*).
In der dritten Hauptphase der Eskalation (Stufe sieben bis neun) spielen die ursprünglichen Unvereinbarkeiten zwischen den Akteuren als Auslöser des Konflikts keine Rolle mehr. Die Konfliktparteien behandeln einander nur noch als ‚Ding', Werte wie menschliche Würde haben ihre Bedeutung verloren. Man glaubt nicht mehr an ein positives Gewinnen des Konflikts, es geht nur noch darum, dem Gegner mehr Schaden zuzufügen als man selber erleiden muss bzw. „Gemeinsam in den Abgrund" (Stufe neun) zu gehen (*lose-lose-Bereich*). Konfliktbearbeitung bedeutet hier oft zuerst den trennenden Eingriff einer Machtinstanz, danach können sich vielleicht wieder Spielräume für Formen der Verhandlung oder Vermittlung ergeben.

Auf dieser Basis unterscheidet Glasl (1992: 360-405) folgende *Strategien und Rollenmodelle für die Konfliktintervention einer Drittpartei*, die mit steigendem Eskalationsniveau immer eingriffsintensiver werden. Die Modelle überschneiden sich allerdings teilweise:

- *Moderation* (Eskalationsstufe eins bis drei): Eine ModeratorIn versucht, die zwischen den Konfliktparteien auftretenden Probleme der Interaktion und inhaltlichen Probleme zu bearbeiten, indem die ‚Selbstheilungskräfte' der Beteiligten aktiviert werden. Ihre Interventionen richten sich vor allem auf eine Klärung der Sachthemen und gegenseitigen Wahrnehmungen (vgl. auch Redlich 1997)
- *Externe Prozessberatung / -begleitung* (Stufe drei bis fünf): „Der Prozessbegleiter arbeitet an bereits länger fixierten Perzeptionen, Attitüden, Intentionen und Verhaltensweisen der Konfliktparteien. Gefestigte Rollen und Beziehungen müssen wiederum aufgelockert werden; die Organisation muss u.U. umgestaltet werden" (ebd.: 362). Die Interventionen richten sich hier zuerst auf die Subjektsphäre, indem z.B. stereotype Selbst- und Feindbilder bearbeitet werden, bevor die Objektsphäre (Sachthemen etc.) angegangen wird.
- *Externe soziotherapeutische Prozessbegleitung* (Stufe vier bis sechs): Hier werden Interventionen der Prozessbegleitung therapeutisch vertieft, denn ab einem gewissen Eskalationsgrad führt ein Konflikt oft „zu einer existentiellen Erschütterung des Identitätskonzeptes der Hauptakteure" (ebd.: 375). Die Interventionen „sollen zum Durchbrechen neurotischer Rollenbindungen, des sozialen Autismus usw. beitragen" (ebd.: 363). Diese Form der Intervention erfordert eine intensive persönliche Arbeit mit den Individuen und ein tieferes Vertrauensverhältnis zwischen KlientIn und Fachkraft.

3 Methodisches Handeln in Konfliktsituationen – Eine Rahmenkonzeption

- *‚Conciliation'* (Stufe fünf bis sieben): Eine ‚VermittlerIn' in diesem Sinne bemüht sich um einen akzeptablen Kompromiss zwischen den Parteien, der den Interessen aller Rechnung trägt. Diese Strategie ist vor allem für die sechste und siebte Konfliktstufe sinnvoll, weil die Konfliktparteien hier außerstande sind, ihre Probleme in direkter Begegnung zu lösen.
- *Schiedsverfahren/richterlicher Entscheid* (Stufe sechs bis acht): Diese Verfahren können einen Ausweg bieten, wenn eine Vermittlung gescheitert ist und durch Macht- und Gegenmachtstrategien zwischen den Konfliktparteien ein toter Punkt erreicht ist. „Der ‚Arbiter' entscheidet aufgrund eigener Beurteilung, wie der Konflikt gelöst werden kann. Der Konflikt muss sich dabei auf einen von den Parteien umschriebenen Dissens über Fakten und Normen beziehen" (ebd.: 363). Die Schiedspartei muss allerdings über eine entsprechende Entscheidungsmacht, Neutralität, Unparteilichkeit und Unbefangenheit verfügen.
- *Machteingriff* (Stufe sieben bis neun): Bei hocheskalierten Konflikten nützt höchstens noch ein Machteingriff von außen, um eine weitere Eskalation zu verhindern. „Aufgrund ihrer Machtüberlegenheit kann die Machtinstanz ihre Maßnahmen gegen den Willen der Betroffenen durchsetzen. Wenn ein Machteingriff nicht zur Eliminierung oder Vernichtung eines der Antagonisten führt, muss die Machtinstanz überdies in der Lage sein, nach ihrem Eingriff die Situation langfristig zu beherrschen" (ebd.: 364).

Ein Blick auf diese Strategien und Modelle zeigt, dass die spezifischen Kompetenzen und Möglichkeiten Sozialer Arbeit bei der Konfliktbearbeitung vor allem im Bereich von ‚Moderation' und ‚Prozessbegleitung' liegen, teilweise noch im Bereich ‚sozio-therapeutischer Begleitung' und ‚Conciliation'.

‚Schiedsverfahren' und ‚Machteingriffe' liegen bei Konflikten im Kontext Sozialer Arbeit üblicherweise im Zuständigkeitsbereich von Justiz und Polizei, möglicherweise wird hier die Soziale Arbeit noch als Kooperationspartnerin hinzugezogen (z.B. bei der Beratung nach ‚Platzverweisen' oder zur Durchführung eines Täter-Opfer-Ausgleichs).

3. Wandrey (2004: 360 bzw. 2005: 17) hat auf der Grundlage der Glasl'schen Rollen- und Strategiemodelle ein Modell formuliert, mit dem drei Formen von Mediation unterschieden werden können, die im Kontext der Sozialen Arbeit anwendbar sind:

Abbildung 10: Drei Typen von Mediation im Kontext Sozialer Arbeit

Mediation als ergebnisorientierte Konfliktmoderation	Mediation als transformative Prozessbegleitung	Mediation als Teil Soziotherapeutischer Konflikthilfe
Die Methodik des „Sachgerechten Verhandelns" (vgl. Fisher/Ury 1984) als verbindendes, übergreifendes Element aller Mediationsstile		
Spezialisierter Beratungsansatz mit Kommstruktur	Spezialisierter Beratungs- wie Interventionsansatz mit Geh- und Kommstrukturen	Integrierter Beratungs- wie Interventionsansatz mit Geh- und Kommstrukturen
Gemeinsame Arbeit von zwei Mediatoren (Co-Mediation) als Option	Co-Mediation als Option	Grundsätzlich Co-Mediation bzw. Arbeit als Mediatorenteam
Der „runde Tisch" als ausschließliches Setting	Getrennte Vorgespräche	Getrennte Vorgespräche
	Verstärkter Einsatz von Methoden aus der Gesprächstherapie	Verstärkter Einsatz von Methoden aus der Gesprächstherapie
		Verstärkter Einsatz indirekter Vermittlungsmethoden („Pendeldiplomatie") Einbettung des Mediationsprozesses in eine intensive parteibezogene Einzelfallhilfe vor, während und nach der Mediation
Die Mediation ist strikt zukunftsorientiert. Vergangenheitsbezogene Klärungs- und Würdigungsthemen werden nur soweit aufgegriffen, als es situativ zum Vorankommen in der Verhandlungssituation erforderlich ist („Störung hat Vorrang")	Die Mediation ist prozessorientiert und zieht die Vorgeschichte bewusst mit ein, da die Klärungsthemen für die Konfliktparteien derart zentral sind, dass eine Negierung der Verhandlungssituation blockieren würde. Würdigungsthemen werden insoweit aufgegriffen, als es situativ zum Vorankommen in der Verhandlungssituation erforderlich ist („Störung hat Vorrang")	Klärungs- und Würdigungsthemen werden explizit als vorrangige Themen bearbeitet, da sie für die Konfliktparteien derart zentrale Themen darstellen, dass eine Negierung die Verhandlungssituation blockieren würde
Das angemessene Programm für gering bis mittel eskalierte Konflikte und/ oder Sachkonflikte mit Auswirkungen auf die Beziehungsebene	Das angemessene Programm für mittel bis stark eskalierte Konflikte und/oder Beziehungskonflikte mit Auswirkungen auf die Sachebene	Das angemessene Programm für stark eskalierte Konflikte und/oder Konflikte mit besonderen Erschwernissen hinsichtlich der Konfliktgestalt

Quelle: Wandrey 2005: S. 17

3 Methodisches Handeln in Konfliktsituationen – Eine Rahmenkonzeption

Die vorgestellten begrifflichen Differenzierungen und theoretischen Modelle können Fachkräfte dabei unterstützen, die richtige Art und Richtung von Interventionen bei Konfliktsituationen zu finden. Ziel solcher Methoden und Techniken der Konfliktbearbeitung sind individuelle Klärungsprozesse bei Konflikt-Beteiligten und/oder konkrete Formen der Konfliktlösung zwischen den Konfliktparteien, die vor einer Umsetzung allerdings von den Beteiligten nach bestimmten Qualitätskriterien überprüft werden müssen. Auch hier sind wieder unterschiedlichste Kriterien je nach Konflikt und Beteiligten denkbar, zur Konkretisierung und Veranschaulichung sei ein Beispiel erwähnt, das Besemer (1993: 79-80) im Kontext von Mediation formuliert hat. Er geht hier von folgenden Beurteilungskriterien für Konfliktlösungen aus:

- *Fairness:* Ein Lösungsvorschlag ist fair, wenn er von den Betroffenen und Beteiligten als fair empfunden wird. Es wird hier nicht versucht, ‚äußere' Kriterien im Sinne von z.B. Gerechtigkeit anzuwenden.
- *Effizienz:* Erscheint der Aufwand an Zeit und Kosten für die Konfliktlösung den Konfliktparteien angemessen?
- *Sachgerechtigkeit:* Wie gut wird die Konfliktlösung den sachlichen Gegebenheiten der Situation gerecht?
- *Stabilität:* Wie gut ist die Konfliktlösung umsetzbar? Erscheint sie den Beteiligten auch auf Dauer tragfähig?

Je nach Bearbeitungskonstellation sind aber neben den Interessen der direkt am Bearbeitungsprozess Beteiligten (wie in der Mediation) noch weitere Anforderungen und Mandate bei der Beurteilung von Lösungsoptionen mit einzubeziehen (z.B. Das Wohl des Kindes bei der Entscheidung zum Sorgerecht im Kontext eines Scheidungsverfahrens).

Bei Mediationsverfahren hat es sich als sehr nützlich erwiesen, die gemeinsam entwickelte und abgesprochene Konfliktlösung, die Umsetzungsschritte sowie die Verantwortlichkeiten der einzelnen Akteure hierbei in einer schriftlichen Vereinbarung festzuhalten und von den Beteiligten unterschreiben zu lassen.

3.1.5 Evaluation

Evaluation kann allgemein definiert werden als

„systematische und schriftliche Datensammlung und deren Analyse, die der Bewertung von Ergebnissen und Prozessen dient. Die Bewertung geschieht unter anderem im Hinblick auf *Angemessenheit, Wirksamkeit* oder *Wirtschaftlichkeit* eines Prozesses, eines Projektes oder einer ganzen Einrichtung. Sie erfolgt *kriteriengeleitet*, folglich im Hinblick auf die intendierten Ziele oder mithilfe fachlich legitimierter Maßstäbe (Qualitätskriterien oder -standards). Der Zweck der Evaluation besteht darin, Informationen für die Optimierung der Arbeit zu gewinnen. Im Bereich methodischen Handelns geschieht Evaluation vor allem als Selbstevaluation (...)" (von Spiegel 2004: 147; Herv. i. O.).

Im Kontext einer methodischen Bearbeitung von Konflikten stellt sich die Frage nach einer Evaluation in dreifacher Hinsicht:

Konfliktbearbeitungsprozesse müssen *erstens* laufend überprüft werden, da sich wichtige Konfliktaspekte oder Rahmenbedingungen verändern können, neue Informationen hinzukommen, gesetzte Ziele sich als unrealisierbar erweisen etc. Kurz: Die ‚Passung' zwischen Situation und professionellem Handeln muss immer wieder aufs Neue überprüft und hergestellt werden (vgl. das Modell von ‚Problemlösen' und ‚Verstehen' in Kapitel 2.4). Hier setzen die Methoden *prozessbezogener, formativer (Selbst)Evaluation* an.

Typische formative Evaluationsfragen zur Prüfung des Verlaufs einer Konfliktbzw. Fallbearbeitung und zur Prüfung der Passung zwischen Situation und Handeln sind beispielsweise:

- Sind die relevanten Aspekte der Konfliktsituation richtig erkannt worden?
- Wie zufrieden bin ich bzw. sind die Betroffenen mit meiner Arbeit?
- Welche Wirkungen sind (bisher) eingetreten? Entsprechen sie den abgesprochenen Zielen? Müssen die Ziele für den weiteren Verlauf verändert werden?
- Haben die richtigen Personen bzw. Institutionen die richtigen Aufgaben?
- Sind Veränderungen bei den Rahmenbedingungen eingetreten?
- Wird bzw. wurde effektiv gearbeitet?
- Kann der Konfliktbearbeitungsprozess beendet werden?

Neben dieser prozessbegleitenden Evaluation sollte *zweitens* am Ende eine (*summative*) *Bilanzevaluation* durchgeführt werden, zum einen aus der Sicht der Konfliktparteien, um ihre Erfahrungen und Einschätzungen zugänglich zu machen, zum anderen aus der Perspektive der Fachkraft, um ihre Erfahrungen und Erkenntnisse für die Bearbeitung künftiger Konflikte nutzbar zu machen. Denn eine Analyse des Gelingens oder Misslingens von Konfliktbearbeitungsprozessen und der Erfahrungen der Beteiligten können wichtige Rückschlüsse erlauben auf eigene Stärken und Schwächen der Fachkraft, auf die Wirksamkeit eingesetzter Methoden und nicht erkannte Konfliktpotenziale in der eigenen Institution etc.

Drittens sollte der *Implementationsprozess* für Konfliktlösungen, die im Bearbeitungsprozess gefunden wurden, kurz- und längerfristig überprüft werden. Denn

3 Methodisches Handeln in Konfliktsituationen – Eine Rahmenkonzeption

hier zeigen sich oft Umsetzungsprobleme, die nicht antizipiert werden konnten und Veränderungsnotwendigkeiten bzgl. der abgesprochenen Lösungen. In Mediationsverfahren gehört eine schriftliche Vereinbarung zu solchen Überprüfungsmodalitäten (Wer? Wie? Wann?) zum Standard, sie sollte aber auch im Kontext anderer Verfahren verbindlich werden.

3.2 Probleme und Voraussetzungen bei der Umsetzung methodischen Handelns in Konflikten

Ein Modell methodischen Handelns, wie es im vorigen Kapitel beschrieben wurde, erweckt leicht den Eindruck einer rationalen, quasi technischen Lösbarkeit von Konflikten. Dies ist nicht der Fall, denn es gibt zum einen bestimmte strukturelle Grenzen der Möglichkeiten professionellen Handelns, an die noch einmal erinnert werden soll:

- Die Fachkraft ist Teil einer dynamischen, komplexen und nur teilweise durchschauenden Situation und Konstellation von Akteuren.
- Menschliches Handeln ist grundsätzlich nur begrenzt plan- und steuerbar, auch fachlich kompetentes und reflektiertes Handeln ist immer wieder mit dem Problem nicht intendierter Handlungsfolgen und nicht erkannter Handlungsbedingungen konfrontiert (vgl. das Modell von Giddens in Teil D).
- Professionelles Handeln geschieht in der Sozialen Arbeit grundsätzlich im Spannungsfeld widersprüchlicher Logiken, die immer wieder aufs Neue in eine Balance gebracht werden müssen: Der Logik methodisch-planvollen Vorgehens („Problemlösen"), die aber nur auf der Grundlage kommunikativer Verständigung mit den AdressatInnen („Verstehen") erfolgreich angewendet werden kann (vgl. Kapitel 2.4)

Zweitens ist zu beachten, dass ein Konzept wie das hier skizzierte „Methodische Handeln in Konflikten" nicht einfach aus einem Buch wie diesem erlernt werden kann, weil seine Beherrschung nicht nur theoretisches Wissen, sondern auch methodisches Können und persönliche Fähigkeiten erfordert. Konfliktbezogene Aus- und Fortbildungen zu Methoden wie Supervision, Mediation, Coaching etc. können hier eine gute Grundlage vermitteln, auf die aufgebaut werden kann, weil sie neben der Vermittlung von Wissen und Können auch selbsterfahrungsbezogene Anteile enthalten, die helfen, die ‚eigene Person' besser zu verstehen. Es braucht allerdings auch die Übung in der Praxis, die Evaluation und Reflexion von Erfahrungen in der konkreten Konfliktarbeit, um nach und nach den ‚sozialpädagogischen Blick' (Galuske) zu schulen und eine Souveränität mit Methoden und dem Einsatz der eigenen Person zu erwerben.

Aus eigener Erfahrung weiß ich, dass Konfliktarbeit angesichts ihrer vielen situativen Unwägbarkeiten sehr verunsichernd sein kann und deshalb leicht ‚typische Fehler und Probleme' auftauchen, die auch aus anderen Kontexten methodischen Handelns bekannt sind (vgl. z.B. Possehl 2002: 24-31; Dörner 1992). Erwähnt seien hier exemplarisch:

- Das Nicht-Aushalten-Können von Unsicherheit und Ungewissheit mit der Konsequenz der Flucht in Scheinsicherheiten (Vorurteile, Dogmatismus etc.);
- Gefühle von Kontrollverlust;
- Infragestellen der eigenen Kompetenz und Angst, die Situation bewältigen zu können
- „Entscheidungsbindung": Beibehaltung eines falschen Lösungsweges, um bisherige Investitionen (an Zeit, Geld, Ansehen etc.) zu rechtfertigen;
- Zu frühes Denken in Lösungen bzw. Handeln ohne ausreichende Abklärung der Gesamtsituation;
- Intuitive Festlegung auf die erstbeste Lösung und nachträgliche Rechtfertigung derselben;
- Selektion von Informationen entsprechend dem eigenen Weltbild, der eigenen Erfahrung (Informationen, die nicht dazu passen, werden ignoriert);
- Mangelnde Bereitschaft, einmal angenommene Hypothesen aufgrund neuer Informationen zu überprüfen;
- Flucht in Nebensächlichkeiten und Randprobleme bei Vernachlässigung der zentralen Themen;
- Aufgeben moralischer Grundsätze im Handeln (‚Der Zweck heiligt die Mittel');
- Beschäftigung mit den Themen, in denen sich die Fachkräfte auskennen, statt mit den Themen, die für die AdressatInnen oder die Konfliktsituation wichtig sind;
- Falsche Wahl des ‚Auflösungsgrades': zu oberflächliches bzw. zu detailliertes Eingehen auf die Konfliktsituation.

Angesichts der Ubiquität von Konflikten in der Sozialen Arbeit ist es erforderlich, nicht allein auf freiwillige Fortbildungen zur Förderung professioneller Kompetenzen zu vertrauen, sondern die Basis bereits in der grundständigen Ausbildung von Fachkräften Sozialer Arbeit im Rahmen des Studiums zu vermitteln. Hier scheint es vermutlich Nachholbedarf zu geben: Denn im Rahmen einer eigenen Befragung von 70 Fachkräften im Jahr 2004, die nebenberuflich eine Mediationsausbildung absolvierten, gaben ca. zwei Drittel an, in ihrem Studium keinerlei Grundlagen für die Arbeit mit Konflikten erhalten zu haben. Natürlich sind diese Angaben nicht verallgemeinerbar, aber sie bestätigen die Notwendig-

3 Methodisches Handeln in Konfliktsituationen – Eine Rahmenkonzeption

keit, bereits in der Hochschulausbildung auf eine Grundqualifikation zu achten. Wo hier die ‚Basics' liegen könnten, darüber sind sich die befragten Fachkräfte weitgehend einig. Denn auf die Frage, welche Inhalte von Konfliktarbeit in die grundständige Ausbildung an den Hochschulen integriert werden sollten, wurden überwiegend folgende Schwerpunkte genannt:

- Grundlagenwissen zum Thema Konflikttheorie- und analyse;
- Überblickswissen zu Handlungs- und Interventionsmöglichkeiten bei Konflikten (insbesondere Grundlagen zum Thema konstruktiver Umgang mit Konflikten; Mediation; ‚sachgerechtes Verhandeln' nach dem Harvard-Modell; vgl. Fisher/Ury 1984);
- Theoretische und praktische Kenntnisse zu Gesprächsführung und ihre Anwendung auf Konfliktregelungsgespräche.

„Das Können und Wissen [der StudentInnen] sollte sich auf die 85% der Fälle konzentrieren, die mit diesem Grundhandwerkszeug angegangen werden können" – so das Zitat eines der Befragten. Alles andere sollte aus der Sicht der Befragten dem Bereich beruflicher Fort- und Weiterbildung vorbehalten bleiben.

Aus meinen eigenen Erfahrungen würde ich ergänzen, dass im Rahmen des Studiums noch die Vermittlung eines allgemeineren theoretischen Modells wie das hier vorgestellte Konzept ‚methodischen Handelns' sinnvoll ist, das eine übergreifende Orientierung sowie eine Einordnung vertiefender Aspekte und konkreter Methoden und Techniken ermöglicht.

Perspektiven

In diesem Buch werden vier wichtige Aspekte der Beziehung zwischen sozialen Konflikten und Sozialer Arbeit, die in der aktuellen Fachdiskussion kaum beachtet werden, genauer ausgearbeitet:

- Dem Phänomen Konflikt wird ein systematischer Ort in der Sozialen Arbeit gegeben, indem die arbeitsfeldübergreifende Aufgabe Sozialer Arbeit als Vermittlungstätigkeit in den (konfliktreichen) Beziehungen zwischen Individuum und Gesellschaft bestimmt wird.
- In Abgrenzung zu anderen Professionen, die mit der Bearbeitung sozialer Konflikte befasst sind, wird ein spezifischer Zugang Sozialer Arbeit zu Konflikten formuliert, der sich mit folgenden Stichworten umreißen lässt: Ganzheitlichkeit; Alltagsorientierung; methodische Offenheit; primäre Wahrnehmung von Konflikten als Lern- und Entwicklungspotenzial.
- Anhand theoretischer und empirischer Analysen werden zahlreiche arbeitsfeldübergreifende Konfliktpotenziale in Strukturen und Rahmenbedingungen Sozialer Arbeit identifiziert, die – oft unerkannt – Quelle und dynamisierender Hintergrund vieler Konflikte in der Praxis sind. Wichtiges Ergebnis der empirischen Studie ist, dass wiederkehrende, ‚typische' Konfliktkonstellationen eng mit strukturellen Konfliktpotenzialen des Arbeitsfeldes und der Institution verbunden sind.
- Auf der Grundlage von Erkenntnissen aus der aktuellen Fachdiskussion wird ein Modell ‚Methodisches Handeln in Konfliktsituationen' entwickelt, das als Rahmenkonzept professionellen Handelns einen umfassenderen theoretischen und methodischen Zugang zu Konflikten in der Praxis ermöglicht, als ihn Methoden wie Mediation oder Konfliktmoderation ihn bisher bieten.

Mit diesen Erkenntnissen werden aber auch Weiterentwicklungsperspektiven und -notwendigkeiten in Richtung Wissenschaft und Praxis sichtbar, die zum Abschluss des Buches skizziert werden sollen:

Die wissenschaftlich-empirische Dimension

Mit der Fallstudie in Teil D wurde versucht, den Zusammenhang zwischen strukturellen Konfliktpotenzialen und ‚typischen' Konflikten exemplarisch in einem Arbeitsfeld genauer zu untersuchen. Hierzu wurde ein theoretisches Modell zur Erfassung ‚typischer' Konflikte entwickelt und eine qualitative Studie durchgeführt, die als Grundlage für weitere Analysen und Erhebungen dienen können. Mit dieser Grundlage sehe ich im Moment folgenden weiteren Forschungs- und Entwicklungsbedarf:

- Überprüfung und Weiterentwicklung des theoretischen Modells auf der Basis von Erhebungen in anderen Arbeitsfeldern Sozialer Arbeit;
- Identifizierung und Analyse ‚typischer Konflikte' in anderen Arbeitsfeldern. Dieses empirische Material könnte in mehrfacher Hinsicht nützlich sein: (1) im Bereich der Wissenschaft (z. B. bei der Entwicklung weiterer theoretischer Grundlagen einer Kasuistik sozialer Konflikte); (2) in der Praxis (z.B. in der Prävention bzw. Entwicklung geeigneter Handlungskonzepte bei derartigen Konflikten); (3) in der Aus- und Weiterbildung von Fachkräften (z.B. zur besseren Vorbereitung von Studierenden bzw. BerufseinsteigerInnen auf die berufliche Praxis).
- Die ASD-Fallstudie hatte ihren Fokus auf der *Identifizierung ‚typischer' Konflikte* aus der *professionellen Perspektive*, die Dimension des Handelns in Konflikten sollte erst in einer späteren Studie erkundet werden (anhand von Fragen wie z.b. Wie gehen Fachkräfte mit typischen Konflikten um? Welche Strategien bewähren sich? Warum?). Es gibt zwar in der Fachliteratur eine Fülle von allgemeinen Hinweisen zu produktivem Handeln in Konfliktsituationen, empirische Daten zu diesem Thema sind allerdings selten. Untersuchungen wie die von Angelika Iser (2005) oder Burkhard Müller u.a. (2005) liefern hier wichtige Erkenntnisse, sind aber auf einzelne Arbeitsfelder oder die Anwendung bestimmter Methoden wie Mediation oder Supervision begrenzt, und nehmen ebenfalls nur die professionelle Seite des Handelns in den Blick. Die *AdressatInnenperspektive* auf das Thema ‚Konflikte und Konfliktbearbeitung in der Sozialen Arbeit' wurde nach meiner Kenntnis bisher gar nicht empirisch erhoben und analysiert.

Die praxisbezogene Dimension

Das vorgestellte Modell ‚Methodisches Handeln in Konflikten' bleibt als Rahmenkonzeption notwendigerweise etwas abstrakt und braucht im Hinblick auf eine Anwendung in der Praxis eine Erweiterung durch konkrete Verfahren und Techniken des Handelns. In Teil E Kapitel 3 werden zwar zu den Handlungsbereichen und –schritten methodischen Handelns zahlreiche Hinweise und Verweise auf diagnostische Instrumente zur Konfliktanalyse, auf Reflexionshilfen zur Bestimmung des eigenen Ortes der Fachkraft im Konflikt, zur Mandatsklärung oder Handlungsplanung etc. gegeben, aber nur vereinzelt ausführlicher erklärt, um den Rahmen des Buches nicht zu sprengen. Aus diesem Grund gibt es praxisbezogenen Erweiterungsbedarf in zwei Richtungen:

- Auswahlkriterien für die Verweise in Teil E Kapitel 3 waren meine eigenen Kenntnisse und Erfahrungen zum Thema, das, was ich selber bei meiner theorie- und praxisbezogenen Arbeit als wichtig und nützlich erlebt habe. Diese Erfahrungen sind natürlich selektiv und brauchen eine Ergänzung.
- Eine sinnvolle Ergänzung des bisherigen Modells in Richtung Lehre und Praxis könnte die Entwicklung konkreter Arbeits- und Reflexionshilfen zu den verschiedenen Handlungsbereichen methodischen Handelns sein, möglichst anschaulich z.b. auf der Basis konkreter Fallbeschreibungen, ähnlich wie sie Hiltrud von Spiegel (2004: 151-245) entwickelt hat.

Die konzeptionelle Dimension

An zahlreichen Stellen des Buches wird angesprochen, dass fachlich kompetente konfliktbezogene Soziale Arbeit sich nicht in einer raschen Beilegung oder ‚Befriedung' von Konflikten bzw. einer Fokussierung allein auf die personenbezogenen Aspekte von Konflikten erschöpft. Sie erfordert vielmehr einen erweiterten Zugang, der (1) auch die strukturelle, gesellschaftsbezogene Ebene sozialer Konflikte erfassen und bearbeiten will und der (2) bestimmte Normen und Werte, denen Soziale Arbeit verpflichtet ist, bei der Gestaltung von Prozessen der Konfliktbearbeitung (Konflikte als Lernpotenzial; Partizipation der AdressatInnen) und der Gestaltung von Lösungen beachtet (gelingenderer Alltag; Orientierungspunkt soziale Gerechtigkeit). Um mit diesem Anspruch, aber auch den daraus entstehenden Anforderungen und Problemen angemessen umgehen zu können, müsste das Modell methodischen Handelns in Konflikten in einen erweiterten theoretischen Rahmen Sozialer Arbeit eingebunden werden. Diese Einbindung kann hier nicht geleistet werden, weil zuvor noch einiges an theoretischer Grundlagenarbeit erforderlich ist. Deshalb können hier lediglich Ideen angedeutet werden, in welche Richtung eine Einbindung gehen könnte.

Welche Theorien Sozialer Arbeit sind überhaupt geeignet, eine derartige Einbindung leisten zu können? Welche Kriterien müssen sie erfüllen? Ich sehe im Moment vor allem folgende Anforderungen. Der gesuchte theoretische Rahmen

- müsste in der Lage sein, die in diesem Buch entwickelten Grundlagen konfliktbezogener Sozialer Arbeit zu integrieren. Dazu gehören insbesondere (1) die grundlegende Vorstellung von Sozialer Arbeit als Vermittlungstätig-

keit in den (konfliktreichen) Beziehungen zwischen Individuum und Gesellschaft; (2) der hier definierte spezifische Zugang Sozialer Arbeit zu Konflikten (Ganzheitlichkeit; Alltagsorientierung etc.) und (3) das in Teil E Kapitel 3 entwickelte Modell methodischen Handelns;
- müsste dem Begriff des Konflikts als grundlegender Form des Sozialen einen systematischen Ort bieten können oder diesen bereits enthalten;
- Das Modell methodischen Handelns in Konflikten braucht als Bezugspunkt für die Konfliktanalyse und die Planung des Handelns wissenschaftliche Theorien, die in der Lage sind, sowohl die Subjektseite wie auch die gesellschaftlich-strukturelle Seite menschlichen Handelns in ihrem Wechselspiel zu erfassen und die auch sensibel für den jeweiligen historischen und gesellschaftspolitischen Kontext sind, in dem sich Subjekte bewegen. Optimalerweise sollte der gesuchte theoretische Rahmen auch ein derartiges Analyse- und Erklärungsmodell zur Verfügung stellen können.

Mit diesen Kriterien sehe ich im Moment vor allem zwei mögliche Bezugspunkte, die als erweiterter theoretischer Rahmen viel versprechend erscheinen:
- das von Lothar Böhnisch formulierte Modell zu Lebenslage und biografischer Lebensbewältigung von Subjekten (1982; 2001), auf dessen Grundlage er das Handlungskonzept einer „biografisch orientierten Sozialpädagogik und Sozialarbeit der Lebensalter" skizziert hat (ebd. 2001: 285-330). Auf dieses Modell wurde bereits in Teil E mehrfach Bezug genommen.
- das Konzept der „Konfliktorientierung" von Maria Bitzan (2000; vgl. auch Teile C und E), das mit Thierschs Theorie der Lebensweltorientierung (vgl. z. B. Grunwald/Thiersch 2004) verbunden ist und dieses kritisch ergänzt. In ihrem Konzept ist sowohl die gesellschaftsbezogene wie auch die normative Ebene konfliktbezogener Sozialer Arbeit präsent, allerdings ist es in Theorie wie methodischer Umsetzung bisher nur skizziert.

Die historische Dimension

Die im Buch erarbeiteten Grundlagen sind primär auf das ‚Hier und Jetzt' bezogen, und behandeln die gesellschaftlich-historische Dimension des Zusammenhanges von Konflikten und Sozialer Arbeit nur in kleinen Ausschnitten (z.B. die kurze Methodengeschichte in Teil E). Die tatsächlichen Zusammenhänge sind allerdings viel komplexer und umfassender. Deshalb ist es sinnvoll, bei einer Weiterentwicklung auch die historische Dimension des Zusammenhanges von sozialen Konflikten und Sozialer Arbeit stärker auszuarbeiten. Susanne Maurer (2005) hat hierzu die Denkfigur ‚Soziale Arbeit als gesellschaftliches Gedächtnis sozialer Konflikte' formuliert, die als theoretischer Bezugspunkt einer gesellschaftlich-historischen Vergewisserung des formulierten Ansatzes viel versprechend erscheint. Maurer geht davon aus,

„dass Soziale Arbeit eine Gedächtnis-Funktion in Bezug auf gesellschaftliche Konflikte hat, dass sie also, analytisch betrachtet, immer auch als ‚gesellschaftliches Gedächtnis der Konflikte' gesehen werden kann, und zwar in den – ansonsten so verschiedenen – Dimensionen ihrer Problemwahrnehmungen und (versuchten) Problembearbeitungen, Arbeitskonzepte und Verfahren, theoretischen wie methodischen Instrumentarien, Institutionen und Trägerschaften, konkreten Handlungsweisen und ‚Settings' im Alltag. (...) In jedem Fall (...) repräsentieren die jeweils aktuellen Erscheinungsweisen Sozialer Arbeit in einer Gesellschaft kontroverse Auseinandersetzungen über Ungleichheit, Ungerechtigkeit und Ausschluss. Sie repräsentieren bestimmte Wahrnehmungen sozialer Probleme ebenso wie bestimmte Perspektiven und nicht zuletzt Politiken der Praxis des Umgangs mit gesellschaftlichem Wandel und sozialen Konflikten" (ebd.: 21-22).

Mit diesen wissenschaftlich-empirischen, konzeptionell-theoretischen, praxisbezogenen und historischen Erweiterungen ist ein umfangreiches Programm angedeutet, wie die konfliktbezogene Dimension Sozialer Arbeit weiter ausgearbeitet werden sollte. Angesichts der kontroversen Diskussionen um die Zukunft Sozialer Arbeit könnte hier ein wichtiger Beitrag liegen, das Profil Sozialer Arbeit innerhalb der Profession und in der Öffentlichkeit zu schärfen.

Literatur

Ader, Sabine/Schrapper, Christian (2002): Fallverstehen und Deutungsprozesse in der sozialpädagogischen Praxis der Jugendhilfe. In: Henkel u. a. (2002): 34-75
Albrecht, Günter u.a. (Hrsg.): Handbuch soziale Probleme, Opladen/Wiesbaden: Westdeutscher Verlag
Bayrisches Landesjugendamt (Hrsg.) (2001): Sozialpädagogische Diagnose. Arbeitshilfe zur Feststellung des erzieherischen Bedarfs, München
Benien, Karl (2003): Schwierige Gespräche führen. Modelle für Beratung-, Kritik- und Konfliktgespräche im Berufsalltag, Reinbek: Rowohlt
Besemer, Christoph (1993): Mediation. Vermittlung in Konflikten, Freiburg: Stiftung gewaltfreies Leben
Besemer, Christoph (1999): Konflikte verstehen und lösen lernen. Ein Erklärungs- und Handlungsmodell zur Entwurzelung von Gewalt nach Pat Patfoort, Freiburg
Bhashkar, Roy (1978): On the Possibility of Social Scientific Knowledge and the Limits of Natualism. In: Journal for the Theory of Social Behaviour, 8/78, 1-28
Bilger, Hans (1978): Konflikte in der Sozialarbeit, Weinheim/Basel
Biermann, Benno u. a. (2000): Soziologie. Gesellschaftliche Probleme und sozialberufliches Handeln, Neuwied/Kriftel: Luchterhand (3. Aufl.)
Bitzan, Maria (1998): Zwischen Struktur und Person. In: Peters u.a. (1998): 52-72
Bitzan, Maria (2000): Konflikt und Eigensinn. Die Lebensweltorientierung repolitisieren. In: neue Praxis, Heft 4/2000, 335-346
Bitzan, Maria/Klöck, Thilo (1993): Wer streitet denn mit Aschenputtel? Konfliktorientierung und Geschlechterdifferenz, München: AG SPAK Publikationen
Blätter der Wohlfahrtspflege (BdW) (2002): Themenheft zum Allgemeinen Sozialdienst, Heft 1/2002
Böhnisch, Lothar (1979): ‚Sozialpädagogik' hat viele Gesichter. In: Betrifft: Erziehung, Heft 9/1979, 22-24
Böhnisch, Lothar (1982): Der Sozialstaat und seine Pädagogik, Neuwied/Darmstadt: Luchterhand
Böhnisch, Lothar (2001): Sozialpädagogik der Lebensalter, Weinheim/München: Juventa (3. Aufl.)
Böhnisch, Lothar (2003): Pädagogische Soziologie, Weinheim/München: Juventa (2. Aufl.)
Böhnisch, Lothar/Lösch, Hans (1973): Das Handlungsverständnis des Sozialarbeiters und seine gesellschaftliche Determination. In: Otto u.a. (1973): 21-40
Böllert, Karin/Otto, Hans-Uwe (1990): Jugendhilfe zwischen Prävention und Normalisierung. In: Sachverständigenkommission 8. Jugendbericht (1990): 97-154

Bolay, Eberhard u.a. (2004): Jugendsozialarbeit an Hauptschulen und im BVJ in Baden-Württemberg, Stuttgart: Sozialministerium Baden-Württemberg
Bonacker, Thorsten (Hrsg.) (2002): Sozialwissenschaftliche Konflikttheorien, Opladen: Leske und Budrich
Bonacker, Thorsten/Imbusch, Peter (2005): Konflikt. In: Imbusch u.a. (2005)): 69-81
Boulet, J. Jaak u.a. (1980): Gemeinwesenarbeit. Eine Grundlegung, Bielefeld: AJZVerlag
Bourdieu, Pierre (1985): Sozialer Raum und „Klassen" /Lecon sur la Lecon, Frankfurt/M.: Suhrkamp
Bourdieu, Pierre (1987): Sozialer Sinn. Kritik der theoretischen Vernunft, Frankfurt/M.: Suhrkamp
Bourdieu, Pierre u.a. (1997): Das Elend der Welt. Zeugnisse und Diagnosen alltäglichen Leidens an der Gesellschaft, Konstanz: UVK Verlagsgesellschaft
Coser, Lewis A. (1972): Theorie sozialer Konflikte, Darmstadt: Luchterhand
Crozier, Michel/Friedberg, Erhard (1993): Die Zwänge kollektiven Handelns. Über Macht und Organisation, Frankfurt/Main: Verlag Anton Hain
Dahrendorf, Ralf (1963): Gesellschaft und Freiheit. Zur soziologischen Analyse der Gegenwart, München
Dewe, Bernd u.a. (Hrsg.) (1992): Erziehen als Profession, Opladen: Leske und Budrich
Diemer, Niko 1989: Für eine ‚Politik des Sozialen' mit vielen Fragen. In: WIDERSPRÜCHE, Heft 31/1989, 13-18
Doehlemann, Martin (2000): Soziologische Theorien und soziologische Perspektiven für Soziale Berufe. In: Biermann u. a. (2000): 3-34
Dölling, D. u.a. (Hrsg.) (1995): Täter-Opfer-Ausgleich in Deutschland, Bonn
Dörner, Dietrich (1992): Die Logik des Misslingens. Strategisches Denken in komplexen Situationen, Reinbek: Rowohlt
Engelke, Ernst (2003): Die Wissenschaft Sozialer Arbeit. Werdegang und Grundlagen, Freiburg: Lambertus
Falk, Gerhard u.a. (Hrsg.) (2005): Handbuch Mediation und Konfliktmanagement, Wiesbaden: VS-Verlag
Falterbaum, Johannes (2004): Sozialarbeit und Polizei. Entwicklungen in einem schwierigen Verhältnis. In: Archiv für Wissenschaft und Praxis der Sozialen Arbeit, Heft 2/2004, 98-121
Feltes, Thomas (2001): Polizei. In: Otto/Thiersch (2001): 1389-1393
Fendrichs, S./Pothmann, J. (2003): Fremdunterbringung zwischen empirischen Gewissheiten und weiterem Forschungsbedarf. In: Zentralblatt für Jugendrecht, Heft 6/2003, 205-248
Fisher, Roger/Ury, William (1984): Das Harvard-Konzept: Sachgerecht verhandeln – erfolgreich verhandeln, Frankfurt/New York: Campus
Gallen, Maria-Anne/Neidhardt, Hans (1994): Das Enneagramm unserer Beziehungen, Reinbek: Rowohlt
Galuske, Michael (2001): Methoden der Sozialen Arbeit. Eine Einführung, Weinheim/ München: Juventa (2. Aufl.)
Galuske, Michael (2002): Flexible Sozialpädagogik, Weinheim/München: Juventa
Gendlin, Eugene T. (1978): Focusing. Technik der Selbsthilfe bei der Lösung persönlicher Probleme, Salzburg

Giddens, Anthony (1988): Die Konstitution der Gesellschaft. Grundzüge einer Theorie der Strukturierung, Frankfurt/New York: Campus

Giddens, Anthony (1995): Soziologie, Graz/Wien

Gildemeister, Regine (1992): Neuere Aspekte der Professionalisierungsdebatte. Soziale Arbeit zwischen immanenten Kunstlehren des Fallverstehens und kollektiven Strategien der Statusverbesserung. In: neue praxis, 22. Jg., 207-219

Gintzel, Ulrich (1989): Jugendhilfe und Jugendpsychiatrie – Zwischen Konkurrenz und Kooperation. In: Soziale Praxis, Heft 7/1989, 10-22

Gissel-Palkovich, Ingrid (2004): Abenteuer ASD. Aktuelle Anforderungen und methodische Konsequenzen. In: Sozialmagazin, Heft 9/2004, 12-28

Glasl, Friedrich (1992): Konfliktmanagement. Ein Handbuch für Führungskräfte und Berater, Stuttgart/Bern: Verlag Paul Haupt (3. Aufl.)

Glasl, Friedrich (2000): Selbsthilfe in Konflikten, Stuttgart/Bern: Verlag Paul Haupt

Grönemeyer, Axel (1999): Soziale Probleme, soziologische Theorie und moderne Gesellschaften. In: Albrecht u.a. (1999): 13-72

Grönemeyer, Axel (Hrsg.) 2006: Einführung in die Soziologie, (im Erscheinen)

Gron, Elke/Busch, Mathias (2005): Lässt Mediation den sozialen Frieden näher rücken? In: Sozialextra, 12/2005. 14-17

Grunwald, Klaus/Thiersch, Hans (Hrsg.) (2004): Praxis lebensweltorientierter Sozialer Arbeit. Handlungszugänge und Methoden in unterschiedlichen Arbeitsfeldern, Weinheim/München: Juventa

Hamburger, Franz (2003): Einführung in die Sozialpädagogik, Stuttgart: Kohlhammer

Haumersen, Petra/Liebe, Frank (1999): Multikulti. Konflikte konstruktiv bearbeiten. Mediation in der interkulturellen Arbeit, Mülheim: Verlag an der Ruhr

Heiner, Maja u.a. (1994): Methodisches Handeln in der Sozialen Arbeit, Freiburg: Lambertus

Heiner, Maja (2004): Professionalität in der Sozialen Arbeit, Stuttgart: Kohlhammer

Heiner, Maja (Hrsg.) (2004a): Diagnostik und Diagnosen in der Sozialen Arbeit. Ein Handbuch, Berlin: Eigenverlag des Deutschen Vereins

Heiner, Maja/Schrapper, Christian (2004): Diagnostisches Fallverstehen in der Sozialen Arbeit. In: Schrapper (2004): 201-221

Henkel, Joachim u. a. (Hrsg.) 2002: Was tun mit schwierigen Kindern? Münster: Votum Verlag

Hering, Sabine (2005): Wer sichert den sozialen Frieden? In: Sozialextra, Heft 12/2005, 6-9

Herrmann, Franz (2001): Planungstheorie. In: Otto/Thiersch (2001): 1375 – 1382

Hinte, Wolfgang (2002): Agieren statt reagieren: Der Allgemeine Sozialdienst braucht fachliche Standards. In: Blätter der Wohlfahrtspflege, Heft 1/2002. 8-11

Hörster, Reinhard u.a. (Hrsg.) (2004): Orte der Verständigung, Freiburg: Lambertus

Honneth, Axel (1992): Kampf um Anerkennung. Zur moralischen Grammatik sozialer Konflikte, Frankfurt/M.: Suhrkamp

Hubbertz, Karl Peter (2002): Problemlösen und Verstehen. Ein strategisch-kommunikatives Modell beruflichen Handelns in der Sozialen Arbeit. In: Archiv für Wissenschaft und Praxis der Sozialen Arbeit, Heft 2/02. 84-127

Imbusch, Peter (2005): Sozialwissenschaftliche Konflikttheorien – ein Überblick. In: Imbusch u.a. (2005): 145-180
Imbusch, Peter/Zoll, Ralf (Hrsg.) (2005): Friedens- und Konfliktforschung, Wiesbaden: VS-Verlag (3. Aufl.)
Irle, Günter (2001): Mediation – Moderation – Supervision: Ein Vergleich. In: Gruppendynamik, 32. Jg., Heft 1: 5-20
Iser, Angelika (2005): Wie tragen Supervision und Mediation zur Qualität in der Sozialen Arbeit bei? Exemplarische Untersuchung am Beispiel von Mitarbeiterkonflikten, Tübingen (unveröffentlichtes Manuskript)
Janning, Frank (2002): Die Konflikttheorie der Theorie symbolischer Kämpfe. In: Bonacker (2002): 335-359
Jugendamt Stuttgart (2002): Weiterentwicklung der Kinderschutzarbeit in den Sozialen Diensten des Jugendamtes Stuttgart. Projektabschlußbericht, Stuttgart
Jule (1998): Leistungen und Grenzen von Heimerziehung (Forschungsprojekt Jule, hrsg. vom Bundesministerium für Familie, Senioren, Frauen und Jugend), Stuttgart/Berlin/Köln: Kohlhammer
JES (2002): Effekte erzieherischer Hilfen und ihre Hintergründe (hrsg. vom Bundesministerium für Familie, Senioren, Frauen und Jugend), Stuttgart: Kohlhammer
Karas, Fritz/Hinte, Wolfgang (1978): Grundprogramm Gemeinwesenarbeit. Praxis des sozialen Lernens in offenen pädagogischen Feldern, Wuppertal: Jugenddienst
Kasakos, Gerda (1980): Familienfürsorge zwischen Beratung und Zwang. Analysen und Beispiele, München: Juventa
Kilb, Rainer/Weidner, Jens (2002): „So etwas hat noch nie jemand zu mir gesagt ....". Aktuelle Auswertungen zu Möglichkeiten und Grenzen de Anti-Aggressivitäts- und Coolness-Trainings. In: Kriminologisches Journal, 34. Jg., Heft 4/2002. 298-303
Kilb, Reiner/Weidner, Jens (Hrsg.) (2004): Konfrontative Pädagogik. Konfliktbearbeitung in Sozialer Arbeit und Erziehung, Wiesbaden: VS-Verlag
Klatetzki, Thomas (1998): Qualitäten der Organisation. In: Merchel (1998): 61-77
Köhler, Thomas (2002): Die Konflikttheorie der Anerkennungstheorie. In: Bonacker (2002): 319-333
Konrad, Franz-Michael (Hrsg.) (2005): Sozialpädagogik im Wandel. Historische Skizzen, Münster: Waxmann
Krieger, Wolfgang (1994): Der Allgemeine Sozialdienst. Rechtliche und fachliche Grundlagen für die Praxis des ASD, Weinheim/München: Juventa
Kurz-Adam, Maria (2004): Fachlichkeit, Recht und Ökonomie – Herausforderungen an modernes fachliches Handeln im Jugendamt. In: Nachrichtendienst des Deutschen Vereins (NDV), Heft 8/2004. 269-276
Luhmann, Niklas/Schorr, Karl Eberhard (Hrsg.) (1982): Zwischen Technologie und Selbstreferenz. Fragen an die Pädagogik, Frankfurt/M.: Suhrkamp
Mähler, Hans-Georg 2005: Macht – Recht – Konsens. In: Falk u. a. (2005): 95-104
Maas, Udo (Hrsg.) (1985a): Sozialarbeit und Sozialverwaltung. Handeln im Konfliktfeld Sozialbürokratie, Weinheim/Basel: Beltz
Maas, Udo (1985): Grundlinien eines konfliktorientierten Ansatzes sozialer Arbeit. In: Maas (1985): 118-130

Maurer, Susanne (2005): Geschichte Sozialer Arbeit als Gedächtnis gesellschaftlicher Konflikte – Überlegungen zu einer reflexiven Historiographie in der Sozialpädagogik. In: Konrad (2005): 11-32

Mayring, Philipp (2002): Einführung in die Qualitative Sozialforschung, Weinheim/Basel: Beltz (5. Aufl.)

Merchel, Joachim (Hrsg.) (1998): Qualität in der Jugendhilfe. Kriterien und Bewertungsmöglichkeiten, Münster. Votum Verlag

Messmer, Heinz (2005): Sozialer Konflikt. In: Grönemeyer (2006): 1-29 (im Erscheinen)

Montada, Leo/ Kals, Elisabeth (2001): Mediation. Lehrbuch für Psychologen und Juristen, Weinheim: Psychologie Verlags Union

Müller, Burkhard (1991): Die Last der großen Hoffnungen. Methodisches Handeln und Selbstkontrolle in sozialen Berufen, Weinheim/München: Juventa (2. Aufl.)

Müller, Burkhard (1993): Sozialpädagogisches Können. Ein Lehrbuch zur multiperspektivischen Fallarbeit, Freiburg: Lambertus

Müller, Burkhard (2002): Professionalisierung. In: Thole (2002): 725-744

Müller, Burkhard (2004): Was ist Sache? „Fall von ..." als kasuistisches Arbeitskonzept. In: Heiner (2004a): 55-67

Müller, Burkhard u.a. (2005): „Offene" Jugendarbeit als Ort informeller Bildung. In: deutsche jugend, 53. Jg., Heft 5. 151-160

Müller, Hans-Peter (1992): Sozialstruktur und Lebensstile. Der neuere theoretische Diskurs über soziale Ungleichheit, Frankfurt/M.: Suhrkamp

Müller, Siegfried/ Olk, Thomas/ Otto, Hans-Uwe (1981): Sozialarbeitspolitik in der Kommune. Argumente für eine aktive Politisierung der Sozialarbeit. In: Sonderheft 6 der neuen praxis, Neuwied. 5-25

Oelerich, Gertrud (2002): Kinder- und Jugendhilfe im Kontext der Schule. In: Schröer u. a.(2002): 773-788

Oelschlägel, Dieter (2001): Gemeinwesenarbeit. In: Otto/Thiersch (2001): 653-659

Olk, Thomas (1986): Abschied vom Experten. Sozialarbeit auf dem Weg zu einer alternativen Professionalität, Weinheim/München: Juventa

Otto, Hans-Uwe/Schneider, S. (Hrsg.) (1973): Gesellschaftliche Perspektiven der Sozialarbeit, Band 2, Neuwied/Berlin: Luchterhand

Otto, Hans-Uwe/Thiersch, Hans (Hrsg.) (2001): Handbuch Sozialarbeit/Sozialpädagogik, Neuwied/Kriftel: Luchterhand (2. Aufl.)

Pantucek, Peter (1998): Lebensweltorientierte Individualhilfe. Eine Einführung für soziale Berufe, Freiburg: Lambertus

Peters, Friedhelm u. a. (Hrsg.) (1997): Integrierte Erziehungshilfen, Frankfurt/Main: IGFH-Verlag

Petersen, Kerstin (1999): Neuorientierung im Jugendamt. Dienstleistungsorientierung als professionelles Konzept Sozialer Arbeit, Neuwied/Kriftel: Luchterhand

Possehl, Kurt (2002): Ausgewählte Aspekte einer handlungstheoretischen Konzeption der Methodenlehre der Sozialen Arbeit und ihrer didaktischen Umsetzung. In: Archiv für Wissenschaft und Praxis der Sozialen Arbeit, Heft 4/2002. 4-41

Proksch, Roland (2003): Familienmediation. In: Unsere Jugend, Heft 2/2003. 51-61

Rauschenbach, Thomas u.a. (Hrsg.) (1993): Der Sozialpädagogische Blick. Lebensweltorientierte Methoden in der Sozialen Arbeit, Weinheim/München: Juventa

Rauschenbach, Thomas (1999): Das sozialpädagogische Jahrhundert, Weinheim/München: Juventa
Redlich, Alexander (1997): Konfliktmoderation, Hamburg: Windmühle Verlag
Ritscher, Wolf (2002): Systemische Modelle für die Soziale Arbeit, Heidelberg: Carl Auer Systeme Verlag
Sachverständigenkommission zum 8. Jugendbericht (Hrsg.) (1990): Materialien zum 8. Jugendbericht, Band 1, München: DJI-Verlag
Scherr, Albert (2002): Mit Härte gegen Gewalt? Kritische Anmerkungen zum Anti-Aggressivitäts- und Coolness-Training. In: Kriminologisches Journal, 34. Jg, Heft 4/2002. 304-311
Schilling, Johannes (1993): Didaktik/Methodik der Sozialpädagogik, Neuwied/Kriftel/Berlin: Luchterhand
Schmauch, Ulrike (2001): „Mit reden statt Kloppen erfolgreicher durchs Leben". Mediation und mediative Elemente in der Offenen Kinder- und Jugendarbeit – Teile 1 und 2. In: deutsche jugend, Hefte 5 und 6/2001. 221-228 und 266-273
Schone, Reinhold (2002): Hilfe und Kontrolle. In: Schröer u. a. (2002): 945-958
Schrapper, Christian (1998): „Gute Arbeit machen" oder „Die Arbeit gut machen"? – Entwicklung und Gewährleistung von Qualitätsvorstellungen für die Arbeit im Allgemeinen Sozialen Dienst. In: Merchel (1998): 286-310
Schrapper, Christian (Hrsg.) (2004): Sozialpädagogische Diagnostik und Fallverstehen in der Jugendhilfe, Weinheim/München: Juventa
Schröer, Wolfgang u.a. (Hrsg.) 2002: Handbuch Kinder- und Jugendhilfe, Weinheim/München: Juventa
Schwarz, Gerhard (1999): Konfliktmanagement. Konflikte erkennen, analysieren, lösen, Wiesbaden: Gabler Verlag (4. Aufl.)
Schubarth, Wilfried (2003): Allheilmittel oder Fremdkörper? Schulmediation zwischen Akzeptanz und Ignoranz. In: Unsere Jugend, Heft 2/2003. 81-89
Schütze, Fritz (1992): Sozialarbeit als ‚bescheidene' Profession. In: Dewe u.a. (1992): 132-170
Schulz von Thun, Friedemann (1981): Miteinander reden I: Störungen und Klärungen, Reinbek: Rowohlt
Schulz von Thun, Friedemann (1989): Miteinander reden II: Stile, Werte und Persönlichkeitsentwicklung, Reinbek: Rowohlt
Schulz von Thun, Friedemann (1998): Miteinander reden III: Das ‚innere Team' und situationsgerechte Kommunikation, Reinbek: Rowohlt
Schumann, Michael (2005): Gewaltprävention und Konfliktbearbeitung. Ein Beitrag zur ‚friedfertigen Gesellschaft'?. In: Sozialextra 12/2005.10-13
Schwabe, Matthias (1996): Eskalation und De-Eskalation in Einrichtungen der Jugendhilfe, Frankfurt/M.: IGFH-Eigenverlag
Schwabe, Matthias (2004): Der Augenblick der Prüfung. Provokationen als zweifache Herausforderung zur Verständigung. In: Hörster (2004): 210-230
Staub-Bernasconi, Silvia (1994): Soziale Probleme – soziale Berufe – soziale Praxis. In: Heiner, Maja u.a. (1994): 11-101

Staub-Bernasconi, Silvia (1995): Systemtheorie, soziale Probleme und Soziale Arbeit: lokal, national, international oder: Vom Ende der Bescheidenheit, Bern/Stuttgart/ Wien

Staub-Bernasconi (2003): Diagnostizieren tun wir alle – nur nennen wir es anders. In: WIDERSPRÜCHE, Heft 88. 33-40

Stimmer, Franz (2000): Grundlagen des Methodischen Handelns in der Sozialen Arbeit, Stuttgart/Berlin/Köln: Kohlhammer

Thiersch, Hans (1993): Strukturierte Offenheit. Zur Methodenfrage einer lebensweltorientierten Sozialen Arbeit. In: Rauschenbach u.a. (1993): 11-28

Thole, Werner (Hrsg.) (2002): Grundriss Soziale Arbeit. Ein einführendes Handbuch, Opladen: Leske und Budrich

Thomann, Christoph/Schulz von Thun, Friedemann (1988): Klärungshilfe, Reinbek: Rowohlt

Thomann, Christoph (1998): Klärungshilfe: Konflikte im Beruf, Reinbek: Rowohlt

Van Santen, Eric/Zink, Gabriela 2003: Der Allgemeine Soziale Dienst zwischen Jugendamt und Eigenständigkeit. In: NDV, Heft 1/2003. 25-33

von Spiegel, Hiltrud (2004): Methodisches Handeln in der Sozialen Arbeit, München/Basel: Ernst Reinhardt Verlag

Wasmuth, Ulrike (1992): Friedensforschung als Konfliktforschung. In: AFB-Texte, Nr. 1/1992: 7-20

Wandrey, Michael (2004): Analyse von Teamkonflikten – Fallverstehen in der Mediation. In: Heiner, Maja (2004a): 344-362

Wandrey, Michael (2005): „Wie decke ich den Runden Tisch?" Fallverstehen in der Mediation, (unveröffentlichtes Manuskript)

Wandrey, Michael/Weitekamp, Elmar (1995): Die organisatorische Umsetzung des Täter-Opfer-Ausgleichs in der Bundesrepublik Deutschland eine vorläufige Einschätzung der Entwicklung im Zeitraum von 1989-1995. In: Dölling u.a. (1995): 121-148

Wehner, Karin (2002): Kinder- und Jugendhilfe und Psychiatrie. In: Schröer u. a. (2002): 815-830

Weidner, Jens (2004): Konfrontation mit Herz. Eckpfeiler eines neuen Trends in Sozialer Arbeit und Erziehungswissenschaft. In: Kilb, Reiner u.a. (2004): 11-24

Winkler, Michael (1998): Eine Theorie der Sozialpädagogik, Stuttgart

Winter, Frank (2003): Mediation in sozial belasteten städtischen Quartieren. In: Unsere Jugend, Heft 2/2003. 72-80

Lehrbücher Soziale Arbeit

Hans J. Nicolini
**Kostenrechnung
für Sozialberufe**
Grundlagen – Beispiele – Übungen
2005. 155 S. Br. ca. EUR 19,90
ISBN 3-531-14600-9

Kostenrechnung wird auch im öffentlichen Dienst und bei nicht erwerbswirtschaftlich orientierten Organisationen zunehmend bedeutsam. Das Buch bietet eine Einführung für Studierende und PraktikerInnen, die nur geringe betriebswirtschaftliche Kenntnisse haben, dieses Wissen aber benötigen, um ihrer künftigen oder gegenwärtigen Verantwortung in Nonprofitunternehmen gerecht werden zu können. Das erforderliche Grundlagenwissen zur Kostenrechnung steht im Mittelpunkt dieses Lehrbuchs, das durch zahlreiche Beispiele aus sozialen Einrichtungen veranschaulicht wird.
Mit Hilfe von Übungsaufgaben kann das Erlernte direkt angewandt und eine neue Basis zur Bewältigung der betriebswirtschaftlichen Aufgaben in der Sozialen Arbeit geschaffen werden.

Herbert Schubert (Hrsg.)
Sozialmanagement
Zwischen Wirtschaftlichkeit
und fachlichen Zielen
2., überarb. und erw. Aufl. 2005.
355 S. Br. EUR 22,90
ISBN 3-531-14613-0

Fachkräfte in der sozialen Arbeit der Zukunft müssen sowohl der ökonomischen als auch der sozialpädagogischen Seite gerecht werden. Knapper werdende Finanzmittel müssen wirtschaftlicher eingesetzt und Arbeitsabläufe so umorganisiert werden, dass weiterhin qualitativ hochwertige Arbeit geleistet werden kann. Die AutorInnen geben grundlegende und einführende Hinweise, wie Wirtschaftlichkeit mit fachlichen sozialen Standards kompatibel gemacht werden kann, wodurch das Buch vor allem zur Ausbildung von SozialpädagogInnen herangezogen werden kann.

Erhältlich im Buchhandel oder beim Verlag.
Änderungen vorbehalten. Stand: Juli 2005.

www.vs-verlag.de

VS VERLAG FÜR SOZIALWISSENSCHAFTEN

Abraham-Lincoln-Straße 46
65189 Wiesbaden
Tel. 0611.7878-722
Fax 0611.7878-400

MIX
Papier aus verantwortungsvollen Quellen
Paper from responsible sources
FSC® C105338
www.fsc.org

If you have any concerns about our products,
you can contact us on
ProductSafety@springernature.com

In case Publisher is established outside the EU,
the EU authorized representative is:
**Springer Nature Customer Service Center GmbH
Europaplatz 3, 69115 Heidelberg, Germany**

Printed by Libri Plureos GmbH
in Hamburg, Germany